张邦炜 著

宋代婚姻与社会

〔增订本〕

郑州大学出版社

图书在版编目(CIP)数据

宋代婚姻与社会 / 张邦炜著. — 增订本. — 郑州：郑州大学出版社，2022.10
ISBN 978-7-5645-9085-7

Ⅰ.①宋… Ⅱ.①张… Ⅲ.①婚姻制度-研究-中国-宋代 Ⅳ.① D691.91

中国版本图书馆 CIP 数据核字（2022）第 168971 号

宋代婚姻与社会
SONGDAI HUNYIN YU SHEHUI

策划编辑	邰　毅	封面设计	陆红强
责任编辑	胡佩佩	版式设计	九章文化
责任校对	孙精精	责任监制	凌　青　李瑞卿

出版发行	郑州大学出版社（http://www.zzup.cn）
地　　址	郑州市大学路40号（450052）
出 版 人	孙保营
发行电话	0371-66966070
经　　销	全国新华书店
印　　刷	鸿博昊天科技有限公司
开　　本	889 mm × 1 092 mm　1 / 32
印　　张	14.75
字　　数	309千字
版　　次	2022年10月第1版
印　　次	2022年10月第1次印刷
书　　号	ISBN 978-7-5645-9085-7　　定　价　88.00元

本书如有印装质量问题，请与本社联系调换。

再版前言

这本小书陆续写成于20世纪80年代，1989年由四川人民出版社印行。当时提倡解放思想，活跃学术。无奈本人格局小、思维层次低，仅能就与宋史有关的一些问题做直觉性思考，提出一些与当时通行观点不同或不尽相同的看法。如宋朝"积贫积弱"一说不甚确当，或可改称"弱而不贫"；宋代皇权与相权并非此强彼弱，两者均有所强化；"国初犹右武"[1]，宋太祖文武并重，重文轻武的宋朝国策始于宋太宗；宋朝大体"无内乱"、基本"无内朝"之类。所有文稿均抱商讨、请教态度，以平和笔调书写，不具刺激性。当年我等属于中生代，前辈师长大多健在，更不敢自以为是。

至于本书内容，兼具商讨性与论证性。众所周知，宋史是当年中国古代史研究中较为薄弱的一个环节，可商讨之处较多。如当时不少学者将宋代视为中国古代社会走下坡路的开端，而宋代贞节观念陡然加重，男子可以再娶、女子不能再嫁，妇女社会地位直转急下，便是其铁证。其实宋人"不以再嫁为耻"（清人王士禛语），本书以史实与数据表明宋

---

[1] 叶梦得：《避暑录话》卷上，戴建国等主编《全宋笔记》第2编，大象出版社2006年版，徐时仪整理，第10册第265页。

代妇女再嫁不是极少而是较多。从前学界大有将宋代的不少"坏"事均归咎于理学即道学之势,如何看待宋代的理学是个值得讨论的问题。本书对此有三点浅见:一是对理学家观点的归纳应当全面、准确些,如朱熹确实说过"存天理,去人欲",但不应当忘记他同时又说"人欲中自有天理",只怕将理学家简单地一概定性为禁欲主义者欠妥当。二是理学不是赵宋统治者的官方哲学,《宋史·道学传》序说得对:"道学盛于宋,宋弗究于用,甚至有厉禁焉。"三是不可高估理学对宋代社会的实际影响,理学兴起于两宋,流弊主要在明清。此外,人们往往将传统婚姻称为包办婚姻,此说并未揭示其实质,其实质应当是公开的不平等,包办只是不平等的制度在家庭内部的具体表现而已。

由于当年宋史研究的基础比较薄弱,需要论证的问题也较多。就"唐宋变革"论来说,虽然早已得到不少学者的认同或默认,但论证大多着眼于经济史角度,诸如从租庸调到两税法、从均田制到田制不立、从庄园制到租佃制,从豪民到田主、从部曲到佃客之类。其实还可以从社会史、政治史的角度着眼。南宋史家郑樵那段名言,知之者甚多,但无论证者。本人在对郑樵的宋代"取士不问家世"说有所探讨之后,本书又初步论述了郑樵的宋代"婚姻不问阀阅"论。不问阀阅问什么?南宋士人袁采的回答是"议亲贵人物相当",可惜未受到重视。王安石诗云:"却忆金明池上路,红裙争看绿衣郎。"本书认为宋代盛行的"榜下择婿"之风便是"贵人物"的体现。从"尚阀阅"到"贵人物",其实质是从

"尚姓"即崇尚门第到"尚官"即崇尚官职。从"尚姓"到"尚官",同从租庸调到两税法等一样,都是"唐宋变革"的重要内容。陆游诗云:"不将门户嫁崔卢。"宋代"婚姻不问阀阅"的关键原因在于社会流动加速。"贫不必不富,贱不必不贵",以"崔、卢"为代表的士族作为特殊阶层在宋代不复存在。这些看法在当年被某些同行视为新见,因而《中国社会科学》有书评《开拓宋史研究的新领域》刊布[1]。30多年之后,而今已觉不新鲜了。

去年郑州大学出版社再版拙著《两宋王朝史》《宋代皇亲与政治》时,同行学友虞云国教授建议同时重印《宋代婚姻与社会》。我的态度是四个字,一是"感谢",二是"不急"。

我之所以说"感谢",是因为初版发行情况不佳。就印数说,三千册,不算少,但是受到时代和发行机构的双重局限。当时出书难,如果没有发行机构的支持,这本小书很难面世。这家发行机构是个新成立的临时单位,发行渠道不畅,以致外地买不到,成都卖不掉,剩下的书大概率是化为纸浆了。小书在1989年印出后,第二年在成都举行的一次学术研讨会上,巧遇时任北京大学历史系党总支书记、后任中国妇女研究会顾问的郑必俊教授。她告诉我,这本书她是从邓广铭先生那里借来复印的。邓先生后来笑着对我说,你的书在北大读的是复印本。因黄宽重先生在《新史学》上发

---

[1] 赵葆寓:《开拓宋史研究的新领域》,《中国社会科学》1990年第5期。

表书评，宋晞先生很想找来看看，只得让他的弟子梁天锡教授在香港代购。梁教授在香港怎么也买不到，他与我相识，写信告知，我赓即奉上。宋先生太客气，收到拙著后，他约我到中国文化大学走了一遭。北京、香港尚且如此，美国的刘子健先生肯定不会有。我拜托正在大洋彼岸攻博的同事罗志田教授代我在刘先生近前呈上一册。刘先生当时身体已欠佳，他嘱咐我寄一册给著名前辈学者瞿同祖先生。瞿先生年逾八旬，我估计他已无精力细读拙著，但瞿先生回信很及时，还写了一句奖掖后学的话："大作史料丰富，论证严谨，甚佩。"这应当是张收条。总之，这本小书除非我赠送，外地当时是很难买到、看到的。

我之所以说"不急"，是由于这本小书相当单薄且有错，有待增订。徐规先生当年就直言不讳地批评我粗心，指出某些注释出处有误，如"洞房花烛夜，金榜挂名时"等。这次我采用若干此后校点或影印出版的古籍核查注释，纠正了一些错误。学界通常认为《文渊阁四库全书》问题较多，算不上好版本，只怕不能一概而论。据我所知，我校中文系屈守元先生判定《四库》所收《五百家注昌黎文集》版本不错，华东师大古籍所裴汝诚教授认为《四库》本《建炎以来系年要录》版本较好。受年老体弱与个人藏书状况所限，某些古籍我不得不采用《四库》本和一些并不算好的版本。中青年学者如今任务重、工作忙，加之还有家务事，应尽量避免麻烦他们。邱志诚学友女大已成才，陈鹤学友似乎还在静候知己。感谢他们两位在百忙中，为我提供了若干电子版史籍。

本书这次增订，基本框架与论点不变，主要改动有二。一是采纳学友建议，将"封建"一词一概改为"传统"。如今学界同行很少使用"封建"一词，如果我再使用，未免太刺眼。为保护读者眼球，我随俗从众。二是将我20世纪80年代以后写的有关文章揉入书中，增加了三章半，即第四章《"务从简易，贫富随宜"：宋代婚嫁礼俗的两种趋向》、第三章《"四方不同风"：辽宋夏金时代婚姻礼俗的地域差异》、第十一章《"天理人欲，几微之间"：宋代的性问题》和第六章的后半部分"贡献：不应一概抹杀"。

有句俗话："无错不成书。"本书增订后，错谬仍然难免，恳请读者继续指教。

张邦炜

壬寅年阳春三月

于海南万泉河畔

目 录

初版引言 ………………………………… 1

第一章 "人各有耦,色类须同"
　　　——传统婚姻制度的等级性
一　家庭之间的不平等 ………… 003
二　性别之间的不平等 ………… 028
三　家庭内部的不平等 ………… 043

第二章 宁输岁币,绝不和亲
　　　——宋代婚姻制度的种种特色
一　禁止族际婚………………… 061
二　提倡中表婚………………… 067
三　反对异辈婚………………… 074
四　废止收继婚………………… 084

第三章 "四方不同风"
——辽宋夏金时代婚姻礼俗的地域差异

一 契丹、女真等东北各族 ……… 095
二 党项、吐蕃等西北各族 ……… 117
三 西南、南方诸族 ……………… 123

第四章 "务从简易，贫富随宜"
——宋代婚嫁礼俗的两种趋向

一 婚仪较简易 …………………… 141
二 婚俗较多样 …………………… 158

第五章 "不敬嫁母，则非人类"
——宋代妇女的再嫁问题

一 观念：宋人"不以再嫁为耻" 173
二 数据：宋代妇女再嫁多 ……… 182
三 法律：原则上允许妇女再嫁 193
四 舆论：并不笼统谴责妇女改嫁 204
五 理学：影响究竟有多大 ……… 215

第六章 "英灵之气，钟于妇人"
——宋代妇女的地位与贡献

一 回顾：观点与史料的叠加 …… 225

二　地位：并非急转直下 …………… 228
三　贡献：不应一概抹杀 …………… 238

第七章　"士庶婚姻，浸成风俗"
——唐宋之际婚姻观念的变化

一　"士人对俗人结姻" …………… 261
二　后妃多半非名门出身 …………… 270
三　宗室联姻不限门阀 …………… 284

第八章　"贫富贵贱，离而为四"
——宋代婚姻观念变化的成因

一　等级结构的演进 …………… 299
二　土地制度的变革 …………… 309
三　防弊之政的施行 …………… 315
四　商人地位的提高 …………… 326

第九章　从"尚阀阅"到"贵人物"
——宋代的"榜下择婿"之风

一　什么叫"贵人物相当" …………… 337
二　选择进士做女婿的方式 …………… 346
三　榜下择婿的实质 …………… 359
四　榜下择婿的渊源 …………… 369

第十章 "婚嫁失时"与"进士卖婚"
——榜下择婿之风的影响

一 "访婚卜者" ………………… 379
二 "婚嫁失时" ………………… 384
三 进士卖婚 …………………… 395
四 从婚姻看社会 ……………… 402

第十一章 "天理人欲,几微之间"
——宋代的性问题

一 两个定论待商量 …………… 409
二 禁欲、纵欲与节欲 ………… 411
三 宋代性学是否阻滞不前 …… 418
四 两宋社会繁荣"娼"盛 …… 423
五 "梵嫂""典妻"之类 ……… 433
六 三点管见供参考 …………… 442

初版结语 ……………………………… 445
初版后记 ……………………………… 451

初版引言

这本小书拟对唐宋之际婚姻制度、婚姻习俗和婚姻观念的某些变化做些介绍和探讨,试图从这一角度窥视唐宋之际历史的运动轨迹与社会变革,让人们更多一些地了解、更深一层地认识宋代社会。

不必讳言,将人类文明史等同于阶级斗争史、将历史唯物论等同于经济唯物论的狭隘理解,曾经使史学园地出现内容单调、选题重复的弊病。值得庆幸的是,这些狭隘理解早已成为过去。如今,历史研究者几乎无不深切地感到,历史有着极其丰富的、多层次的内涵,是个极其复杂的、立体式的组合,对它进行单打一的考察无济于事,必须致力于多角度、全方位的整体性探讨。眼下日渐趋于活跃的社会史研究,正是研究者们为振衰起弊,开拓研究领域,促进史学繁荣所做的一种重要努力。

婚姻作为人类的自身生产,与人类的物质生产一道,构成了社会生产的总体,并对整个社会发挥制约的作用。家庭是社会最基本的细胞,有"微型社会"之称,而婚姻又是家庭产生的基础。婚姻对于每个社会成员来说,都是一件"终身大事",并且在人际关系中占有特殊地位,素来被称为"人伦之首"。可见,婚姻本来就是社会史的一个不可缺少的重要内容，显然也应当属于整体性历史研究的题中应有之义。

众所周知，马克思、恩格斯向来十分重视婚姻问题的研究。是他们首先提出两种生产理论，并用自己的研究成果如马克思的《论离婚法草案》《摩尔根〈古代社会〉一书摘要》，特别是恩格斯的《家庭、私有制和国家的起源》，为他们别具一格的婚姻学奠定了坚实的基石。这些著作，尤其是《家庭、私有制和国家的起源》一书中的不少论断至今仍具有重要的学术意义。后来这一学术领域没有受到足够的重视，在很大程度上是由于理论上的"不完全遗传"所致，以致今天不得不旧事重提。

就中国古代婚姻史而言，尽管研究基础相当薄弱，但也绝非前无古人。远的且不去说，20世纪三四十年代，吕思勉、陈顾远、陈东原、董家遵等前辈学者就对此进行过具有开创意义的专门研究。筚路蓝缕，功不可没。当然，他们的著作如陈顾远先生的《中国婚姻史》[1]，在时隔数十年之后，已经显得观点较陈旧、内容欠充实，不能适应当前的需要。"史"的特点不够鲜明，便是其较为明显的缺陷。陈先生《中国婚姻史》序言讲得很明白，他采用的是"纵断为史之法"。该书不是按时代、分阶段进行论述，而是按问题分门别类做介绍。人们很难从中清晰地看到婚姻制度在漫长的中国历史上的前后演变，不免要怀疑它是否是一部严格意义上的婚姻"史"。何以如此？固然与传统婚姻制度具有稳定性

---

[1] 陈顾远:《中国婚姻史》,（上海）商务印书馆1936年版。

相关。可是，稳定性与变异性并非冰炭不同炉。所谓稳定性，并不是一成不变的同义语，无非是演进的节奏缓慢。美国知名学者摩尔根说得好，婚姻家庭形式"必须随着社会的前进而前进，随着社会的改变而改变"[1]。古代中国毫无例外，婚姻制度同样有其发展变化的脉络可寻。

在研究基础尚薄弱的条件下，目前就贸然着手编写一部较完善的大型《中国古代婚姻史》，似乎有些脱离实际，并不怎么现实。当务之急只怕是：有志于此者群策群力，先分头做一些专题探讨、断代考察，为从总体上进行综合性的再研究打下基础。本书的撰写，正是基于上述认识。之所以选择宋代作为课题，除受笔者的知识结构所局限而外，还有以下三个方面的缘故。

一是鉴于从前对宋代婚姻制度探讨较少。长期以来，中国古代婚姻史的研究呈现出不平衡状态。就民族而言，少数民族婚姻史研究"热"一些，汉族婚姻史研究较受冷落。从时代上说，五代以前还有些成果，两宋以后就寂寂寥寥了。这一状况事出有因：越是处于社会发展的较低级阶段，婚姻对社会的制约作用越明显，因而也就越受到人们的注视。但是，似乎也还可以这样说：越是处于社会发展的较高级阶段，婚姻问题越复杂，内容越丰富，现实意义也越大，因此也就越值得研究。这里不打算讨论上述两种说法的是非曲直、高低长短，只是试图说明：婚姻在任何时代都是一个重

---

[1] 摩尔根：《古代社会》，商务印书馆1977年版，第492页。

要的社会问题、历史的一项重要内容，历史学界不应当把它排斥在自己的研究视野之外。

二是因为探讨这一课题有助于加深对唐宋之际社会变革的认识。婚姻与社会生活的其他方面，不是简单的线性因果关系，而是一张相互贯通、相互牵制的网络。婚姻既对社会生活的各个方面起制约作用，又受社会风尚所影响、为政治制度所制约，最终被经济结构所决定。一言蔽之："它是社会制度的产物，它将反映社会制度的发展状况。"[1] 既然如此，那么探讨传统婚姻制度发展到宋代，究竟发生了什么新变化、呈现出什么新特色，势必能够从一个重要方面综合地体现和反映唐宋之际历史运动的轨迹。唐宋之际到底有无社会变革？如果有，其性质又如何？眼下，国内外学者对这两个问题有不同认识。单就国内的唐宋社会变革论者而言，又有"停滞论"与"发展论"之分。有的断言，这场变革意味着从发展到停滞乃至僵化。有的则认为，这场变革是中国传统社会进一步发展的标志。有鉴于此，从婚姻的角度对此做些考察，仿佛不算多余。

三是由于探讨这一课题有可能给予今天的人们某些历史的启示。俄国著名作家列夫·托尔斯泰说过："历史学的目的就是使各民族和人类认识自己。"[2] 这话不无道理。我们民

---

[1] 摩尔根：《古代社会》，转引自《马克思恩格斯选集》，人民出版社1972年版，第4卷第79页。
[2] 列夫·托尔斯泰著、董秋斯译：《战争与和平》，人民文学出版社1958年版，第4册第1993页。

族的婚姻传统包括哪些内容？有什么优根和劣根、长处和短处？这类问题的答案，应当从历史中去寻求。本书将对我们民族的婚姻传统做些历史考察，并结合有关史实进行一些必要的分析，或许也并非可有可无。

最后需要说明，本书并不是一部宋代婚姻史，它远远未能穷其细节、俱其始末。即使对于宋代婚姻制度所应当包含的全部内容，本书也还没有做到囊括无余。究其原因，有的是由于笔者对于它们还若明若暗，不敢强不知以为知；有的则因为笔者认为它们无关宏旨，不必凡事必录。有学者担心：社会史研究的开展会不会使历史变得十分琐碎。这种担心多半属于误解。其实，所谓开拓研究领域，并不是漫无边际，细大不捐，凡事必究。这样做既无必要，也不可能。不过，这种担心也可以起到防患于未然的作用。它相当及时地提醒我们：即使从事社会史研究，也应当着重考察那些具有社会意义、能够反映本质的历史现象，并尽可能地揭示隐藏在历史现象背后的本质。这本小书正是抱着上述想法，力图把问题放到纵的历史过程和横的历史联系中去探索，尤其着力于前后对照抓特色。

本书的重点在于探讨宋代婚姻制度的个性，但话还得从传统婚姻制度的共性说起。

第一章 "人各有耦,色类须同"
——传统婚姻制度的等级性

传统婚姻制度是一种什么制度?将它称为包办婚姻,似乎已成定论。在我看来,"包办"二字涵盖面窄,其正确性仅限于家庭内部层面,并未揭示问题的实质,应当说传统婚姻制度是一种公开的不平等制度。传统社会是一个"由各种社会地位构成的多级的阶梯",到处是有形的不平等关系。传统婚姻制度的基本特征在于公开的不平等,包办作为传统婚姻制度的重要属性,只是公开的不平等的具体表现。在漫长的中国传统时代,婚姻制度曾经发生若干不应当予以忽视的前后变化,但在公开的不平等这个基本点上始终不曾出现全局性、实质性的变异。即使经历唐宋之际这个传统社会内部发生重大变革的时期,直到宋代,婚姻制度仍然没有失去这一共性。传统婚姻的等级性主要表现在家庭之间、性别之间和家庭内部。

一 家庭之间的不平等

> 人各有耦,色类须同。[1]

这句话见于作为中国传统法律的代表的唐律。用宋人话本的语言来说,便是:

> 门当户对,结为姻眷。[2]

什么等级或身份的家庭只能与相同等级或身份的家庭通婚,这是中国传统时代最普遍,也最引人注目的联姻原则。这种婚姻制度可称为等级或身份内婚姻。中国历史上出现两大婚姻鸿沟:良贱不婚与士庶不婚,即等级内婚姻的具体表现。

(一) 见于法令的良贱不婚

中国传统时代,法律把整个社会的所有家庭和全体成员

---

[1] 长孙无忌等:《唐律疏议》卷14《户婚·奴娶良人为妻》,刘俊文点校,中华书局1983年版,第269页。
[2] 洪楩编:《清平山堂话本》卷2《快嘴李翠莲记》,岳麓书社2019年版,第32页。

划分为良人与贱民两大等级。"良贱既殊，何宜配合"[1]，良贱不婚的鸿沟贯穿传统社会始终。它作为一个历史过程，经历了从习惯规范到法律规范，从临时性法令到系统化法规的前后演变。至迟在秦汉时期，便形成习惯规范：

> 凡民男而婿婢谓之臧，女而妇奴谓之获。[2]

良人如果同贱民通婚，将会沦为贱民。当时的情况是：

> 富贵之男娶得富贵之妻，女亦得富贵之男。[3]

良贱不婚的禁忌，到魏晋南北朝时期，用法令的形式固定下来。北魏王朝先后在和平四年（463）十二月、太和二年（478）五月发布两道诏令，禁止"非类婚偶"，"犯者以违制论"[4]。隋唐时期禁止良贱通婚的法律已经相当系统。唐律有关规定，可概括为四点：第一，对于良贱通婚，一概不予承认，强制离婚；第二，良贱违法通婚，视其情节轻重，分别给予"杖一百"到"徒二年"的惩处；第三，贱民内部的不同等级之间不准通婚，如果违犯，情节最严重者，将受到"徒一年"的惩罚；第四，奴婢本人及其子女的婚事应由主人决定，如果自行做主，按盗窃罪论处。

到宋代，良贱不婚的禁忌基本沿袭了前朝，但也并非一

---

[1] 《唐律疏议》卷14《户婚·奴娶良人为妻》，第269页。
[2] 扬雄：《方言》卷3，《四部丛刊》本。
[3] 王充：《论衡》卷3《骨相篇》，《四部丛刊》本。
[4] 魏收：《魏书》卷7上《高祖纪第七上》，中华书局1974年版，第145页。

成不变。不仅颁行于北宋初年的《宋刑统》照抄唐律有关良贱不婚的全部条文，而且宋朝《户令》又对良贱违法通婚所生子女的处理做了补充规定，其原则是：不知情者"从良"，"知情者从贱"。[1] 贱民在宋代又称"杂类之家"，宋神宗在诏令中的解释是：

> "杂类"，谓舅曾为人奴仆，姑曾为娼，并父祖系化外及见居缘边两属之人。[2]

良贱不婚包含的内容相当广泛，其中以主仆不婚、良娼不婚两种最为常见。

主仆不婚，向来如此，宋仁宗又专门下诏重申：

> 士庶之家尝更佣雇之人，自今毋得与主之同居亲为昏，违者离之。[3]

正因为主仆通婚被法律禁止，据虞裕《谈撰》记载，北宋初年发生过这样一件事：临淮县令贪赃枉法，被仆人抓住把柄。他离任时，仆人"逼其女为室。令度势难免，因许之"。女儿尽管很不乐意，但不能不遵从父命，于是偷偷哭了起来，"其声婉而哀"。正准备上京赶考的举子柳开得知此事，

---

[1]《宋刑统》卷14《户婚律·主与奴娶良人》，薛梅卿点校，法律出版社1999年版，第253—254页。
[2] 李焘：《续资治通鉴长编》卷284熙宁十年九月壬子，中华书局1995年版，第20册第6959页。
[3]《续资治通鉴长编》卷177至和元年十月壬辰，第13册第4283页。

竟将这个仆人"杀而烹之",并将其肉分而食之。柳开胆敢如此凶残地私自置此人于死地,是由于"胁主人女为妇",[1]按照当时法律,实属罪莫大焉。

或许是唯恐犯下这条莫大罪名,赵邻几的仆人赵延嗣的做法与临淮县令的仆人恰恰相反。据王辟之《渑水燕谈录》记载,宋太宗时,知制诰赵邻几死后,"家极贫,三女皆幼,无田以养,无宅以居",仆人赵延嗣"义不忍去,竭力营衣食以给之,虽劳苦不避"。十多年的时间过去了,"三女皆长",而赵延嗣为了避嫌,居然始终"未尝见其面"。后来,他通过赵邻几的故旧,将她们一个个"求良士嫁之"。"三女皆有归,延嗣乃去。"[2] 今天看来,赵延嗣奴性十足,阶级觉悟实在太低。可是,北宋学者石介却把赵延嗣誉为"义仆",将此事视为"奇节","为之作传,以厉天下"。他称赞说:

延嗣可谓仆名而儒行者矣![3]

这分明是在提倡主仆不婚,宣扬传统道德。

北宋理学名家程颐强调:

---

[1] 虞裕:《谈撰》,陶宗仪:《说郛》卷35下,《景印文渊阁四库全书》本。
[2] 王辟之:《渑水燕谈录》卷3《奇节》,戴建国等主编《全宋笔记》第2编,金圆整理,大象出版社2006年版,第4册第29—30页。
[3] 石介:《赵延嗣传》,曾枣庄、刘琳主编《全宋文》第30册,上海辞书出版社、安徽教育出版社2006年版,第15—16页。

> 此禽兽不若也,岂得不害义理?……以父母遗体偶娼贱,其可乎?[1]

南宋道学先生陆九渊曾训斥门人:

> 士君子乃朝夕与贱倡女居,独不愧于名教乎?[2]

良娼不婚,见于法律文书。宋理宗时,地方官蔡杭在审理案件时,就写下过这样的判词:

> 公举士人娶官妓,岂不为名教罪人,岂不为士友之辱,不可不可大不可![3]

正因为有良娼不婚这条禁忌,宋仁宗时,京兆府"有富家子悦倡女柳,约为夫妇"。父母却"强为之娶"妻,[4] 富家子遂欲将妻置于必死之地。妻之父母告官,富家子伏法。从某种意义上说,这三个男女青年都是等级内婚姻制度的牺牲品。娼妓与富家子约为夫妇尚且不能,嫁与士大夫及其子弟更为礼法所不容。"色艺冠一时"的镇江娼妓韩香同

---

[1] 程颢、程颐:《二程集·河南程氏外书》卷12《传闻杂记》,王孝鱼点校,中华书局1981年版,第3册第434页。
[2] 庞元英:《谈薮》,《全宋笔记》第2编,金圆整理,第4册第198页。
[3] 《名公书判清明集》卷9《户婚门·婚嫁·士人娶妓(蔡久轩)》,中国社会科学院历史研究所宋辽金元史研究室点校,中华书局1987年版,第343页。
[4] 韩元吉:《桐阴旧话》,《全宋笔记》第4编,夏广兴等整理,大象出版社2008年版,第7册第124页。

一位姓叶的将门之子相交,"闭门谢客,将终身焉",身为大将的叶氏之父勃然大怒。他硬是自作主张,将韩香许配给一名老兵,逼得韩香自刎而死。连当时的传统文人也为韩香鸣不平:

> 呜呼!白刃可蹈也,不为非义屈。……香虽可入杂传,其节亦可尚矣。[1]

宋朝朝廷在原则上禁止官员嫖娼。宋高宗绍兴十三年(1143)四月下诏:官员"诸州自长贰外非公筵若休告,毋得用妓乐燕集,违者坐之"[2]。所谓坐者,惩罚之意也。但在实际生活中,士大夫几乎无不与娼妓"为滥"。于是,这成为官场中相互攻击的一枚炮弹、一条罪名。淳熙年间,担任浙东提举的朱熹就指责台州知州唐仲友犯有此罪。结果,深受其害的是娼妓严蕊。朱熹将她丢监下狱,逼供取证。严蕊"两月之间,一再受杖,委顿几死"。岳霖接替朱熹出任浙东提举之后,"怜其病瘵","判令从良"。但在传统时代,娼妓即便从良,也不能堂堂正正地充当富贵之家的主妇。严蕊后来被"宗室近属纳为小妇"。[3]

---

[1] 陈世崇:《随隐漫录》卷末《佚文》,《全宋笔记》第8编,储玲玲整理,大象出版社2017年版,第4册第300—301页。
[2] 李心传:《建炎以来系年要录》卷148绍兴十三年四月壬寅,辛更儒点校,上海古籍出版社2018年版,第6册第2527页。
[3] 周密:《齐东野语》卷20《台妓严蕊》,《全宋笔记》第7编,俞钢等整理,大象出版社2015年版,第10册第338—339页。

上面是就全国性的普遍情况而言，地区之间存在差异。传统时代的婚姻立法固然具有多为统一的国家立法，并非分散的地方立法的特点，但是这个特点并不绝对。宋代存在某些仅仅适用于特定地区的地方性法规。婚姻作为一种习俗，地区色彩十分浓厚，具有更明显的地方性。

从地方性的专法来说，如宋仁宗皇祐年间制定的夔州路《客户逃移法》，将地主与客户的关系视为主仆关系，他们之间不仅不能通婚，而且明文剥夺了客户全家的婚姻自主权，他们的婚事由地主一手包办。宋宁宗开禧元年（1205）六月，夔州路转运判官范荪建议朝廷将皇祐法校定为："凡为客户者，许役其身，而毋得及其家属"，"凡为客户身故，而其妻愿改嫁者，听其自便，凡客户之女，听其自行聘嫁"[1]。但客户本人的婚事仍然应由地主做主。

就地方性的习俗而言，如北宋时的开封便把债权人与债务人的关系视为主仆关系。他们之间如果通婚，将被看作不合礼法的笑话。据王明清《投辖录》记载：开封"凡富人以钱委人，权其子而其半，谓之行钱。富人视行钱如部曲也"。有户姓孙的人家曾向"以财雄长京师"的"大桶张氏"贷款。孙氏有女年方二八，"容色绝世"，被张家的小少爷看中。张家少爷向孙氏提出："我欲娶为妇。"孙惶恐之至，连忙答道："不可！"而张"言益确"，坚定地说："愿必得

---

[1] 徐松：《宋会要辑稿》食货69，上海古籍出版社2014年版，刘琳、刁忠民、舒大刚、尹波等校点，第13册第8083页。

之。"孙解释道:"予,公之家奴也。奴为郎主丈人,邻里笑怪。"张不听,硬是当即脱下古玉条,作为聘物,并说:"择日作书纳币也。"两家"势不匹敌",社会地位相距太大,张家小少爷后来变卦,"别议其亲"。孙氏女呼天哭地:"岂有如此而别娶乎!"[1]即刻昏死过去。

上述地区性差别的出现绝非无缘无故,它归根到底是宋代社会经济发展不平衡的结果,相当具体地反映了宋代社会的复杂性。北宋时期的开封商品经济最为活跃,在这个纸醉金迷的地方,债权人依靠经济的力量把债务人视为贱民,这表明此地"有钱可使鬼"的货币拜物教特别盛行。可是,宋代社会毕竟是个权力社会。两宋时期的夔州路号称"天下最穷处"[2],在这个全国数一数二的落后地区,地主凭借超经济强制将客户等同奴仆,这说明此地"有权可通神"的权力拜物教格外猖獗。

(二)约定俗成的士庶不婚

魏晋南北朝隋唐时期,地主阶级被相当严格地划分为士族与庶族两大阶层,虽然他们属于一个"等级的阶级"。士庶不婚的禁忌,虽未见于法令,但约定俗成。就其严格程度来说,魏晋南北朝与隋唐这两个不同的历史阶段,又

---

[1] 王明清:《投辖录·玉条脱》,《全宋笔记》第6编,燕永成整理,大象出版社2013年版,第2册第90—93页。
[2] 陆游:《剑南诗稿》卷3《偶忆万州戏作短歌》,《四部备要》79册,中华书局1989年版,第39页。

存在着某些差异。

魏晋南北朝时期的总体状况是：

> 士庶之际，实自天隔。[1]

士庶不婚的鸿沟格外分明。士族地主等级是个封闭性的集团，为了保持其自身血统的高贵性，他们不与庶族联姻。北朝学者颜之推称：

> 爰及婚宦，至于士庶、贵贱之隔，俗以为常。[2]

士族等级内部，又有高低贵贱之分，上层士族不屑于与中下层士族通婚。北朝在婚姻问题上，有此一说：

> 人贵河间邢，不胜广平游。[3]

南朝也有类似的说法：

> 王、谢门高非偶，可于朱、张以下访之。[4]

隋唐时期，士庶不婚的禁忌不如魏晋南北朝严格，但依然相当明显。当时的情况大体是：

---

[1] 沈约：《宋书》卷42《王弘传》，中华书局1974年版，第1318页。
[2] 颜之推：《颜氏家训》第1卷《后娶篇》，上海古籍出版社1992年版，第4页。
[3] 《魏书》卷54《游雅传》，第1195页。
[4] 李延寿：《南史》卷80《贼臣·侯景传》，中华书局1975年版，第1996页。

> 民间修昏姻,不计官品,而上阀阅。[1]

这种风气已经受到抨击。唐高宗颁布禁婚令,禁止山东七姓十家头等门阀相互通婚。然而积习难移,他们往往依旧坚持:

> 男女婚嫁,不杂他姓。[2]

被称作"近世新门"的达官显宦"好求山东婚姻"[3],企图借此提高社会地位。被称作"前朝旧族"的老牌士族"故望不减","恃其族望,耻与他姓为婚"[4]。但这时毕竟不是士族阶层的黄金时代。前朝旧族也有与近世新门通婚者,但要收取一大笔钱财。唐太宗、唐高宗都曾经下诏禁止士族卖婚,"然族望为时所尚,终不能禁"[5]。卖婚作为门第与钱财、传统地位与现实权势之间的交易,成了士族同庶族通婚的一种独特形式。这一陋俗的泛滥,意味着士庶等级差别依然存在,也预示着士庶不婚鸿沟行将泯灭。

---

[1] 欧阳修、宋祁:《新唐书》卷172《杜兼附子中立传》,中华书局1975年版,第5206页。
[2] 薛居正等:《旧五代史》卷93《晋书十九·李专美传》,中华书局1976年版,第1230页。
[3] 李肇:《唐国史补》卷上,上海古籍出版社1979年版,第21页。
[4] 刘𫗧:《隋唐嘉话》卷中,程毅中点校,中华书局1979年版,第33页。
[5] 司马光:《资治通鉴》卷200显庆四年十月壬戌,中华书局1976年版,第14册第6318页。

有必要指出的是，士庶不婚的鸿沟虽然仅仅存在于魏晋南北朝隋唐时期，但这并不是说其他朝代但凡良人均可通婚。无论此前，还是此后，岂止所谓良人而已，即便在统治集团内部、特殊阶层当中，同样有着许多不同层次的等级，他们之间通婚是要受到某些限制的。

以魏晋以前而论，春秋末年，越王勾践求盟于吴王夫差，许下诺言：

> 请勾践女女于王，大夫女女于大夫，士女女于士。[1]

如此联姻，堪称门当户对的典型。"汉家故事常以列侯尚主"[2]。按照汉朝的制度，皇帝的女儿只能降格一等，嫁与列侯之家。东汉初年，樊宏官至特进，他的家庭才取得了"女可以配王，男可以尚主"[3]的特权。东汉末年，更是出现了这样的法令：

> 诸亲戚嫁娶，自当与乡里门户匹敌者。[4]

此后形成的士庶不婚的禁忌，或许正是滥觞于此。

---

[1] 韦昭注：《国语》卷20《越语上》，《景印文渊阁四库全书》本。
[2] 班固：《汉书》卷97上《外戚上·孝昭上官皇后传》，中华书局1962年版，第3958页。西汉王吉简而言之："汉家列侯尚公主。"（《汉书》卷72《王吉传》，第3064页）
[3] 范晔：《后汉书》卷32《樊宏传》，中华书局1965年版，第1123页。
[4] 陈寿：《三国志》卷5《魏书五·文德郭皇后传》，中华书局1962年版，第165页。

就隋唐以后而言，宋代"百官万民皆有等夷"[1]。良人内部的不同等级之间，虽然不是绝对不能通婚，但是存在着某些障碍。这些障碍，大致可以分为以下三类。

一是士农一般不通婚。宋代有此一说：

> 佣耕不敢姻士大夫。[2]

当时蔡州一位村童的说法与此相似："吾门户卑微，所取不过农家女。"他由于棋艺超群，后来在金中都举行的一场棋赛中，战胜了金朝的女国手，"得此女为妻"。此村童与彼国手门不当户不对，这门婚事实属奇事一桩，以致"坐客皆大笑"[3]。农民的女儿往往"所嫁皆村夫"[4]。如黄庭坚在荆州时，有位邻家女虽然"闲静妍美，绰有态度"，但由于她是个"闾阎小民"，她的丈夫也只能是个所谓"庸俗贫下"。对此，黄庭坚因其士大夫的身份，"殊叹惜之"：

---

[1] 蔡襄：《上英宗国论要目十二事·明礼》，赵汝愚编：《宋朝诸臣奏议》卷148《总议门·总议四》，北京大学中国中古史研究中心校点整理，上海古籍出版社1999年版，下册第1692页。
[2] 沈括：《梦溪笔谈》卷9《人事一》，《全宋笔记》第2编，胡静宜整理，第3册第83页。
[3] 洪迈：《夷坚志》补卷19《蔡州小道人》，何卓点校，中华书局1981年版，第4册第1728—1729页。
[4] 欧阳修：《归田录》卷1，《全宋笔记》第1编，储玲玲整理，大象出版社2003年版，第5册第244页。

> 可惜国香天不管，随缘流落小民家。[1]

又如，盐城农民周六的女儿居然改嫁出身富裕之家的读书人吴公佐，吴公佐的同窗们"相与戏"，"成一笑"，断言：吴公佐"必将弃之"[2]。

正因为有这条习惯上的婚姻鸿沟，巨鹿有位农家女，她的母亲从前对郭进有救命之恩，郭进在北宋初年做了大将以后，为了报恩，准备将她"嫁为大校妻"，可是"女辞以世本农亩，进乃择民家子配焉"[3]。在当时人看来，"德兴民丁六翁，与同邑陆二翁为姻家，其居隔一都，皆致力农桑"[4]，这样的姻亲关系门当户对，才既正常又稳定。

二是士商一般不通婚。在宋代，随着商品经济的发展及其自身经济实力的增长，商人的社会地位有所提高。可是重农轻商的传统偏见难改，就社会声誉而言，商人甚至较之农民还低。人们对子孙的希望是：

> 欲使之衣食给足，婚嫁以时，欲使之为士，而不欲使之流为工商，降为皂隶。[5]

---

[1] 张邦基：《墨庄漫录》卷10，《全宋笔记》第3编，大象出版社2008年版，金圆整理，第9册第134—135页。
[2] 《夷坚志》支丁卷9《盐城周氏女》，第3册第1036—1037页。
[3] 《续资治通鉴长编》卷17开宝九年十一月庚午，第3册第385页。
[4] 《夷坚志》支庚卷1《丁陆两姻家》，第4册第1137页。
[5] 陆游：《渭南文集》卷21《东阳陈君义庄记》，《四部备要》第79册第146页。

通常不愿意同商人结亲。宋真宗时,有个破落官员因无钱偿债,被迫将其女儿卖与商人做妻子。女儿告别父母,全家抱头痛哭,"泣声甚悲"。当时还是布衣之士的曾公亮得知此情,劝告道:

> 商人转徙不常,且无义。爱弛色衰,则弃为沟中瘠矣。

并拍着胸脯说:

> 吾士人也,孰若与我?

那位破落官员当即表示:

> 以女与君,不获一钱,犹愈于商人之数倍。

几经周折,"其女后嫁为士人妻"。[1] 可见,士人多么不愿意把女儿嫁给商人,何等希望有个读书人做女婿。

在这种社会风气下,某些商人难免自卑,湘潭商人李迁之腰缠万贯,年收入达"数千万"之多,但总觉得低人一等,常常叹息:

> 士非我匹,若工农,则吾等也。[2]

---

[1] 吴曾:《能改斋漫录》卷12《记事·曾鲁公与旁舍生钱偿鬻女直》,《全宋笔记》第5编,大象出版社2012年版,刘宇整理,第4册第76—77页。
[2]《欧阳修全集》卷64《湘潭县修药师院佛殿记》,李逸安点校,中华书局2001年版,第2册第937—938页。

泰州盐商项四郎从大江里救出一个落水的贵家女,打算留下来做儿媳。他的妻子反对:

> 吾等商贾人家,止可娶农贾之家女。[1]

商人作为一个复杂的社会阶层,其社会地位各不相同,做大生意的豪商通常不屑于同做小买卖的裨贩通婚。宋人话本《闹樊楼多情周胜仙》讲述的一则故事即这一社会现象的如实反映。宋徽宗时,范二郎与周胜仙这对少男少女相遇于开封樊楼下,一见倾心,用巧妙的方式相互表达了爱慕之情。周胜仙回家后,"点心也不吃,饭也不吃",从此一病不起。家住隔壁的王姓媒婆看透这姑娘的心事,对她的母亲说:"只得把小娘子嫁与范二郎。若还不肯嫁与他,这小娘子病难医。"母亲只得答应,双方订了亲。周、范两家的社会地位差距不小,周胜仙的父亲周大郎经营的是海外贸易的大生意,范二郎的哥哥做的是开酒店的小买卖,周家堪称豪商,范家实属裨贩。周大郎从外地回家,得知此事,大动肝火:"我女儿怕没大户人家对亲,却许着他。你倒了志气,干出这等事,也不怕人笑话。"女儿听了,昏倒在地。周大郎仍骂个不停:"辱门败户的小贱人,死便教她死,救她则甚?"母亲来看女儿,已经四肢冰冷。说话人讲到这里,叹息道:

---

[1] 佚名:《撫青杂说·盐商厚德》,《全宋笔记》第6编,燕永成整理,第2册第220页。

> 可怜三尺无情土,盖却多情年少人。[1]

此叹正是对等级内婚姻制度的有力声讨。

三是官民一般不通婚。对此,宋朝法令并未一概禁止,但有限制。当时沿袭唐朝旧制,实行"统属为婚姻法",《宋刑统》照抄了唐律中的有关条文,违犯者将受到"杖一百"的惩处。宋朝《户令》进一步规定:

> 诸州县官人在任之日,不得共部下百姓交婚,违者虽会赦仍离之。[2]

正因为有这项规定,绍兴年间,普宁知县韦高"谋娶妇,辄不偶",最终看中本县一位"貌绝妍"的民家女。韦高虽然已经年近半百,但也必须到卸任时,才能"聘之以归"。[3] 宋朝政府推行这一法令出于多种考虑,固然有防止官员在辖区内强娶百姓子女为妻妾的意图,又有防范官员在辖区内利用裙带关系结党营私的用心,但肯定也同官民身份不同、等级悬殊有关。宋朝《户令》称:

> 其定婚在前,任官居后,及三辅[4]内官,门阀相当

---

[1] 冯梦龙辑:《醒世恒言》卷14《闹樊楼多情周胜仙》,岳麓书社2012年版,第181—190页。
[2] 《宋刑统》卷14《户婚律·监临婚娶》,第251页。
[3] 《夷坚志》补卷10《杨三娘子》,第4册第1642页。
[4] "三辅"指京城附近地区。

情愿者,并不在禁限。[1]

按照宋朝法令,某些有直接上下级关系的官吏之间不准通婚。如景德三年(1006)六月,宋真宗颁布禁令:

> 禁诸路转运使副、诸州官吏与管内官属结亲,违者重置其罪。[2]

熙宁七年(1074)十月,宋神宗规定军队中有上下级关系的将士"不得共为婚姻"[3]。政和六年(1116)十一月,宋徽宗下诏:

> 今后廉访使者不得与本路在任官为婚姻,违者依统属为婚姻法。[4]

朝廷的法令只是在特定的条件下,对官员与百姓、上级与下级之间的通婚做一定的限制,社会习俗则又甚焉。前面讲到的普宁知县韦高派人求婚于民家女,女家拒绝,其理由便是:

> 我细民,以卖酒为活,女又野陋,不堪备妾侍,岂敢望此。

韦高"宛转开谕,且以语胁之",才"谐其约"。[5] 至于势利

---

[1]《宋刑统》卷14《户婚律·监临婚娶》,第251页。
[2]《宋会要辑稿》刑法2,第14册第8285页。
[3]《宋会要辑稿》职官63,第8册第4757页。
[4]《宋会要辑稿》职官63,第8册第4759页。
[5]《夷坚志》补卷10《杨三娘子》,第4册第1642页。

之徒大有一级压一级之势,某些高官之女动辄耀武扬威:

> 吾父官颇崇,安肯以汝为婿![1]

宋代流传着这句俗语:

> 城中好高髻,四方高一尺。
> 城中好广眉,四方且半额。[2]

从上述情况看,在婚姻习俗上,也存在着上有所好,下必甚焉的问题。在很大程度上,官民不婚并非法律划定的鸿沟,而是习惯形成的界限。习惯规范作为法律规范的重要补充,在维护传统婚姻制度方面的作用甚至还大于法律,是不能低估的。

(三)封闭式婚姻圈的形成

等级性的婚姻鸿沟带来的直接后果是,社会上出现了一个又一个封闭式婚姻圈。特殊阶级内部的不同层级有各自的排他性婚姻集团,如魏晋隋唐时期的山东七姓十家头等门阀:

> 相为婚姻,它族不得预。[3]

---

[1]《夷坚志》支戊卷8《解俊保义》,第3册第1117页。
[2] 祝穆:《古今事文类聚》别集卷24《人事部·慕名》,《景印文渊阁四库全书》本。
[3] 韩琦:《录夫人崔氏事迹与崔殿丞请为行状》,《全宋文》第40册第58页。

平民百姓中的不同等级往往也有自己的固定的联姻对象。如宋代两广地区有一种专门靠捕捉海物为生,向来被政府视为贱民的水上居民,叫蛋户。他们的情况是:

> 只有三姓,曰杜,曰伍,曰陈,相为婚姻。[1]

传统婚姻不仅具有等级性,而且具有地域性。传统经济是自给自足的自然经济,它不是使地区之间相互交往,而是使整个社会相互隔绝。再加上古代交通不便,远距离为婚,几乎不可能。东汉人张衡的《四愁诗》一再感叹路远难行走,可望不可即。其二曰:

> 我所思兮在桂林,欲往从之湘水深,侧身南里涕沾襟。美人赠我金琅玕,何以报之双玉盘。路远莫致倚惆怅,何为怀忧心烦伤。[2]

因此,传统婚姻只能以近距离联姻为主。农民家庭的联姻地域尤其狭窄,不是女儿"嫁同里",便是"姻家其居隔一都"。唐代徐州丰县朱陈村这个"去县百余里"的山村就很典型。白居易《朱陈村》诗曰:

> 一村唯两姓,世世为婚姻。
> ……

---

[1] 曾三异:《因话录·龙户》,《全宋笔记》第10编,刘宇等整理,大象出版社2018年版,第12册第155—156页。
[2] 萧统编:《文选》卷29《杂诗上》,《四部丛刊》本。

> 生者不远别,嫁娶先近邻。[1]

宋人汪彦章诗云:

> 争似侬家无一事,从来婚嫁只朱陈。[2]

可见朱陈世婚在当时乃至后世影响之大。我国古代世婚较常见。"羊、邓是世婚,言世世为婚姻也。"[3]"陈、雷世世为婚姻,若朱陈也。"[4]诸如此类,不乏其例。于是有了这一成语:"老亲旧邻"。人们不愿意联姻商人,"商人转徙不常"是个重要的原因。仅就地域而言,富贵家族的通婚范围比下层民众要广泛些,但仍以本县、本州为主。如魏晋南北朝时期,陈郡谢、袁、殷三大姓,琅邪郡的王氏与颜氏,太原郡的王氏与孙氏,累世联姻。直到宋代,情况依旧大体如此。婺州和衢州是相隔不过百里之遥的邻州,"两州各有一富人作姻家",这在当时是件较为少见的事。两家都感到往来不便,有"泥涂之忧",于是共同修建了一条

---

[1] 白居易:《朱陈村》,彭定求等编校《全唐诗》卷433,中华书局1960年版,第7册第4790页。
[2] 马纯:《陶朱新录》,《全宋笔记》第5编,程郁整理,第10册第173—174页。
[3] 叶廷珪:《海录碎事》卷7上《圣贤人事部上·世婚》,《景印文渊阁四库全书》本。
[4] 不著撰人:《戊辰杂抄》,陶宗仪:《说郛》卷31下,《景印文渊阁四库全书》本。

"砖街"[1]。工商业者也有世世为婚的,不让秘方秘法外传是个重要原因。如陆游《老学庵笔记》载:

> 亳州出轻纱,举之若无,裁以为衣,真若烟雾。一州惟两家能织,相与世世为婚姻,惧他人家得其法也。云自唐以来名家,今三百余年矣。[2]

这在无专利与知识产权概念的时代是一种不得不采用的办法。

等级内婚姻造成封闭式婚姻圈,近距离联姻促使婚姻圈更加狭小。封闭式婚姻圈的狭小对社会生活的方方面面带来影响,主要影响可概括为三条。

一使得传统社会更加封闭隔绝。前面讲到的朱陈村,可以视其为传统时代广大农村的一个缩影。在白居易笔下,这个村庄的情况是:

> 县远官事少,山村人俗淳。
> 有财不行商,有丁不入军。
> 家家守村业,头白不出门。
> 生为陈村民,死为陈村尘。

正是这种封闭隔绝的生活环境以及由此而产生的安土重迁的观念,导致了婚姻上的"嫁娶先近邻"。这一婚姻习俗反过

---

[1] 范成大:《骖鸾录》,《全宋笔记》第5编,方健整理,第7册第34—35页。
[2] 陆游:《老学庵笔记》卷6,《全宋笔记》第5编,李昌宪整理,第8册第75页。

来又加剧地区之间的隔绝状态，使得整个传统社会越发犹如死水一潭。

二使得朝政更加腐朽黑暗。对于统治者来讲，结婚是一种政治行为，是一种借新的联姻来扩大自己势力的机会。统治集团的封闭式婚姻圈，实际上是个相互勾结、相互依赖、一损俱损、一荣俱荣的政治集团。正是这些以裙带关系为纽带而结成的大大小小的政治集团，把持着从地方到中央的各级政权。如唐代前期，由李、武、韦、杨四大家族所组成的著名婚姻集团操纵朝政长达百有余年[1]。从某种意义上讲，传统时代的官场不过是一张裙带关系网，当时出现了不少靠妻子、女儿、姐妹的关系得来的所谓裙带官。如宋哲宗绍圣年间，王安石的女婿蔡卞被任命为尚书右丞，人们公开嘲笑他"官职自妻而致"：

> 右丞今日大拜，都是夫人裙带。[2]

对于盛行于官场中的裙带风，历代有识之士都深恶痛绝，历代王朝均有所防范。但从根本上说，古代的统治正是靠包括裙带关系在内的一系列关系来维系。这种制度与裙带关系密不可分，可谓相依为命。裙带风是古代政治的一大痼疾，绝

---

[1] 参看陈寅恪：《记唐代之李武韦杨婚姻集团》，《历史研究》1954年第1期。
[2] 周辉：《清波杂志》卷3，《全宋笔记》第5编，刘永翔等整理，第9册第39页。

无根治的可能。

三使得人类自身的生产难以正常进行。传统婚姻既要在社会地位上门当户对，又要在地理区域上距离较近，这给人们的婚嫁带来困难，社会上出现了不少旷夫怨女。唐代的贡绫户中"有终老不嫁之女"，诗人元稹《织妇词》云：

> 缲丝织帛犹努力，变缉撩机苦难织。
> 东家头白双女儿，为解挑纹嫁不得。

元稹自注称，他在荆州时"目击贡绫户，有终老不嫁之女"[1]。岂止劳动妇女，所谓大家闺秀也有"女老不嫁"[2]者。此外，婚姻圈的过于狭小势必造成较大面积的近亲结婚，势必导致人口质量下降。古时怪胎率高。《宋史·五行志》中就有不少实例。既有头上长角、周身是毛、身后拖着尾巴的，也有两个脑袋、三只眼睛、四条胳膊的，还有腋下生翅、肘上长臂、头上冒羽毛的。上述现象，就全国来说，比较集中地发生在边远地区，如潮州、永州等地。就内地来说，比较集中地出现在偏僻山村，如临安府的浦头、建康府的桐林湾等处。当时怪胎率何以较高，而怪胎现象又为什么较集中地分布在偏远地区，近亲结婚显然是个重要原因。另外，传统时代的平均期望寿命比较短促，直到宋代以后，也

---

[1] 元稹：《织妇词》，《全唐诗》卷418，第12册第4607页。
[2] 《资治通鉴》卷200显庆四年十月壬戌，第7册第6318页。

不过三十来岁。[1] 这是由多种因素造成的，诸如生活条件差、医疗水平低等等。近亲结婚比较普遍，也是其中一个不容忽视的原因。

（四）婚姻仪式的等级性

单就家庭之间而言，传统婚姻的等级性不仅在联姻对象上有表现，而且在婚姻仪式上有反映。直到宋代，依旧是：

> 冠婚丧葬，莫不有制。[2]

等级差别仍然明显，与前代大体相同。

传统婚姻通常应当按照《仪礼·士昏礼》的规定，经过下面六道主要程序即所谓六礼。一曰纳采：男家向女家送礼、求亲；二曰问名：男家向女家问清楚女子的名字、生辰；三曰纳吉：男家卜得吉兆后，到女家报喜、送礼、订婚；四曰纳征：订婚后，男家向女家送较多的聘礼；五曰请期：男家选定完婚吉日，征求女家同意；六曰迎亲：新郎到女家迎接新娘。[3] 每道程序，均少不了送礼，因此传统婚姻又被称为买卖婚姻。北宋人张师锡的诗句：

---

[1] 胡焕庸等：《中国人口地理》上册，华东师范大学出版社1984年版，第127页。
[2] 不著撰人：《宋大诏令集》卷148《开封府申请五礼新仪节要并前后指挥更正施行》，中华书局1962年版，第548页。
[3] 关于宋代婚礼的仪程，参看方建新：《宋代婚姻礼俗考述》，《文史》第24辑。

> 女嫁求红烛,男婚乞彩钱。[1]

就是对这一社会现象的揭露。岂止送礼而已,还有公开索取钱财的,如唐代士族女性卖婚,索取"陪门财";宋代男性进士卖婚,收取"系捉钱"。

传统时代,不同等级的家庭婚姻程序不同。宋徽宗时颁行的《政和五礼新仪》在嘉礼门中,将婚姻仪式分为纳皇后仪、皇太子纳妃仪、皇子纳夫人仪、帝姬(即公主)降嫁仪、诸王以下婚仪、宗姬族姬嫁仪、品官婚仪、庶人婚仪等几个不同的等级,并根据等级高下,做出了繁简有别的规定。其原则是等级越高仪式越烦琐,等级越低仪式越简便。

在宋代,品官之家的婚礼必须做到六礼齐备,但礼仪程序又有等级性的差异。如四品以上的品官之家有盥馈礼、享妇礼,四品之下则不必也不应采用这两种礼仪。盥馈是新娘到婆家后,服侍公公、婆婆进餐的仪式。享妇是婆婆设宴款待新娘。庶人的婚姻仪式比品官简便,在宋代无须六礼齐备,其情形留待第四章《"务从简易,贫富随宜"》再说。

在宋代,媒人也"有数等",穿着打扮各不相同。她们分别为等级相对应的家庭说亲。孟元老《东京梦华录》载:

> 上等(媒人)戴盖头,着紫背子,说官亲宫院恩泽。[2]

---

[1] 吴处厚:《青箱杂记》卷5,《全宋笔记》第1编,夏广兴整理,第10册第223页。
[2] 孟元老:《东京梦华录》卷5《娶妇》,《全宋笔记》第5编,伊永文整理,第1册第149页。

由此越发可以看出传统婚姻具有多么明显的等级性。

二　性别之间的不平等

> 一夫一妇，不刊之制。[1]

这句话见于唐律。中国传统时代实行一夫一妻制。恩格斯《家庭、私有制和国家的起源》认为，古典的一夫一妻制取代对偶婚制是"文明时代开始的标志之一"、"一个伟大的历史的进步"，但它决不意味着"男女之间的和好"，反倒宣告了"女性被男性奴役"，"乃是女性的具有世界历史意义的失败"。[2]中国传统时代，性别之间无疑是不平等的。这种不平等无论在婚姻的缔结上还是在婚姻的解除上都有表现，历朝历代概莫能外。

（一）单方面的一夫一妻制度

《唐律》把符合一夫一妻的原则作为结婚必须具备的条件，禁止重婚。有妻之夫再娶妻将受到"徒一年"的惩处，有夫之妻私自出走，"徒二年，因而改嫁者，加二等"[3]。《宋刑统·户婚律》不仅照抄了上述法律条文，而且重申了周世

---

[1]《唐律疏议》卷13《户婚·有妻更娶》，第256页。
[2]《马克思恩格斯选集》，第4卷第57、61、52、78页。
[3]《唐律疏议》卷13《户婚·有妻更娶》、卷14《户婚·义绝离之》，第255、258页。

宗在显德五年（958）七月颁布的法令：

> 妻擅去者徒三年，因而改嫁者流三千里，妾各减一等。娶者并与同罪。如不知其有夫者不坐，娶而后知者减一等。并离之。[1]

惩罚较之唐律更重。鉴于惩罚较重，人们通常不敢公然多妻。虽然盛如梓《庶斋老学丛谈》讲到"都吏王琳二妻，次妻有子及婿，二妇常不和"[2]，这在宋代是个别的事例。但必须指出，古典的一夫一妻制具有极大的片面性，它是"妻子方面的一夫一妻制，而不是丈夫方面的一夫一妻制"，它"根本没有妨碍丈夫的公开的或秘密的多偶制"。[3]

妾媵制度便是男子的公开的多偶制。所谓媵，起初是指随同女子出嫁的妹妹或侄女，到战国以后，随着这一婚姻习俗的被淘汰，媵成了妾的一种。而妾则是男子在妻子以外娶的女子。妾媵又称为如夫人、小妻、旁妻、下妻、少妻、庶妻等等。其来源主要有三种，罪犯的妻女、因家贫而卖身的妇女以及所谓"私奔"的妇女。《周礼》《公羊传》等儒家经典关于"等而上之，天子有十二女，等而下之，士庶人有一妻一妾"一类的说法，不管其可信程度如

---

[1]《宋刑统》卷14《户婚律·和娶人妻（七出义绝和离）》，第253页。
[2] 盛如梓：《庶斋老学丛谈》卷下，《景印文渊阁四库全书》本。
[3]《马克思恩格斯选集》第4卷第71页。

何,这些都成为后世富贵之家广置妾媵的权威性依据。《孟子·尽心下》篇称:

> 食前方丈,侍妾数百人。

相当准确地反映了战国时期上流社会妾媵之盛。汉代的情况是:

> 诸侯妻妾或至数百人,豪富吏民畜歌者至数十人。[1]

至于魏晋南北朝时期,置妾之风更盛。西晋时,豪侈乖癖的石崇"侍人美艳者数千(或作十)人"[2],数量之多实在令人吃惊。晋朝法令规定:

> 诸王置妾八人,郡公侯妾六人……第一、第二品有四妾,第三、第四有三妾,第五、第六有二妾,第七、第八有一妾。[3]

与其说是对妾媵数量的具体限制,不如说是对妾媵制度的公开认可。

隋唐时期,妾媵制度更加完备。当时,法律只禁止多妻,不禁止多妾,正妻只能有一个,妾媵则不受此限。唐代法令规定:

---

[1]《汉书》卷72《贡禹传》,第3071页。
[2] 李昉等编:《太平广记》卷272《妇人三·美妇人·石崇婢翾风》,中华书局1961年版,第6册第2141—2142页。
[3]《魏书》卷18《太武五王·临淮王附弟孝友传》,第423页。

> 亲王孺人二人,视正五品,媵十人,视从六品。二品媵八人,视正七品。国公及三品媵六人,视从七品。四品媵四人,视正八品。五品媵三人,视从八品。凡置媵,上其数,补以告身。[1]

唐律对妻、妾的法律地位有明确的规定。有关规定较多,如:

> 诸殴伤妻者,减凡人二等,死者以凡人论。殴妾折伤以上,减妻二等。[2]

仅由此也可见,夫妻关系不平等,妻的法律地位比一般人往往要低两等。夫妾关系更不平等,妾的法律地位比妻又低两等。至于所谓媵,虽然是妾的一种,但在唐代,媵的地位与妾又有差别。唐律规定:

> 媵犯妻,减妾一等。妾犯媵,加凡人一等。[3]

可见,媵的法律地位低于妻一等,又高于妾一等。妻、妾、媵是三个不同的等级。难怪传统时代有此一说:

> 妾名虽总,而班有贵贱。[4]

唐代的一整套妾媵制度到宋代相沿不废,《宋刑统》一

---

[1]《新唐书》卷46《百官志一》,第1188—1189页。
[2]《唐律疏议》卷22《斗讼·殴伤妻妾》,第409页。
[3]《唐律疏议》卷13《户婚中·以妻为妾》,第256页。
[4]《宋书》卷15《礼志二》,第408页。

字不漏地抄录了唐律的全部有关条文。浦江大姓郑氏的族规《郑氏规范》规定:

> 子孙有妻子者不得更置侧室,以乱上下之分,违者责之。若年四十无子者许置一人。

但这项规定系适用于一家一姓的家法,并非每家每户都必须遵守的国法。宋代全国均有妾媵,只是各地称呼不同:西北地区叫"祗候人"或"左右人",两浙东西路叫"贴身"或"横床",江南东西路叫"横门"[1]。当时士大夫之家几乎无不妻妾罗侍,蔡京、王黼、韩侂胄、贾似道等人就很典型。如果说蔡京等人均属特大官僚且大都声名狼藉,那么某些名声并不太坏甚至留芳千古的士大夫,诸如范仲淹、宋祁、苏轼、陆游、辛弃疾等人,同样不乏这类风流韵事。北宋人梅询《瘴说》称"仕有五瘴",其中之一便是:

> 盛陈姬妾,以娱声色,此帷薄之瘴也。[2]

南宋人陈郁认为:

---

[1] 庄绰:《鸡肋编》卷下,《全宋笔记》第4编,夏广兴整理,第7册第84页。
[2] 《能改斋漫录》卷14《记文·仕有五瘴说》,《全宋笔记》第5编第4册第128页。

此说深中士大夫之疾。[1]

所谓"帷薄"是指私生活,"瘴"的引申义则是恶性传染病。岂止达官显宦,就连富家豪室,甚至不准结婚的和尚、道士也深受这一瘴气传染。据《宣和遗事》记载,宋徽宗时,开封各道观的道士"皆外蓄妻子,置姬媵,以胶青刷鬓,美衣玉食,几二万人"[2]。足见,宋代置妾之风何等盛行。

娼妓制度则是男子的秘密的多偶制。但应当指出,在中国传统时代,娼妓是个相当宽泛的概念,并不全都属于以商业性卖淫为生的妓女。娼妓大致可以分为三类:家妓,其性质近乎于贱妾;官妓,其主要职责是在官府举办的宴会上劝酒行令,歌舞助兴;私妓,才是以商业性卖淫为职业,是比较确切意义上的妓女。魏晋南北朝家妓之多,叫人吃惊。唐代官妓之盛,于史有名。两宋私妓之普遍,又非前代可比。关于宋代的娼妓问题,在第十一章《"天理人欲,几微之间"》中再谈。

传统时代所实行的妾媵制度和娼妓制度表明,传统婚姻制度"只是对妇女而不是对男子的一夫一妻制"。丈夫的置妾和嫖妓还直接威胁妻子的地位。如唐代有个姓李的度支郎中"畜妓陶芳于中门而去妻"。宋人陈郁指出:

---

[1] 陈郁:《藏一话腴》甲集卷下,《全宋笔记》第7编,赵维国整理,第5册第26页。
[2] 《新刊大宋宣和遗事》元集,中国古典文学出版社1954年版,第28页。

今世如李者多矣。[1]

北宋前期，吕龟图就因为"多内宠，与妻刘氏不睦"[2]，将刘氏连同儿子吕蒙正一起赶出家门，以致后来官至宰相的吕蒙正少年时代的生活极其穷困。此后，宰相夏竦"多内宠"，与其妻杨氏"不睦"，以致"离异"[3]。宰相向敏中的女婿工部侍郎皇甫泌"少年纵逸，多外宠，往往涉旬不归"[4]，其妻忧郁成疾，抱病而死。官员是这样，富人也如此。如比阳富商王八郎"因与一倡绸缪，每归家必憎恶其妻，锐欲逐之"[5]。其情况确如恩格斯所说，古典的一夫一妻制"在历史上决不是作为男女之间的和好而出现的"，相反，"男女之间的冲突由于丈夫的独占统治而明白显露出来"。[6] 妇女当然要起而反抗事实上的一夫多妻制。这种反抗往往是下意识的，并不怎么有力。她们的反抗方式，不外下面三种。

一是妒忌。传统时代将心怀妒忌之心的妇女贬称为"妒妇"，妒妇的所谓妒性无非是妒忌丈夫置妾、嫖妓。其正当性无可厚非。魏晋南北朝是有关妒妇的记载最多的时期，宋文帝的女儿临川公主、梁武帝的皇后郗氏都是中国历史上有

---

[1]《藏一话腴》甲集卷上，《全宋笔记》第7编第5册第12页。
[2]《续资治通鉴长编》卷31淳化元年九月戊寅，第3册705页。
[3]《续资治通鉴长编》卷90天禧元年十二月庚寅，第7册第2090页。
[4] 魏泰：《东轩笔录》卷13，《全宋笔记》第2编，燕永成整理，第8册第102页。
[5]《夷坚志》丙志卷14《王八郎》，第2册第484页。
[6]《马克思恩格斯选集》第4卷第61、63页。

名的所谓妒妇,直到唐代仍流行"妒妇津"的传说。晋朝人刘伯玉在其妻子段氏近前诵读《洛神赋》,并感叹道:

> 娶妇得如此,吾无憾焉!

段氏气愤地说:

> 君何得以水神美而欲轻我?吾死何患不为水神!

夜里投江而死。此后,"有妇人渡此津者,皆坏衣枉妆,然后敢济",否则"风波暴发"[1]。宋代同样"妇人多妒"[2],因此闹出了不少人命案。如抚州有位官员叫范寺成,其"妻色美而妒。范甚宠惮之,同辈每休招妓燕集,皆不得预"。一天晚上,范外出归来,其妻从行装中发现有一双女鞋,立即"神色沮丧","泣怨良久",大呼:"天乎!吾至是耶!"此事纯属误会,但她竟于当晚自经。大约同时,潭州通判喜得一子,刚满周岁,夫妻都"甚爱怜之"。一天,通判主持宴会欢迎过往官员,"命妓佐酒",并与一名官民妓谈笑。正当宴会"笑语方酣",突然上了一道奇怪的菜——"生肉二盘",满座无不惊诧。原来是"妻忿夫与妓语,乃手刃其子,刲肉以献"。[3] 官场是这样,民

---

[1]《太平广记》卷272《妒妇·段氏》,第6册第2143—2144页。
[2] 袁采:《袁氏世范》卷3《治家·暮年不宜置宠妾》,刘云军校注,商务印书馆2017年版,第131页。
[3] 范正敏:《遁斋闲览·人事·妒》,《全宋笔记》第10编,赵龙整理,第11册第275—276页。

间也如此。其中"延平六虎"就很典型。范正敏《遁斋闲览》载:

> 延平吴氏姊妹六人,皆妒悍残忍,时号"六虎"。其中五虎尤甚,凡三适人,皆不终,平生手杀婢十余人。[1]

有必要指出,这类"残忍"事件不应当诿过于妇女的妒性,而应当归罪于事实上的多妻制度。正是一夫多妻造成了妻妾之间的争风吃醋,乃至相互残杀。

二是置面首。如果说妇女的妒性是消极的防御性反抗,那么置面首便是以毒攻毒,以淫秽反淫秽。什么叫面首?从字面上讲,面指貌美,首指发美,所谓面首即美男子。其引申义则是男妾。历史上关于面首的明确记载,始见于南朝刘宋。史称,宋孝武帝的女儿山阴公主"淫恣过度",固然是事实,但同时又可以说,她是个具有反抗精神的泼辣女性。她公然对她的弟弟宋废帝说:

> 妾与陛下虽男女有殊,俱托体先帝。陛下六宫万数,而妾唯驸马一人。事不均平,一何至此!

宋废帝"乃为主置面首左右三十人"[2]。在历史上因置面首而受到谴责最多者,乃武则天。清代史家赵翼替她辩解:

> 人主富有四海,妃嫔动至千百。后既身为女主,而

---

[1]《遁斋闲览·人事·六虎》,《全宋笔记》第10编第11册第276页。
[2]《宋书》卷7《前废帝本纪》,第147—148页。

所宠幸不过数人，固亦无足深怪。[1]

赵氏之说颇公允。

三是通奸。公开设置面首作为"历史的奢侈品"，至少要公主才有资格，达官之家的贵妇人也与此无缘。普通妇女以淫秽反淫秽的办法只能是通奸。在宋代，德州军士刘喜的妻子"与一富人子私通"。刘喜发现后，设下毒计，将其妻子骗入棺材，"胶以大钉，遂纵火焚之"，然后投案自首，其长官居然"奇其节而释其罪"[2]。刘喜如此行事，显然太过分，人们有理由质问：他本人难道就没有干过逛妓院一类的龌龊事？妇女通奸这一丑恶的社会现象出现在传统时代可以理解，但实在不足为训。它不能改变事实上的一夫多妻，只能促成社会风气更加败坏。总之，"丈夫方面是大肆实行杂婚，妻子方面是大肆通奸"[3]，这就是传统婚姻制度下肮脏的社会现实。

（二）单向性的婚姻不可离异

如果说性别之间的不平等在婚姻缔结上的表现是一夫一妻制度的片面性，那么这种不平等在婚姻解除上的表现

---

[1] 赵翼：《廿二史札记》卷19《武后纳谏知人》，《赵翼全集》第1册，曹光甫校点，凤凰出版社2009年版，第353—355页。
[2] 《遁斋闲览·人事·刘喜焚妻》，《全宋笔记》第10编第11册第276页。
[3] 《马克思恩格斯选集》第4卷第66页。

便是婚姻不可离异的单向性。恩格斯将"婚姻的不可离异性"作为古典的一夫一妻制的一个重要属性,固然主要是依据欧洲的情况,但古代中国也大体如此。中西之间的差别仅仅在于欧洲中世纪绝对禁止离婚,古代中国严格限制离婚,实质完全一样,程度有所不同。在古代中国,既有"壹与之齐,终身不改"之说,又有"夫妇之道,有义则合,无义则去"[1]之谈;既有"贫贱之知不可忘,糟糠之妻不下堂"的俗话,又有"贵易交,富易妻"[2]的谚语。明乎此,不难理解在中国历史上何以丈夫休妻的事较多,妇女改嫁的事直到宋代仍然不少。应当指出,在古典的一夫一妻制度下,婚姻的不可离异具有明显的单向性倾向,在很大程度上"破坏夫妻忠诚这时仍然是丈夫的权利"[3]。中国传统法律规定的三种离婚方式,具体地反映了这一倾向。

离婚方式之一是仲裁离婚即所谓"七出",又叫"七弃",也就是丈夫在七种情况下可以"出妻"。关于"七出",《公羊传》庄公二十七年何休注有解释:

> 无子弃,绝世也;淫溢弃,乱类也;不事舅姑弃,悖德也;口舌弃,离亲也;盗窃弃,反义也;嫉妒弃,乱家也;恶疾弃,不可奉宗庙也。

---

[1]《礼记》卷8《郊特牲》、卷2《檀弓》,《四部丛刊》本。
[2]《后汉书》卷26《宋弘传》,第905页。
[3]《马克思恩格斯选集》第4卷第78、57页。

但是"虽犯七出,有三不去",三不去是对七出的限制。按照何休的解释,三不去是:

> 尝更三年丧不去,不忘恩也;贱取贵不去,不背德也;有所受无所归不去,不穷穷也。

七出三不去是古代的礼制,以礼入法,至迟在隋唐时期已见于法令。唐代及其后的传统法律为了尽量维护传统婚姻的不可离异性,从"伉俪之道,义期同穴"的传统道德观念出发,规定:

> 虽犯七出,有三不去,而出之者,杖一百,追还合。

并将"妻无子者听出"具体化为"妻年五十以上无子","即是四十九以下无子,未合出之"。传统法律给予丈夫"出妻"的权利是有限制的,但没有妻子"出夫"的对等规定,认为"妇人从夫,无自专之道",妻子不能自绝于丈夫。如果背夫出走,将受到严惩:

> 妻妾擅去者,徒二年,因而改嫁者,加二等。[1]

可见,传统婚姻的不可离异性具有明显的单向性倾向。

离婚方式之二是强制离婚即所谓"义绝",也就是夫妻任何一方及其亲属干出了违反夫妇之义的事情,必须离婚。

---

[1]《唐律疏议》卷14《户婚·妻无七出而出之》,第268页;《宋刑统》卷14《户婚律·和娶人妻(七出义绝和离)》,第252页。

如果"违而不离",是要受到惩罚的。唐、宋法律规定:

> 诸犯义绝者离之,违者,徒一年。

按照唐、宋法律的解释,义绝包括下面五个方面的情况:一、夫"殴妻之祖父母、父母及杀妻外祖父母、伯叔父母、兄弟、姑、姊妹";二、"夫妻祖父母、父母、外祖父母、伯叔父母、兄弟、姑、姊妹自相杀";三、"妻殴詈夫之祖父母、父母,杀伤夫外祖父母、伯叔父母、兄弟、姑、姊妹";四、妻"与夫之缌麻以上亲"或夫与"妻母奸";五、妻"欲害夫者"。凡此种种,"虽会赦,皆为义绝"。[1] 如果说仲裁离婚是单方面的,那么强制离婚则是双方面的。可是,从上述关于义绝的规定中,同样可以清楚地看出夫妻之间不平等。妻子对丈夫的祖父母等亲属,只要有詈、伤的行为,就构成义绝;而丈夫对妻子的祖父母等亲属,要有殴、杀的事实,才属于义绝。妻子只要与丈夫的缌麻以上(即五服以内)亲奸,就构成义绝;而丈夫要与丈母娘奸,才属于义绝。只有妻子欲害丈夫即构成义绝的规定,没有丈夫欲害妻子的对等规定。

离婚方式之三是协议离婚即所谓"和离",也就是夫妻因关系不好而双方愿意离婚,对此法律予以认可。唐代及此后的法律规定:

---

[1]《唐律疏议》卷14《户婚·妻无七出而出之》,第267页;《宋刑统》卷14《户婚律·和娶人妻(七出义绝和离)》,第253页。

> 彼此情不相得，两愿离者，不坐。
> 若夫妻不相安谐而和离者，不坐。[1]

和离从法律条文上看似乎夫妇双方处于平等地位，但在实际生活中并不是这样。正如恩格斯一再指出的那样，"两性的法律上的不平等，并不是妇女在经济上受压迫的原因，而是它的结果"，"男子在婚姻上的统治是他的经济统治的简单的后果"[2]。在传统时代，妇女通常只从事具有私人意义的家务劳动，而不从事具有社会意义的公共劳动，没有独立的收入。妻子在经济上对丈夫的依靠，决定着她们在婚姻上对丈夫的依赖。因此，在中国历史上，丈夫遗弃妻子的事显然较多，妻子抛弃丈夫的事较少。

正因为中国传统时代实行的不是禁止离婚，而是限制离婚，关于离婚的规定又具有单向性倾向，丈夫要想遗弃妻子，理由并不十分难找。孟子说："不孝有三，无后为大。"无子成为丈夫休妻的一大理由。中唐诗人张籍《离妇》一诗用被遗弃妇女的口吻说：

> 十载来夫家，闺门无瑕疵。
> 薄命不生子，古制有分离。
> 托身言同穴，今日事乖违。

---

[1]《唐律疏议》卷14《户婚·义绝离之》，第268页；《宋刑统》卷14《户婚律·和娶人妻（七出义绝和离）》，第251页。
[2]《马克思恩格斯选集》第4卷第69、78页。

并哀怨道:

> 为人莫作女,作女实难为。[1]

此外,如妒忌之心、多嘴多舌等都被视为有违所谓妇道,成为丈夫遗弃妻子的理由。这些几乎通通是借口,喜新厌旧往往才是真实的原因。中唐诗人顾况《弃妇词》对色衰爱弛这一常见的社会现象做了深刻的揭露:

> 君归妾已老,物情弃衰歇。
> 新宠方妍好,拭泪出故房。

这位"弃妇"在离开夫家时,少不了要发牢骚:

> 回头语小姑,莫嫁如兄夫。

南宋时,易彦章之妻所作《一剪梅》词,表达了妻子对丈夫喜新厌旧的担忧和埋怨:

> 染泪修书寄彦章,贪却前廊,忘却回廊,功名成遂不还乡,石做心肠,铁做心肠。
> 红日三竿懒画妆,虚度韶光,瘦损容光,不知何日得成双?羞对鸳鸯,懒对鸳鸯。[2]

---

[1] 张籍:《离妇》,《全唐诗》卷383,第12册第4297页。
[2] 田汝成:《西湖游览志余》卷16《香奁艳语》,刘雄、尹晓宁点校,上海古籍出版社2018年版,第206页。

古代的妇女由于没有独立的收入，一旦被丈夫抛弃，生活往往便无着落。正如顾况《弃妇词》所言：

> 今日妾辞君，辞君欲何去。
> 本家零落尽，恸哭来时路。[1]

如在宋代，盐城农民周六的女儿被丈夫休掉，生活极其艰辛：

> 父母俱亡，无以糊口，遂行丐于市。[2]

单向性的婚姻不可离异给妇女带来的深重苦难，由此可见一斑。

三 家庭内部的不平等

传统婚姻的等级性不仅在家庭之间、性别之间有表现，而且在家庭内部也有反映。传统时代的家庭作为传统社会的缩影，它是个等级颇森严、酷似小朝廷的社会生活组织，当时就有"闺门之内，严若朝廷"[3]的说法。等级服从是传统时代处理家庭关系的准则，司马光《书仪·婚仪》、朱熹《家礼·通礼》强调：

---

[1] 顾况：《弃妇词》，《全唐诗》卷264，第8册第2930—2931页。
[2] 《夷坚志》支丁卷9《盐城周氏女》，第3册第1036—1037页。
[3] 脱脱等：《宋史》卷434《儒林四·陆九龄传》，中华书局1977年版，第12878—12879页。

> 号令出于一人,家政始可得而治矣。

他们要求:

> 凡诸卑幼,事无大小,毋得专行,必咨禀于家长。[1]

浦江大姓郑氏的著名族规《郑氏规范》明文规定:

> 家长总治一家大小之务。[2]

小事尚且如此,更不用说婚姻大事了。但中上层社会与下层社会在这个问题上存在某些差异,下面分开来说。

(一)中上层社会

父母一手包办,子女只能顺从。这是传统婚姻的等级性在家庭内部的主要表现。恩格斯指出:"在整个古代,婚姻的缔结都是由父母包办,当事人则安心顺从。"[3] 早在西周时期,《诗经·齐风·南山》称:

> 娶妻如之何?必告父母。

战国时期,《孟子·滕文公》说:

> 不待父母之命,媒妁之言,钻穴隙相窥,逾墙相

---

[1] 司马光:《司马氏书仪》卷4《居家杂仪》,《丛书集成》初编,中华书局1985年版,第41页;《朱子家礼》卷1《通礼》,第18页。
[2] 《郑氏规范》,郑强胜注评,中州古籍出版社2016年版,第16页。
[3] 《马克思恩格斯选集》第4卷第72页。

从,则父母国人皆贱之。

后来,传统法律严禁"卑幼自娶妻"。如果胆敢自作主张,按照唐宋法律,将受到"杖一百"的惩处。岂止国法,作为国法补充的某些族规、家法规定:

> 嫁娶当父母择配偶。[1]

要求并强调:

> 卑幼不得抵抗尊长。[2]

传统时代,做子女的几乎无不懂得婚事"唯父母命,我安得专"。有的青年男女不免感叹:

> 今日未弹心已乱,此心元自不由人。[3]

父母包办子女婚事,目的在于传宗接代。传统婚姻是一种"权衡利害的婚姻",它所权衡的是"家世的利益,而决不是个人的意愿"[4]。《礼记·昏义》如此定义婚姻:

> 昏礼者,将合二姓之好,上以事宗庙,下以继后世也。

---

[1]《袁氏世范》卷1《睦亲·嫁娶当父母择配偶》,第50页。
[2]《郑氏规范》,第98页。
[3] 彭口:《墨客挥犀》卷2,《全宋笔记》第3编,孔凡礼整理,第1册第14页。
[4]《马克思恩格斯选集》第4卷第60、74页。

换句话说，婚姻仅仅是两个家庭之间的事，与当事人自身几乎无关。男子结婚不是为自己娶妻子，而是为家庭娶媳妇。女子出嫁不是为个人嫁丈夫，而是嫁与丈夫的家庭做媳妇。传统时代将婚姻称为"人伦之首"，并不是因为它是男女双方的终身大事，而是由于它关系到为传统家庭生产合法的继承人，关系到传宗接代的问题。北宋人蔡襄说：

娶妇何谓，欲以传嗣。[1]

可谓一语破的。用宋人话本的语言来说，便是：

取房娘子，生得一男半女，也不绝了香火。[2]

传统婚姻的目的不过如此而已，置男女双方的利益于不顾。

父母包办子女婚事的办法是交由媒人承办，当事人只得听其摆布。《诗经·齐风·南山》曰：

娶妻如之何？匪媒不得。

《管子·形势》云：

自媒之女，丑而不信。

这条原则见于传统法律：

---

[1] 蔡襄：《福州五戒文》，《全宋文》第47册第15页。
[2] 无名氏：《京本通俗小说·志诚张主管》，程毅中等校点，江苏古籍出版社1991年版，第38—49页。

> 为婚之法，必有行媒。[1]

因为有男女无媒不交的禁忌，男女双方甚至直至结婚前，不曾见一面。宋仁宗时，"有姿色"的徐姓姑娘与众不同，选择配偶，"必欲訾相其人"。胡仔《苕溪渔隐丛话》载：

> 祖无择晚娶徐氏，有姿色。议亲之时，无择为馆职，徐氏必欲訾相其人，而无择貌寝，恐不得当也。同舍冯当世（即冯京）丰姿秀美，乃谕媒妁，俟冯出局，扬鞭跃马，经过徐居，曰："此祖学士也。"徐窃窥，甚喜。成婚，始瘖其非。[2]

对方弄虚作假，结果受骗上当。

传统婚姻必待媒妁之言，在古时的特定社会环境下，媒人穿针引线、铺路搭桥的作用不能一概否定。可是媒人多半唯利是图，置当事人的利益于不顾。她们往往信口雌黄，到男家总说女方如何美貌，去女家总讲男方怎样人才。因此，在唐代有这样的说法，"媒人夸好儿女"同"和尚不吃酒肉""醉汉隔宿请客"一样，"未足信"[3]。南宋人袁采《袁氏世范》专门写了一条《媒妁之言不可轻信》，告诫世人：

> 若轻信其言而成婚，则责恨见欺，夫妻反目，至

---

[1] 《宋刑统》卷13《户婚律·婚嫁妄冒》，第240页。
[2] 胡仔：《苕溪渔隐丛话》前集卷29《六一居士上》引《高斋诗话》，《四部要要》第100册，中华书局1989年版，第117页。
[3] 苏轼：《杂纂二续》，《说郛》卷76，《景印文渊阁四库全书》本。

于仳离者有之。大抵嫁娶固不可无媒,而媒者之言不可尽信。[1]

在宋代话本中,无良媒人的形象极奸狡:

> 开言成匹配,举口合姻缘。医世上凤只鸾孤,管宇宙单眠独宿。传言玉女,用机关把臂拖来。侍案金童,下说词拦腰抱住。调唆织女害相思,引得嫦娥离月殿。[2]

父母包办子女婚事为的是传宗接代,多半靠的是唯利是图的无良媒人,其结果势必造成一连串婚姻悲剧。如北宋中期,程颐的叔伯祖父固执己见,他的儿子不愿与陈氏女成亲,他"强之使就",结果儿子"累年犹怏怏"[3]。传统时代,像这样强拉硬扯在一起的凑合夫妻何止千千万万。而离婚又相当困难,因而传统婚姻是一种低质量、高稳定的婚姻。更有甚者,有的子女在婚姻问题上不顺从父母,竟被狠心的父母押送官府问罪。如南宋端平年间,绍兴张忠父的儿子幼谦与罗仁卿的女儿惜惜既是邻居,又同日而生。十来岁时,他们背着父母,"密立券约,誓必偕老"。后来,"张忠父为子求婚于罗仁卿,仁卿以张贫不允,受里富民辛氏聘"。张幼

---

[1]《袁氏世范》卷1《睦亲·媒妁之言不可信》,第51页。
[2]《京本通俗小说·志诚张主管》,第39页。
[3]《二程集·河南程氏文集》卷12《伊川先生文八·家世旧事》,第2册第659页。

谦十分气愤,填词一首,调寄《长相思》:

> 天有神,地有神。海誓山盟字字真,如今墨尚新。
> 过一春,又一春。不解金钱变作银,如何忘却人?

托人递与罗惜惜。其实这纯属误会,罗惜惜还赠张幼谦《卜算子》词一阕,内中有"一日相思十二辰,真是情难舍"之句,并发誓:

> 若是教随别个人,相见黄泉下。

于是两人"遂约逾墙相通","久为罗父母觉,送官司"[1]。大约同时,延平连静女也遇上同样冷酷的父母。她与邻居书生陈彦臣相好,"为母觉,禁制稍严"。一天夜里陈彦臣终于找到机会,"潜往静女之家……静女乃口占一词,名《武陵春》",其中有"夜夜相思直到明"等语。静女的母亲"闻之,遂捉获,解官囚之"[2]。不仅如此,传统包办婚姻还制造了不少人命事件。如北宋时,一个满姓书生背着长辈,与焦大郎之女成亲,"夫妇相得欢甚"。他的叔父既是显官,又是族长,并且脾气暴躁。满生"不敢违抗,但唯唯而目"。焦大郎的女儿得知此情,埋怨满生"负心若此","抱恨而死"[3]。又如南宋时,有位福建读书人在杭州与一女子要好,

---

[1] 唐圭璋编著:《宋词纪事》,上海古籍出版社1982年版,第371—372页。
[2] 徐釚:《词苑丛谈》卷10《辨证》,《景印文渊阁四库全书》本。
[3] 《夷坚志》补卷11《满少卿》,第4册第1649页。

"临归，女子誓以不嫁他人，候其再来，与之为偶"。可是，"次年，父母竟以嫁他人"。这个福建读书人再到杭州，听说这事，"怏怏不乐"，在苏堤的一棵柳树上，题写《卜算子》词一阕：

> 伊道不忘人，伊却都忘了。我若无情似你时，瞒不得桥头柳。

这位女子闲步苏堤，"忽见此词，便觉身体不欢，忽回舟上，随即不救"[1]。她不幸之至，不仅年纪轻轻就丧命，而且背着黑锅而去。其实，无情的哪里是她，分明是她的父母以及严酷的传统婚姻制度。

子女对于婚事不能自主，结婚如此，离婚也如此；寻常人是这样，皇上也是这样。宋仁宗时，大臣富弼说：

> 今匹庶之家或出妻，亦须告父母。父母许，然后敢出之。

他指责宋仁宗：

> 废黜后氏而不告宗庙，是不敬父母也。[2]

就离婚而言，千百年来广为传诵的诗篇《孔雀东南飞》，

---

[1] 李有：《古杭杂记》卷3《诗集·卜算子桥头柳》，浙江江启淑家藏本。
[2] 富弼：《上仁宗论废嫡后逐谏臣》，《宋朝诸臣奏议》卷28《帝系门·皇后下》，上册第271—272页。

即其证。诗中的刘兰芝虽然与其夫焦仲卿情深意厚：

> 结发同枕席，黄泉共为友。

但焦仲卿的母亲定要将刘兰芝"遣之"，其理由是：

> 此妇无礼节，举动自专由。

焦仲卿替妻子辩护：

> 女行无偏斜，何意致不厚？

母亲大怒：

> 小子无所畏，何敢助妇语！

在宋代，同样不乏这样的事。如陆游与其妻子唐琬"伉俪相得"，但因唐琬与其婆婆兼姑母关系不好，便被婆婆"出之"，她只能空自浩叹：

> 世情薄，人情恶。[1]

别说旁人，连九五之尊的皇帝婚姻也不能自主。宋真宗即一例。司马光《涑水记闻》载，宋真宗做太子时，对人说：

> 蜀妇人多材慧，汝为我求一蜀姬。

---

[1]《齐东野语》卷1《放翁钟情前室》，《全宋笔记》第7编第10册第30—31页。

因而娶来一位刘姓四川姑娘,"见之大悦,宠幸专房"。可是他的父亲宋太宗大为不满,下令"去之"。宋真宗"不得已",只得把她置于官员张耆之家。宋太宗死后,才将其"召入宫"[1]。宋真宗即位之后,宠爱前朝宰相沈伦的孙女,并准备把她立为皇后,但因宋太宗李皇后不赞成而告吹。宋仁宗同他的父亲宋真宗一样,婚姻难以自主。他起初醉心于"姿色冠世"的蜀人王蒙正之女,但是他的养母宋真宗刘皇后"一见,以为妖艳太甚,恐不利于少主",将其另嫁。宋仁宗"终不乐"[2]。后来,宋仁宗又"宠张美人,欲以为后",因刘太后不赞成而作罢。刘太后立郭氏为皇后,宋仁宗"颇见疏"[3]。刘太后死后,宋仁宗很快废掉郭皇后。这或许是对太后主婚的不满和反抗。历代史家向来将宋仁宗视为最好女色的皇帝,固然不无根据,但他与郭皇后又何尝不是传统包办婚姻的受害者。

对于父母包办婚事,某些青年男女做过不同程度的反抗,其中还有不惜以死抗争者。由此可见,传统家庭内部矛盾何等普遍与尖锐:

---

[1] 司马光:《涑水记闻》卷5,《全宋笔记》第1编,邓广铭、张希清整理,第7册第68—69页。
[2] 王明清:《挥麈后录》卷2,《全宋笔记》第6编,燕永成整理,第1册第115页。
[3] 《宋史》卷242《后妃上·仁宗郭皇后传》,第8619页。

少有一家之中无此患者。[1]

传统家庭内部矛盾重重，多半围绕家庭财产问题，为此而打官司者有之，相互残杀者亦有之。程颐一语道破个中要害：

骨肉之间，多至仇怨忿争，其实为争财。[2]

不合理的婚姻制度使得这一矛盾更加复杂。如宋代不断发生"有不成婚妇谋杀其夫"[3]，"初已定姻而与人有奸而孕"[4]一类的怪事。正准备结婚的夫妻居然关系紧张到如此地步，这显然是传统婚姻以两个家庭的利益为准则，置男女双方的感情于不顾的恶果。至于妻妾之间、嫡庶之间的关系水火不容，不用说应当归咎于一夫一妻其名、一夫多妻其实的婚姻制度。很清楚，累世同居同财同炊的传统大家庭尽管是传统统治者竭力提倡的家庭模式，可是由于内部矛盾无法克服，至迟到唐宋时期已经跌落到惨淡经营、难以为继的地步。郓州张公艺九代同居，在唐代实属绝无仅有。唐高宗问其缘故，他接连写下一百多个"忍"字。北宋时，潞州有个五世同居的大家族，在当时并不多见。宋太宗问

---

[1]《袁氏世范》卷1《睦亲·处家贵宽容》，第11页。
[2]《二程集·河南程氏遗书》卷17《伊川先生语三》，第1册第177页。
[3] 朱熹：《三朝名臣言行录》卷7之1《丞相温国司马文正公》，《四部丛刊》本。
[4] 周密：《癸辛杂识》前集《郑仙姑》，《全宋笔记》第8编，范荧整理，第2册第178页。

其族长：

> 若何道而至此？

他的答案同样是：

> 臣无他，惟忍耳。[1]

袁采为了维系风雨飘摇的传统家庭关系，强调的也无非是：

> 人贵能处忍。[2]

家庭关系只能靠个"忍"字来维持，这本身就是一件可悲的事。何况要做到这个"忍"字又谈何容易，当时的实际情况是：

> 义居而交争者，其相疾有甚于路人。[3]

上述情形表明，传统大家族摆脱不了注定瓦解的历史命运。

（二）下层社会

下层社会不可能实行与传统婚姻截然不同的另一种制度，他们子女的婚事通常同样由父母包办。如宋代盐城农民周六的女儿嫁给渔民刘五的儿子就不是自由缔结，起初是

---

[1] 王得臣：《麈史》卷中《治家》，《全宋笔记》第1编，黄纯艳整理，第10册第32页。
[2] 《袁氏世范》卷1《睦亲·人贵能处忍》，第12页。
[3] 《袁氏世范》卷1《睦亲·兄弟贵相爱》，第30页。

"刘五为其子娶之",后来又是刘五"逐之归"[1]。但下层社会与中上层社会在婚姻问题上也存在某些差异。

第一,婚姻的目的不尽相同。农民娶妻子在很大程度上是为了得到生产上的帮手。传统时代有"男耕女织"之说,劳动者的妻子几乎无不参加生产劳动。他们不愿娶"骄贵家女",不仅由于她们很难习惯"攻苦食淡"的生活,而且还因为她们承担不起"缉麻织布"[2]的劳动。前面提到,宋代盐城渔民刘五将其儿媳妇"逐之归",原因在于这位女子生长在"无田可耕""织席以生"的家庭里,从小"不识针钮之事,但能助父编苇而已",到刘家后"不能缝裳",于其家事无补。正因为农民的妻子在生产劳动中起着一定的作用,因而在家庭中具有一定的地位,与中上层社会家里的妇女多少有些差别。

第二,家庭的结构不尽相同。"多妻制是富人和显贵人物的特权","人民大众都是过着一夫一妻制的生活"[3]。农民不仅几乎与多妻制无关,而且男子家贫不娶、女子无财以嫁的情况不在少数。白居易曾感叹"贫家女难嫁":

> 绿窗贫家女,寂寞二十余。
> 荆钗不值钱,衣上无真珠。

---

[1]《夷坚志》支丁卷9《盐城周氏女》,第3册第1036—1037页。
[2]《摭青杂说·盐商厚德》,《全宋笔记》第6编第2册第220—222页。
[3]《马克思恩格斯选集》第4卷第56页。

几回人欲聘,临日又踟蹰。[1]

宋代贫民还有为穷困所迫,不得不"贴夫"者。庄绰《鸡肋编》称:

> 小民之家不能供其(指妻子)费者,皆纵其私通,谓之"贴夫",公然出入,不以为怪。[2]

两浙地区住在寺庙附近的贫苦农民有将妻子贴给和尚者,有的和尚甚至"多至有四五焉"。贴夫又称"典妻",风行于有宋一代。到元代,朝廷专门下令禁止:

> 诸受钱典雇妻妾者,禁。[3]

正因为农民很少多妻,家庭内部无妻妾之分、无嫡庶之别,加之家庭财产为数极其有限,甚至还可能是负数,家庭成员为此发生纠纷的可能性较小。下层社会家庭内部关系相对和谐些。中唐诗人王建《田家行》诗云:

> 男声欣欣女颜悦,人家不怨言语别。[4]

白居易笔下的朱陈村:

---

[1] 白居易:《议婚》,《全唐诗》卷425,第13册第4674页。
[2] 《鸡肋编》卷中,《全宋笔记》第4编第7册第71页。
[3] 宋濂等:《元史》卷103《刑法志二·户婚》,中华书局1976年版,第2642页。
[4] 王建:《田家行》,《全唐诗》卷298,第9册第3382页。

> 女汲涧中水，男采山上薪。
>
> ……
>
> 田中老与幼，相见何欣欣。

这些连同宋人话本《碾玉观音》所描写的郡王府侍婢璩秀秀与玉匠崔宁结为夫妻之后的那段互敬互爱的幸福生活，应当具有一定的真实性。

可是，下层社会的家庭是脆弱的，他们正常的家庭生活不免遭到有权有势者的破坏和摧残。以宋代为例，这样的例子就不少。如开宝年间，一民众控告关南兵马都监李汉超"强取其女为妾"，经查确有其事，但宋太祖袒护包庇李汉超。他问这位民众："汝女可适何人？"民众回答道："农家也。"宋太祖公然说：

> 汉超，朕之贵臣也。为其妾不犹愈于农妇乎？[1]

咸平年间，有官员在开封"乘宠放恣，民家子既定昏，强取之"。正好遇到以执法严正著称的毕士安任知府，他才将"民家子还其父母，使成昏"[2]。可是毕士安因此受到抨击，被迫辞职。而一旦宫中选美的消息传开，社会一片混乱，其情况是：

> 民间相惊，不俟媒妁而嫁者甚众。[3]

---

[1]《宋史》卷273《李汉超传》，第9333页。
[2]《续资治通鉴长编》卷43咸平元年十月己丑，第4册第918页。
[3]《续资治通鉴长编》卷18太平兴国二年五月戊寅，第3册第406页。

话本《碾玉观音》中那对恩爱夫妻,他们"安心好做长久夫妻"的愿望只能是空想,不久遭到郡王破坏,崔宁被丢监下狱,秀秀被郡王亲手"打杀"[1]。真正自由缔结的婚姻在传统社会的生存空间是很有限的。

---

[1]《京本通俗小说·碾玉观音》,第1—14页。

第二章 宁输岁币,绝不和亲
——宋代婚姻制度的种种特色

共性上的大同固然值得注意，个性上的小异也不应当忽视。厘清公开的不平等是传统婚姻制度的共同本质之后，摆在我们面前的问题是：传统婚姻制度发展到宋代，究竟呈现出哪些与前代不尽相同的新特色？特色为数不少，难以备举，本章暂且介绍以下四种。宋代虽有和亲之议，但无和亲之举，知之者甚多，就从这里说起。

一 禁止族际婚

宋代婚姻制度最为明显的特色,莫过于禁止汉族同其他民族通婚。可是老一代日本知名学者桑原骘藏对此持否定态度。他在《蒲寿庚考》第二章中断言:

> 唐代以原则论,番汉通婚,盖所不禁;以事实论,则实行通婚,盖无容疑。宋代大体甚与唐代同也。

此说因我国史学名家吕思勉在其《隋唐五代史·婚制》中征引,流传甚广,几成定论。平心而论,桑原之说正误兼而有之。

就唐代而言,桑原的说法是对的,有唐太宗贞观二年(628)六月的敕令做证。敕令称:

> 诸蕃使人所娶得汉妇女为妾者,并不得将还蕃。[1]

显而易见,唐朝政府允许族际通婚,禁止的仅仅是其他民族

---

[1] 王溥:《唐会要》卷100《杂录》,上海古籍出版社1991年版,下册第2134页。

的男子将其汉族妻妾带走。唐代某些地区的状况是:

> 土人与蛮獠杂居,婚娶相通。[1]

唐高宗时,礼部尚书许敬宗将他的小女儿嫁与岭南少数民族首领冯盎之子,即唐代族际通婚的实例之一。

以宋代而论,桑原的说法错了,有宋太宗至道元年(995)八月的诏令为凭。据《宋史·太宗本纪》记载,这道诏令的要点是:

> 禁西北缘边诸州民与内属戎人昏娶。[2]

刘庠于元丰年间知成都府时,请求重申此禁,朝廷随即批准。吕陶《枢密刘公(庠)墓志铭》记述道:

> 西山六州与汉人为婚姻者,请禁之,以防后患,悉从公奏。[3]

"西山六州"是指文州等民族杂居地区。元祐六年(1091)九月,鄜延路经略使范纯粹称,朝廷明文规定:

> 蕃户不得与汉人婚姻。

---

[1] 刘昫等:《旧唐书》卷177《卢钧传》,中华书局1975年版,第4592页。唐文宗开成年间,卢钧任广州刺史时,"立法俾华蛮异处,婚娶不通"。但这是地方法,只能施行于一地一时。
[2] 《宋史》卷5《太宗本纪二》,第98页。
[3] 吕陶:《枢密刘公(庠)墓志铭》,《全宋文》第74册第68页。

他认为,这一"条禁之设,良有深意",是"为万世之计"[1]。很清楚,唐、宋两朝对待族际通婚的政策正好相反,唐朝允许,宋朝禁止。

还值得注意,在宋代,这道族际之间不得通婚的禁令不仅施行于西北沿边,而且在原则上适用于东南沿海。因此,在元祐年间,朝廷发现"广州蕃坊刘姓人娶宗女,官至左班殿直(低级武阶官)",感到十分诧异,立即采取措施,防止"宗女嫁夷部"[2]的事情再发生。绍兴年间,又有类似的事情发生:大食商人蒲亚里来广州经商,右武大夫(中级武阶官)曾纳"利其财,以妹嫁之"[3]。曾纳遭到朝廷和社会舆论的谴责。

和亲是中国历史上族际通婚的一种形式。宋朝政府对待和亲的态度,正好与唐朝相反。唐朝大力推行,据统计,其和亲次数多达27起。其和亲对象相当广泛,包括吐蕃、吐谷浑、突厥、契丹、奚、于阗、回纥、南诏等边疆各民族。而宋朝一概拒绝,虽有和亲之议,绝无和亲之举。

宋朝统治者对传统的和亲政策持否定态度,从《新唐书·突厥传》序中可见其端倪。按照通例,这篇序言理当十分简短,但其作者宋祁、欧阳修居然在这篇序言中,不厌其详地引用唐朝人刘贶反对和亲政策,认为"和亲非久安计"

---

[1]《续资治通鉴长编》卷466元祐六年九月辛亥,第31册第11138页。
[2] 朱彧:《萍洲可谈》卷2,《全宋笔记》第2编,李伟国整理,第6册第154页。
[3]《宋会要辑稿》职官44,第7册第4214页。

的长篇大论。一望而知，宋祁、欧阳修分明是借他人酒杯，浇自己块垒。《新唐书》作为一部官修史书，这在很大程度上反映了处于民族矛盾极其错综复杂的历史条件下，提倡"尊王攘夷"，强调"华夷之辨"的整个宋朝统治集团对待和亲的态度。宋仁宗时官至宰执大臣的贾昌朝声称：

和亲辱国。[1]

南宋时，理学家朱熹从狭隘的民族偏见出发，认为：

中国（指汉族）结昏夷狄，自取羞辱。[2]

雍熙年间，宋朝北伐燕云失败后，有大臣建议将"和亲而结好"[3]作为对辽战略方针的一种选项，宋太宗不予采纳。宋代历史上的和亲之议，发生在庆历二年（1042）。当时，宋朝对西夏作战吃紧，辽趁火打劫，屯兵幽蓟，声言南下，并派遣大臣出使宋朝，索取瓦桥关以南十县之地。同时又要求宋朝将其公主嫁与辽兴宗的儿子梁王耶律洪基（即后来的辽道宗）。时局危急，焦头烂额的宋仁宗虽然"不许割地"，但曾经考虑，要么增加给予辽的岁币，要么将信安郡王赵允宁的女儿嫁给辽的梁王，企图以此作为交换条件，换取辽撤兵。宋仁宗召集大臣商议，知制诰富弼"以结婚为不

---

[1] 王珪：《贾昌朝墓志铭》，《全宋文》第53册第285页。
[2] 朱熹集注：《楚辞后语》卷2《乌孙公主歌》，《景印文渊阁四库全书》本。
[3] 《续资治通鉴长编》卷30端拱二年春正月癸巳，第3册第666页。

可",主张宁肯增加岁币,也绝不实行和亲,于是"罢结婚之议"[1]。富弼奉命使辽,他对辽方说:

> 帝女才四岁,成婚须在十余年后,虽允迎女成婚,亦在四五年后。[2]

辽方才打消了和亲的念头。可是宋每年给予辽的岁币由原来的银10万两、绢20万匹,增加到银20万两、绢30万匹。此事史称"庆历增币"。宋朝统治者居然炫耀:

> (本朝)无穷兵之忿,无和亲之辱。[3]

宋朝政府对任何民族及其建立的政权,从未实行和亲。尽管称回鹘可汗为"外甥",宣称双方关系"义笃舅甥"。这是出于对付西夏的战略需要,沿袭唐代的旧称。对于回鹘,宋朝并无和亲之举。至于伪托辛弃疾著《南渡录》记载,金太宗曾立宋朝荆王之女为后、肃王之女为妃以及宋高宗的母亲宋徽宗韦贤妃做过金朝盖天大王的妻子,等等,这类事情是否可信,难于确考。退一步说,即便实有其事,这些同《宋史·公主传》讲到的宋徽宗女荣德帝姬再嫁习古国王的事一样,发生在被金军俘虏北去以后,是不得已而被迫为之,与和亲政策风马牛不相及。

---

[1]《续资治通鉴长编》卷135庆历二年三月己巳,第10册第3231页。
[2]《续资治通鉴长编》卷137庆历二年七月壬戌,第10册第3286页。
[3] 夏竦:《平边颂》,《全宋文》第47册第193页。

至于蒙古、元朝统治时期,族际通婚更是风行一时。元朝政府明确规定:

> 诸色人同类自婚姻者,各从本俗法,递相婚姻者,以男为主。[1]

这无异于公开承认了族际之间"递相婚姻"的合法性。莫说别人,成吉思汗就同其他民族发生婚姻关系。他有一位妻子是夏襄宗嵬名安全之女,史称察儿皇后。另一位妻子是金卫绍王完颜永济之女,史称公主皇后。元世祖在至元十一年(1274)同高丽和亲,把他的女儿忽都鲁揭里迷失嫁与高丽世子愖即后来的国王昛。相传元世祖有条"家法":"贱高丽女子,不以入宫。"[2]即便确有其事,他的子孙后代也并不加以奉行。元朝宫中高丽女子甚多,有时还用来赏赐大臣。元顺帝宠信高丽女子奇氏,并不顾大臣反对,把她立为皇后,史称完者忽都皇后。此外,据《元史·朵尔直班传》记载,元朝的大臣纷纷"取姬妾于海外"[3]。

总之,在如何对待族际通婚的问题上,宋朝同此前的唐朝和此后的元朝所推行的政策差别十分明显:唐朝允许,宋朝禁止,元朝认可。唐朝、元朝最高统治者允许族际通婚,原因多种多样,其出发点几乎没有一条值得肯定。可是族际

---

[1] 拜柱撰、方龄贵校注:《通制条格校注》卷4《户令·嫁娶》,中华书局2001年版,第169页。
[2] 权衡:《庚申外史》卷上,清雍正六年鱼元传抄本。
[3] 《元史》卷139《朵尔直班传》,第3356页。

通婚在客观上起到促进民族融合的积极作用，使中国境内各民族在血缘上愈来愈接近，以致在外貌特征上也逐渐相似。至于宋朝禁止族际通婚，甚至宁肯增加岁币，也绝不实行和亲，动机并不良好，效果更不佳妙。如果说国势强盛的唐朝准许族际通婚，是其充满自信心的表现，那么国力不振的宋朝禁止族际通婚，则是其不乏自卑感的反映。

二 提倡中表婚

所谓中表，是指人们同姑母的子女，舅父的子女、姨母的子女所结成的亲戚关系。在中国历史上，中表通婚可谓源远流长。早在先秦时期就存在着"世婚"的习俗，西周的姬、姜两姓累世联姻是人所共知的史实。此后，这类事例简直不胜其举。唐朝初年人李百药写过这样的诗句：

> 秦晋称旧匹，潘杨有世亲。[1]

诗中的"秦晋"指的是春秋时期的秦、晋两国世世通婚，后世将两姓联姻称之为"秦晋之好"。"潘杨"指的是两晋时期的潘、杨两家累世联姻，后世把姻亲关系比喻为"潘杨之睦"。唐代最高统治集团内部有李武韦杨婚姻集团，高门士族中存在着所谓"禁婚家"婚姻圈。至于广大农村，是一片

---

[1] 李百药：《戏赠潘徐城门迎两新妇》，徐坚：《初学记》卷14礼部下，清光绪孔氏三十三万卷堂本。

自给自足的自然经济的汪洋大海,"世婚"之风尤其盛行。前面讲到的徐州丰县朱陈村:

> 一村唯两姓,世世为婚姻。

就是个典型事例。两家或数姓累世联姻难免造成大量中表通婚,人们对中表通婚无忌讳。何况《国语》里既说:

> 同姓虽远,男女不相及。

又说:

> 异姓虽近,男女相及。[1]

这些说法成为中表[2]开亲的依据。

对于中表通婚,曹魏时官员袁准反对,他向朝廷提出"内表不可婚"[3]的建议。西魏、北周时更是一度禁止中表通婚,先后在大统九年(543)正月、建德六年(577)六月、宣政元年(578)八月下达禁令。其中,周武帝建德六年六月禁令称:

---

[1] 韦昭:《国语韦氏解》卷10《晋语四·文公》,《士礼居丛书》景宋本。
[2] 中国古代称父亲的姊妹(姑母)的子女为外兄弟姊妹,称母亲的兄弟(舅父)姊妹(姨母)的子女为内兄弟姊妹。外为表,内为中,故外兄弟姊妹与内兄弟姊妹又称"中表兄弟姊妹"。
[3] 杜佑:《通典》卷60《礼二十·内表不可婚议》,王文锦、王永兴等点校,中华书局1988年版,第2册第1703页。

> 自今以后，悉不得娶母同姓，以为[妻]妾。其已定未成者，即令改聘。[1]

或许与此有关，宋代有人误以为中表通婚向来为法律所"不许"。其实，与西魏、北周不同，同唐代一样，宋代法律并无此禁。《宋刑统·户婚律》条文很清楚：

> 其外姻虽有服，非尊卑者，为婚不禁。[2]

据此，南宋人洪迈《容斋续笔》指出：

> 姑舅兄弟为婚，在礼法不禁。……中表兄弟姊妹正是一等。其于婚娶，了无所妨。

其所以发生上述误会，洪迈认为，原因在于"不能细读律令"[3]。

在宋代，中表通婚不仅为礼法所不禁，而且有人大力提倡。袁采《袁氏世范》宣扬：

> 人之议亲，多要因亲及亲，以示不相忘，此最风俗好处。[4]

---

[1] 令狐德棻等：《周书》卷6《武帝本纪下》，中华书局1971年版，第103页。
[2] 《宋刑统》卷14《户婚律·同姓及外姻有服共为婚姻》，第247页。
[3] 洪迈：《容斋续笔》卷8《姑舅为婚》，《全宋笔记》第5编，孔凡礼整理，第5册第319—320页。
[4] 《袁氏世范》卷1《睦亲·因亲结亲尤当尽礼》，第51页。

宋代"姑舅兄弟通婚甚多"[1]。其情形正如欧阳修所说：

> 姑舅之子为昏，公私皆已通行。[2]

苏轼也说：

> 交朋之分，重以世姻。[3]

北宋中期官至参知政事的韩亿、李若谷，就是"重世姻"的一个实例。他们二人是十分要好的贫贱之交，在一起度过艰难的岁月。这对穷书生双双贵达后，韩将大女儿嫁与李的儿子，接着又为自己的儿子娶来李的女儿。这是"姑换嫂"式的交换婚。此后韩、李两家的情谊是：

> 子孙数世，婚姻不绝。[4]

北宋末年又有一件类似的事：两位四川彭山举子一同赴京应试，一位叫师骥，一位叫杨师锡。发榜那天，榜将尽，师榜内无名。家乡万里，"贫不能归"，师正准备"投汴河而死"。杨将他拉住，劝他少安勿躁。结果，师中第，且名列第一。

---

[1]《夷坚志》补卷10《杨三娘子》，第4册第1642页。
[2] 黎靖德编《朱子语类》卷89《礼六》，王星贤点校，中华书局1994年版，第6册第2275页。
[3]《苏轼文集》卷47《与迈求婚启》，孔凡礼点校，中华书局1986年版，第4册第1371页。
[4] 韩元吉：《桐阴旧话》，《全宋笔记》第4编，夏广兴等整理，第7册第122页。

他喜出望外,感激不尽地对杨说:

> 感君一言,幸得不死,当世世与君家为婚姻也。

而后来,师、杨"两家子孙皆贵,婚姻不绝"[1]。世婚的习俗在宋代如此盛行,势必造成大量的中表通婚。

"姑母做婆"即侄女嫁到姑母家,是中表通婚的一种形式。在宋代,陆游的妻子唐琬就是如此,她"于其母夫人为姑侄"[2]。

"姨母做婆"即姨女嫁到姨母家,是中表通婚的又一种形式。宋初名将高继勋的孙女滔滔与宋英宗成亲,便是其例。滔滔的母亲是宋仁宗曹皇后的姐姐,她从小就被曹皇后接到宫中抚养。宋英宗排行十三,他是宋仁宗的侄子,自幼过继宋仁宗,与滔滔同岁。他们两人长大成人后,宋仁宗对曹皇后说:

> 吾夫妇老,无子,旧养十三、滔滔各已长立,朕为十三、后为滔滔主婚,使相嫁娶。

当时人将这件事戏称为:

---

[1] 无名氏:《湖海新闻夷坚续志》前集卷1《贵显·师杨同榜》,金心点校,中华书局1986年版,第32页。
[2] 《齐东野语》卷1《放翁钟情前室》,《全宋笔记》第7编第10册第30—31页。

> 天子娶妇，皇后嫁女。[1]

此外，如程颐的门人周行己"幼议母党之女"，或许是由于亲上加亲，成婚之后，"爱过常人"[2]。程颐对这件事大加赞许。

"舅母做婆"即甥女嫁到舅父家，是中表通婚的第三种形式。这种形式在晚清民国时期的不少地区被看作"骨血倒流"，按照习惯是不能通婚的。在宋代看不出有这条禁忌，其具体事例并不比前面两种形式少。如北宋时，开封孝感坊的邢、单两家不仅是"并门居"的旧邻，而且是累世联姻的老亲。邢春娘又"幼年许与舅之子（单符郎）结婚"[3]。后来她的舅舅嫌贫爱富，亲事发生周折，但这对表兄妹最终还是结为夫妻。尤其著名的事例，要算苏洵的幼女、苏轼的姐姐苏八娘，也就是人们常说的苏小妹。她"幼而好学能文"，是宋代的一位出色才女。但"苏小妹三难新郎"的故事纯属杜撰，她的丈夫不是秦观，而是其舅父程浚的儿子程之才。苏洵《自尤》诗讲到这件事：

> 汝母之兄汝伯舅，求以厥子来结姻。

---

[1] 不著撰人：《锦绣万花谷》前集卷9《皇后·天子娶妇》，上海辞书出版社1992年版，第75页。
[2] 李幼武：《皇朝道学名臣言行外录》卷8《周恭叔》，《景印文渊阁四库全书》本。
[3] 《摭青杂说·夫妻复旧约》，《全宋笔记》第6编第2册第224—225页。

> 乡人嫁娶重母族,虽我不肯将安云。[1]

"嫁娶重母族"并不限于"乡人"。从上述事实看,达官显宦、皇亲国戚又何尝不是如此。

可见,中表通婚的三种形式,宋代应有尽有。当时人们为什么要把"因亲及亲"视为"最风俗好处",其原因是多方面的。有观念上的原因,对等交换是传统时代一种很普遍的婚姻观念,"姑换嫂"是当代交换,而中表婚则是隔代交换;也有经济上的考虑,彩礼"相熟而相简",可以多少减省些嫁娶之费;还有当事人方面的因素,他们对于中表开亲,一般比较乐意。在男女青年缺乏正常交际的传统时代,只有表兄妹或者表姐弟才可能相互有所接触和了解。如前面提到的宋英宗与高皇后、邢春娘与单符郎,他们从小在一起长大。利用亲戚之间的固有感情缓和传统家庭内部的矛盾,也是个相当重要的原因。

可是,传统家庭内部因财产私有而造成的深刻矛盾是无法克服的,中表开亲的结果反而往往是:

> 相争而不和,反不若素不相识而骤议亲者。……侄女嫁于姑家,独为姑氏所恶;甥女嫁于舅家,独为舅妻所恶;姨女嫁于姨家,独为姨氏所恶。[2]

---

[1]《古今事文类聚》后集卷13《人伦部·婚姻·母党为重》,《景印文渊阁四库全书》本。参看曾枣庄:《三苏姻亲考》,载《中华文史论丛》1986年第2辑。
[2]《袁氏世范》卷1《睦亲·因亲结亲尤当尽礼》,第51页。

如苏八娘嫁到舅父家,非但没有受到照顾,反而遭到虐待,直至忧愤而死,以致苏、程两家从此绝交。苏洵在《自尤》诗叙里,气愤地指责妻兄程浚:

> 浚本儒者,然内行有所不谨,而其妻、子尤好为无法。吾女介乎其间,因为其家之所不悦。适会其病,其夫与其舅姑遂不之视而急弃之,使至于死。

更为人所熟知的是,陆游的母亲与唐琬虽然是姑侄,但这对婆媳反倒关系十分紧张,身为姑母的婆婆硬是狠着心肠将自己的侄女兼媳妇赶出家门。难怪南宋人周密将此事称为"人伦之变"[1]。

三 反对异辈婚

宋代十分注重辈分。传统家庭是座一层压着一层的宝塔,辈分作为家庭内部等级划分的主要依据,在宋代不能混淆与颠倒。如南宋时,号称"治家有法"的陆九龄。在他管理下,金溪陆氏家族的情况是:

> 阖门百口,男女以班各供其职,闺门之内严若朝廷。[2]

---

[1]《齐东野语》卷1《放翁钟情前室》,《全宋笔记》第7编第10册第30—31页。
[2]《宋史》卷434《儒林四·陆九龄传》,第12878—12879页。

家族内部是这样,社会上也如此。宋代著名的乡规民约《朱子增损吕氏乡约》将社会上的"尊幼辈行"划分为尊、长、敌、少、幼五个等级,并做了具体解释:

> 曰尊者,谓长于己二十岁以上,在父行者;曰长者,谓长于己十岁以上,在兄行者;曰敌者,谓年上下不满十岁者,长者为稍长,少者为稍少;曰少者,谓少于己十岁以下者;曰幼者,谓少于己二十岁以下者。[1]

依据这一原则,朱熹告诫门人:

> 年长以倍则父事之,十年以长则兄事之,五年以长则肩随之,这便是长长之道。[2]

陆游对于社会上某些不注重辈分的现象"必切恶之",他在《放翁家训》中告诫晚辈:

> 人士有与吾辈行同者,虽位有贵贱,交有厚薄,汝辈见之,当极恭逊。己虽高官,亦当力请居其下,不然,则避去可也。[3]

北宋前期,为了尊崇皇室,沿袭前朝旧制,实行驸马升

---

[1] 朱熹:《朱子大全》卷74《增损吕氏乡约·礼俗相交》,《四部备要》第58册,中华书局1989年版,第1337页。
[2] 《朱子语类》卷119《训门人七》,第7册第2870—2871页。
[3] 叶盛:《水东日记》卷15《录放翁家训》,《景印文渊阁四库全书》本。

行辈制度：

> 旧制选尚者降其父为兄弟行。[1]

如柴宗庆本来是柴禹锡的孙子，到他做了驸马，朝廷"特升其行，令禹锡子之"[2]。当时就有人认为这样做没道理，不像话，对这一制度加以折中。如宋真宗时，李遵勖娶太宗女随国长公主，一方面按照制度"升其行"，同他的父亲李继昌同辈。另一方面李继昌生日，公主仍然将他看作公公，向他拜寿，得到宋真宗认可。这一制度废止于宋神宗时。宋神宗刚即位，就认为：

> 尚帝女者辄皆升行，……义甚无谓。朕常念此，寤寐不平。岂可以富贵之故，屈人伦长幼之序也。可诏有司革之，以厉风俗。

在他的妹妹陈国长公主出嫁王师约时，宋神宗决定改变这一"乱昭穆之序，废长幼之节"的做法，下诏：

> 令陈国长公主行舅姑之礼，王师约更不升行。[3]

重和年间，宋徽宗将此"著为永法，遍行天下"。他称赞宋神宗的决定：

---

[1]《宋史》卷248《公主·太宗女荆国大长公主传》，第8774页。
[2]《续资治通鉴长编》卷52咸平五年五月戊戌，第5册第1130页。
[3]《宋大诏令集》卷40《皇女五·公主行舅姑礼诏》，第214—215页。

革去历代沿习之弊,以成妇道,以风天下,贻谋后世,甚盛之举也。[1]

在宋代,辈分不可混淆这一伦理观念在婚姻制度上得到充分体现。为了防止"尊卑混乱,人伦失序",《宋刑统》严禁异辈为婚,反复申明此禁的法律条文散见于《名例律》《户婚律》《杂律》。《名例律》把"奸小功以上亲"称为"内乱"。所谓"小功以上亲",包括"外孙女于外祖父及外甥于舅之类"[2],而所谓"内乱"则是最为严重的"十恶"大罪之一。《户婚律》严禁"外姻有服属,而尊卑共为婚姻",如若违犯"以奸论"[3]。所谓"服",是指死后遵照礼俗,应当带孝致哀的亲属;所谓"外姻有服属",是指"外祖父母、舅、姨、妻之父母"。至于什么叫"以奸论",按照《杂律》里的规定,犯此罪者"徒三年,强者流二千里,折伤者绞"[4]。《户婚律》规定,即使无服,辈分不同,"并不得为婚姻,违者各杖一百,并离之"[5]。宣和元年(1119)八月重申禁止异辈为婚的法律条文,并将其禁止范围扩大。《宋会要辑稿》刑法载:

己之堂姨及再从姨、堂外甥女并不得为婚者,盖为

---

[1]《宋会要辑稿》帝系8,第1册第199页。
[2]《宋刑统》卷1《名例律·十恶》,第7页。
[3]《宋刑统》卷14《户婚律·同姓及外姻有服共为婚姻》,第247页。
[4]《宋刑统》卷26《杂律·诸色犯奸》,第478—479页。
[5]《宋刑统》卷14《户婚律·同姓及外姻有服共为婚姻》,第247页。

母之同列及己身卑幼，使尊卑混乱，人伦失序，故不得为婚姻。[1]

这一法律规定在宋代执行得相当严格，以下两个方面的情形可证。

第一，异辈不婚的原则不仅普通人必须遵守，士大夫也不能例外。在官场斗争中，只要抓住对方有这方面的把柄，即可将其置于尴尬境地。仅以欧阳修为例，他因此先后遭到两次抨击。一次是在庆历五年（1045）八月，欧阳修的政敌诬告他与其外甥女张氏有不正当关系。这还了得，宋仁宗立即下令追查。后来查明并无此事，但是欧阳修仍然被贬官，出知滁州。另一次是治平四年（1067）三月，宋神宗即位之初，欧阳修的政敌又诽谤他与其大儿媳妇吴氏有苟且行为，建议朝廷将他贬窜。这下，欧阳修可不答应了，他立即杜门不出、躺倒不干，接连三次上奏疏，请求朝廷一定要将这件事查个水落石出。他在奏疏中说：

> 之奇诬罔臣者，乃是禽兽不为之丑行，天地不容之大恶。臣苟有之，是犯天下之大恶。无之，是负天下之至冤。犯大恶而不诛，负至冤而不雪，则上累圣政，其体不细。乞选公正之臣，为臣办理。

大臣吴充作为吴氏的父亲、欧阳修亲家，把这件事视为奇耻

---

[1]《宋会要辑稿》刑法2，第14册第8324页。

大辱,"上章乞朝廷力与辨正虚实,明示天下,使门户不致枉受污辱"[1]。结果很快查明,此事纯属捏造,欧阳修的政敌被贬官。上述事实表明,在宋人看来,长辈与少辈关系暧昧尚且是个十分严重的问题,更不用说异辈为婚。宋仁宗时官至宰相的章得象有个侄子叫章俞,相传他干出过这样的龌龊事:

> (其)妻之母杨氏,年少而寡,俞与之通,已而有娠生子。

他们也感到见不得人,"初产之时,杨氏欲不举"。这个私生子即后来在宋神宗变法期间名噪一时、宋哲宗绍圣年间出任宰相的章惇。章惇被遗弃后,侥幸长成,并且做上高官。可是他依然以自己的身世为耻。苏轼赠给他的诗中有句云:

> 方丈仙人出渺茫,高情犹爱水云乡。

章惇"以为讥己,由是怨之"[2]。

第二,异辈不婚的原则不仅士大夫必须遵守,皇亲也不能例外。朝廷规定:

> 自今皇亲婚姻具依律令外,若父母亲姊妹及父母之亲姑为妯娌,或相与为妇姑行,而尊卑差互者,不得为

---

[1]《续资治通鉴长编》卷209治平四年三月,第15册第5078—5080页。
[2] 王明清:《挥麈余话》卷1,《全宋笔记》第6编,燕永成整理,第2册第33—34页。

婚姻。[1]

正因为有这项规定，尽管随着时间的推移，宋朝宗室的人数越来越多，但极少出现异辈为婚的现象。《宋史·外戚传》载："（李）玮，选尚兖国公主。"[2] 李玮的父亲李用和是宋真宗李宸妃的弟弟，李玮是李宸妃的侄子；兖国公主父亲宋仁宗是李宸妃的亲生儿子，而兖国公主是李宸妃的孙女。现将此情图解如下。图中"="号表示婚配。

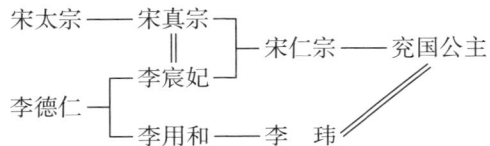

这分明是表叔娶了侄女。何以如此，应当与当时实行公主出嫁辈分提升的制度有关。这件事在宋代皇亲的婚事中绝无仅有。宋代异辈为婚的现象如此之少，是其在婚姻制度上与辽、金、元等朝的一个不同之处。

异辈不婚的禁忌在中原地区，并不始于宋代。早在《礼记·大传》中便有此禁。《左传》将长幼不分、男女淫乱贬之为"报"，斥之为"烝"。至迟在汉代，异辈不婚的禁忌已由礼变入法。汉律明文规定："淫季父之妻曰报"。[3] 可是汉代异辈为婚禁而不止。清代史家赵翼《廿

---

[1]《续资治通鉴长编》卷137庆历二年七月庚午，第10册第3287页。
[2]《宋史》卷464《外戚中·李用和附子玮传》，第13566页。
[3] 王应麟：《汉制考》卷4，《学津讨原》本。

二史札记·婚娶不论行辈》对此有专门论述，列举汉惠帝"以甥女为妻"、哀帝"以外家诸姑为妻"[1]等事例。魏晋南北朝时期，异辈为婚的现象较之汉代更加普遍。如蔡兴宗竟将其女儿嫁给姐姐的孙子，李神俊居然准备娶外甥女为妻。

这里需要着重指出的是，唐代尽管禁止异辈通婚的法律规定比前代严密得多，《宋刑统》的上述有关条文全部抄自唐律，但是唐代异辈通婚的现象并不比魏晋南北朝时期少。由于唐律禁止异辈通婚的范围仅限于"外姻有服"，"外姻无服"不在禁止范围之内，而堂姨又属于"外姻无服"。因此永徽元年郑州人郑宣道娶堂姨为妻。"母之堂姊"居然"降以为妻"，有人认为这门亲事于"情理不合，请与罢婚"。官府则以"法无此禁"为由，"判许成亲"。事情闹到朝廷，御史大夫李乾祐发出了"名教所悲，人伦是弃"的慨叹，他建议唐高宗下诏规定：

　　外属无服尊卑不通婚。

经群臣商议，唐高宗将禁止异辈通婚的范围由"外姻有服"扩大到"外姻无服"。但纸面上的规定并不等于现实。唐代的实际情况是异辈通婚"浸以成俗"[2]。

唐朝最高统治者立法犯法，带头实行异辈婚。皇帝与后

---

[1]《廿二史札记》卷3《婚娶不论行辈》，《赵翼全集》，第1册第52页。
[2]《通典》卷60《礼二十·外属无服尊卑不通婚议》，第1703页。

妃辈分不合的事例不胜其举。如徐坚的"长姑为太宗充容，次姑为高宗婕妤"。[1] 徐氏两姐妹居然分别嫁与唐太宗、唐高宗两父子。唐高祖女常乐公主、唐肃宗女郜国公主、唐代宗女升平公主的女儿分别做了唐中宗、唐顺宗、唐宪宗的皇后，均为姑奶奶把女儿嫁与侄孙子。这三位皇后分别比中宗等三位皇帝高一辈。

在唐代，公主选择配偶，往往不顾辈分。唐太宗女东阳公主、兰陵公主、新城公主，唐中宗女安定公主，唐睿宗女郎国公主，唐玄宗女太华公主、昌乐公主，唐顺宗女汉阳公主，唐穆宗女金堂公主、饶阳公主，她们的驸马分别是高履行、窦怀悊、长孙诠、韦濯、薛儆、杨锜、窦锷、郭纵、郭仲恭、郭仲词。东阳等十位公主分别比高履行等十位驸马高一辈。驸马的辈分也有比公主高的，如唐肃宗女和政公主的驸马柳潭，他的哥哥柳澄的妻子杨氏是杨贵妃的姐姐。这门婚事的辈分关系为：

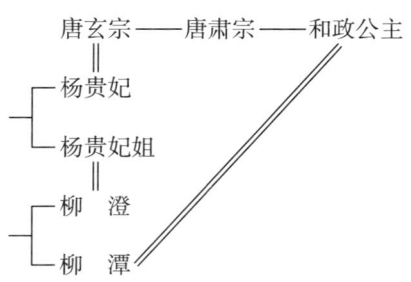

---

[1]《旧唐书》卷102《徐坚传》，第3176页。

显而易见，柳潭比和政公主高两辈。

在唐代，某些显赫家族是皇族的比较固定的累世联姻对象。他们之间的婚姻关系，辈分十分混乱。现以皇族与杨氏的婚姻关系为例，列表如下。表中"口"号表示其名字失考。

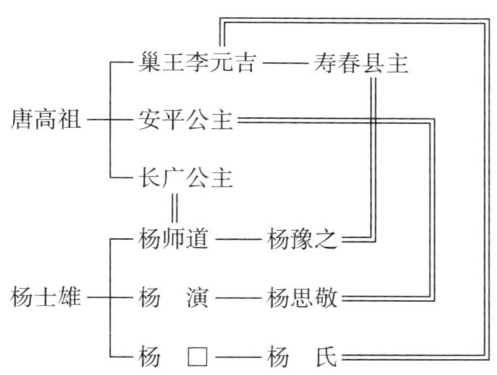

从上面这张表中可以看出以下三点。第一，杨师道、杨思敬两叔侄分别娶了长广公主、安平公主两姐妹。杨师道与杨思敬既是叔侄，又是连襟。长广公主、安平公主出嫁到杨家后，由姐妹关系变为婶娘与侄儿媳妇的关系。第二，杨豫之与巢王李元吉的妃子杨氏，就杨家来说，是堂兄妹或堂姐弟；就李家来说，则是女婿与岳母的关系。第三，杨师道与李元吉有四种不同的辈分关系：从杨师道与李元吉的姊妹长广公主是夫妻看，李元吉是杨师道的妻兄或妻弟；从李元吉的妃子是杨师道的侄女看，李元吉是杨师道的侄女婿；从杨师道的儿子杨豫之的妻子是李元吉的女儿看，李元吉与杨师道是亲家；从杨师道的侄子杨思敬是李元吉的姊妹安平公主的丈夫看,杨师道是李元吉的姻伯。[1]可见,在唐朝皇族婚媾中,异辈通婚何等盛行。

上有所好,下必甚焉。唐代社会上异辈婚的事例也不少。如据《太平广记·秀师言记》记载,崔昭与李仁钧是表兄弟,崔昭竟把自己的亲生女儿嫁给李仁钧做妻子。[2]又如据史学大师陈寅恪考证,白居易的父母是舅舅与亲甥女结为夫妻。[3]其辈分关系为:

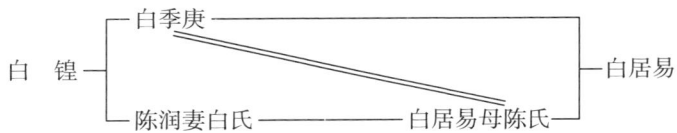

上述史实表明,唐、宋两代关于异辈不婚的法律规定尽管相同,但执行情况并不一样。宋代禁止异辈通婚,比唐代显然严格许多。

四 废止收继婚

所谓收继婚是指儿子在父亲死后娶后母为妻,弟弟在哥

---

[1] 参看王寿南:《唐代公主之婚姻》,《第一届历史与中国社会变迁研讨会论文集》上册,1982年8月台北印行。此文承蒙张国刚教授提供。
[2] 《太平广记》卷160《秀师言记》,第3册第1148—1149页。
[3] 陈寅恪:《元白诗笺证稿》附论甲《白乐天之先祖及后嗣》,上海古籍出版社1978年版。

哥死后娶嫂子为妻，哥哥在弟弟死后娶弟媳为妻。它既是原始社会群婚习俗的残留，又有着防止家庭财产不分散、劳力不外流的用意。收继婚风行于某些地区，与那里男多女少的人口构成，可以节省一笔嫁娶费用等情况有关。这一婚姻习俗早在先秦时期就遭到指责，被称为"烝报"，并采取"叔嫂不通问"一类防范性措施。汉代法律明文禁止收继婚。倘若违犯，将受到严惩：

> 禽兽行，乱人伦，逆天道，当诛。[1]

魏晋南北朝时期，后赵的建立者石勒曾"下书禁国人不听报嫂"[2]。可是在实际生活中，收继婚俗未见其止。以汉代而论，燕王刘定国、江都王刘建、南利侯刘宝无不与其父亲"争妻"。就北齐来说，几乎每个皇帝都有"烝母报嫂"的行为。中国历史上最负臭名的"烝母"者是隋炀帝。当隋文帝弥留之际，"姿貌无双"的宣华夫人陈氏"为太子（即后来的隋炀帝）所逼，夫人拒之得免"。隋文帝得知此事，气急败坏："畜生何足付大事！"隋文帝病死的当天晚上，陈氏即被"太子烝焉"。此后，"容仪婉娩"的容华夫人蔡氏"亦为炀帝所烝"[3]。

---

[1]《汉书》卷35《燕王刘泽传》，第1903页。
[2] 房玄龄等：《晋书》卷105《石勒载记下》，中华书局1974年版，第2736页。
[3] 魏征等：《隋书》卷36《后妃·宣华夫人陈氏传》《后妃·容华夫人蔡氏传》，中华书局1973年版，第1110、1111页。

禁止收继婚的法令到唐代已经相当严密。唐律规定：

> 诸尝为祖免亲（即五服以外的远亲）之妻而嫁娶者，各杖一百。缌麻（即五服以内的近亲）及舅、甥妻，徒一年。小功以上以奸论。妾，各减二等，并离之。[1]

"小功"作为我国古代用来计算亲属关系亲疏远近的单位（即所谓"亲等"）之一，在这里是指伯叔祖父、堂伯、堂叔、再从兄弟。如果收继他们的以及血缘关系更近的亲人之妻，则属于"内乱"，将以奸罪论处。其中尤其严重的是"奸父祖妾"，法律规定处以绞刑。"奸父祖所幸婢"，也将"流二千五百里"[2]。

但是，唐代社会的实际情况与唐朝法律的有关规定差距很大。最高统治者实行收继婚的事例就不少。如唐太宗收继其弟李元吉的妃子杨氏，生下曹王李明，并且打算将杨氏立为皇后。魏征坚决反对：

> 陛下不可以辰嬴自累。[3]

唐太宗的美梦才并未成真。人所熟知，武则天14岁时就做了唐太宗的才人。唐高宗在其父亲死后，居然将武则天封为

---

[1]《唐律疏议》卷14《户婚·尝为祖免妻而嫁娶》，第264页。
[2]《唐律疏议》卷26《杂律·奸父祖妾等》，第494—495页。
[3]《新唐书》卷80《太宗诸子·曹王明传》，第3579页。

昭仪,这与隋炀帝"烝母"并无差异。当唐高宗准备把武则天立为皇后时,宰相褚遂良将此情道破:

> 昭仪昔事先帝,身接帷第,今立之,奈天下耳目何?

武则天听到这番话,气急败坏:

> 何不扑杀此獠!

由于有开国元勋李勣支持,武则天终究还是做了皇后。如果说唐高宗"烝母"还多少有些"羞默"[1]之感,那么武延秀"报嫂"简直是明目张胆了。唐中宗女安乐公主的驸马武崇训是武延秀的堂兄。史称:

> 崇训死,主素与武延秀乱,即嫁之。[2]

成亲那天,唐中宗与韦皇后亲临,既实行大赦,又赏赐群臣,婚事大操大办,热闹非凡,哪里看得出唐朝最高统治者要禁止什么收继婚!

宋代禁止收继婚的法律规定与唐代完全相同,《宋刑统》照抄唐律全部有关条文。但宋代谴责收继婚的社会舆论之激烈,绝非唐代可比。北宋时,程颐指斥唐朝最高统治者"其妻则取之不正",抨击唐太宗"其恶大","取元吉之妻"即重要证据之一。他说:

---

[1]《新唐书》卷105《褚遂良传》,第4028—4029页。
[2]《新唐书》卷83《诸帝公主·中宗女安乐公主传》,第3654页。

> 唐之有天下数百年，自是无纲纪。[1]

南宋时，朱熹谴责唐代最高统治集团：

> 闺门失礼之事，不以为异。

并进而贬斥道：

> 唐源流出于夷狄。[2]

于是，社会舆论与政府法令相结合，在社会上形成了一股禁止收继婚的强大约束力，人们皆"知其非法也"[3]。无怪乎"事继母孝""事寡嫂谨"在宋代作为一种美德，每每出现在宋人传记资料之中。官员是这样，民间也如此。如南宋时，明州城西的徐氏三兄弟"以卖浆、舂米为业"，哥哥死后，两个弟弟"事嫂如母"，"里人莫不多之"[4]。"多"，赞许的意思。相反，如果胆敢欺侮寡嫂，不仅要遭到舆论谴责，而且将受到法律制裁。如北宋中期，洋州土豪李甲"醉其嫂而嫁之，尽夺其奁橐之蓄"，结果"伏罪"[5]。

与唐代的情况不同，宋代最高统治者绝无收继后母、寡

---

[1]《朱子语类》卷136《历代三》，第8册第3245页。
[2]《朱子语类》卷136《历代三》，第8册第3245页。
[3] 文惟简：《虏廷事实·婚聘》，《全宋笔记》10编，刘宇整理，第12册第169页。
[4] 仇远：《稗史·军嫂》，《说郛》卷21，中国书店1986年版。
[5]《东轩笔录》卷11，《全宋笔记》第2编第8册第87页。

嫂例，皇亲国戚并不享有突破这一婚姻禁忌的特权。相反，如果不遵守这条礼法，通常将受到惩处。如宋仁宗时，洪州别驾王蒙正与其父婢霍私通，尽管他是宋真宗刘皇后的哥哥刘美的亲家，而霍氏又并非他父亲的妻妾，仅仅是侍婢而已。但朝廷发现此事，立即作为要案查处。王蒙正本人"除名，配广南编管，永不录用"，他的女儿和亲属受到株连。宋仁宗专门为此下诏：

> （王蒙正之女）自今不得入内，及它子孙不得与皇族为婚姻。[1]

宋孝宗时，宋徽宗郑皇后的侄子、保信军节度使郑藻"娶嫂"[2]。这一奇闻一经传出，满朝大臣莫不惊诧，纷纷上书弹劾。做了太上皇的宋高宗看在郑藻是他的表弟，在宋孝宗跟前替他开脱，这件事才大事化小，掩盖过去。

蒙古族的一项所谓"国俗"是：

> 父死则妻其从母，兄弟死则收其妻。[3]

元朝建立以后，大臣不断提出建议，对此"必宜改革，绳以礼法"，其结果总是"不报"[4]。元朝统治者对收继婚只

---

[1]《续资治通鉴长编》卷120景祐四年二月壬子，第9册第2820页。
[2] 张端义：《贵耳集》卷下，《全宋笔记》第6编，许沛藻等整理，第10册第334页。
[3]《元史》卷187《乌古孙良桢传》，第4288页。
[4]《元史》卷44《顺帝本纪七》，第921页。

是做了某些限制,如"侄儿不得收婶母""抱乳小叔不收继""嫂叔年甲争悬不收""兄亡嫂嫁小叔不得收"等,元朝统治者曾经禁止汉族民众实行收继婚,强调"汉儿人不得接续"[1],声称其原因在于"非其本俗",规定:

> 敢有弟收其嫂、子收庶母者,坐罪也。[2]

前面讲到的禁止族际婚、提倡中表婚、反对异辈婚、废止收继婚,大致都是宋代与前代不尽相同之点、同后来的元朝有明显差异之处,无疑均可视为宋代婚姻制度的特色。结束本章时,以下三点有必要指出。

第一,上述种种特色不仅对当时的社会现实,而且对后世的婚姻习俗均发生不可忽视的影响。如今在汉族居住地区,异辈婚早已成为历史陈迹。收继婚仅较长时间局部地存在于某些边远地区,并被视为"奇俗"。为什么会如此?如果从历史上找原因,只怕同宋代严格禁止多少有些关系。中表婚在明清时期尽管一度禁止,可是反倒成为风气,并一直延续到20世纪50年代以前,甚至在某些偏僻山区,迄今还积习难移。如果又要问个为什么,宋代社会舆论的大力提倡,或许也不失为一个虽然次要但也不能忽视的因素。

第二,上述种种特色,意义各不相同,有的属于进步

---

[1]《元典章》卷18《户部四·婚姻·不收继》,陈高华、张帆等点校,中华书局、天津古籍出版社2011年版,第2册第657、661、662、658页。
[2]《元史》卷34《文宗本纪三》,第767页。

现象，有的属于倒退行为，有的则不可一概而论。异辈婚作为群婚制的残留，对此加以反对，是文明进步的表现，自有其历史的正当性。但提倡中表婚就莫名其妙了。中表通婚属于近亲结婚的范畴，是违反优生学原理的不科学行为。考虑到它是个传统习俗，固然很难严加禁止，但无论如何也不应当一味提倡。收继婚作为生者当然享有的权利或者对死去的父兄必须履行的义务，一不问双方是否自愿，二难免造成"人有数妻"，对此予以废止，虽然绝对了些，但也无可厚非。对于禁止族际婚，不能笼统地加以肯定。族际通婚是民族交往增强的必然结果，甚至可以把它看作中国境内各民族团结和融合的象征，而，既无必要，也不应该一概予以禁止。

第三，上述种种特色远远没有囊括宋代婚姻制度的全部特色，例如童养媳的出现。有关童养媳的明确记载，最早见于北宋中期。时人晁补之在《鸡肋集》卷67《杜公（纮）墓志铭》中称：

> 民间女幼，许嫁未行，而养诸婿氏者，曰养妇。[1]

一望而知，宋代的所谓养妇，就是后来的童养媳。南宋末年曾经对我国棉纺织生产做出重要贡献的黄道婆，由于家庭生活困难，10岁左右就给人家当了童养媳。她是我国于史有名的杰出妇女中的第一位童养媳。这里还应当指出，上述种种

---

[1] 晁补之：《刑部侍郎杜公墓志铭》，《全宋文》第127册第135页。

特色包括童养媳的出现在内,无论从意义上说还是从影响上讲,通通不足以构成宋代婚姻制度的主要特色。其中,有的还被婚姻方面的其他更为重要的因素所制约和规定。至于宋代婚姻制度的主要特色究竟是什么,留待后面再着重探究。

第二章 "四方不同风"
——辽宋夏金时代婚姻礼俗的地域差异

上章将宋代与以唐朝为主的前代和以元朝为代表的后代做了些历时性的纵向考察，本章拟做地域性的横向比较。如所周知，宋朝的统一规模较小，只是汉族居住区的基本统一。10至13世纪的中国可称为"新三国"时期，被称为"南朝"的宋朝、先后被称为"北朝"的辽朝、金朝以及被称为"西朝"的西夏王朝三足鼎立。除南、北、西三朝而外，还有云南的大理、西域的喀拉汗又称黑汗王朝等政权。如果说唐、宋两代同中有异、大同小异，继承中有演变，那么辽、西夏、金、大理辖区乃至宋辖少数民族地区的婚姻制度与礼俗明显地不同于宋辖汉族居住区。"四方不同风"[1]，各少数民族的婚姻礼俗自有其特色，差异相当明显。但也有相互交流，出现某些趋同之处，以中原地区对边疆地区的影响较大。简略概述于下。

---

[1]《麈史》卷下《风俗》，《全宋笔记》第1编第10册第69页。

一 契丹、女真等东北各族

(一) 契丹

创建辽朝的契丹族在建立政权前,实行群婚与外婚。[1] 魏征《隋书·契丹传》称:契丹"与靺鞨同俗","其俗淫"[2]。所谓"淫",换言之,即群婚。契丹"婚嫁不拘地里"[3],并有此一说:

> 同姓可结交,异姓可结婚。[4]

婚姻对象是否在本部落不受限制,但应在本氏族外。范镇《东斋记事》载:

---

[1] 参看向南、杨若薇:《论契丹族的婚姻制度》,《历史研究》1980年第5期;程妮娜:《契丹婚制婚俗探析》,《社会科学战线》1992年第1期。
[2] 《隋书》卷84《北狄·契丹传》、卷81《东夷·靺鞨传》,第1881、1821页。
[3] 叶隆礼:《契丹国志》卷23《族姓原始》,上海古籍出版社1985年版,贾敬颜、林荣贵点校,第221页。
[4] 脱脱等:《辽史》卷71《后妃·懿祖庄敬皇后萧氏传》,中华书局1974年版,第1198页。

> 契丹之先，有一男子乘白马，一女子驾灰牛，相遇于辽水之上，遂为夫妇，生八男子。[1]

可见契丹早已实行外婚制。

辽朝建立后，辽太祖及其后继者就婚姻问题颁布过一系列法令。叶隆礼《契丹国志·族姓原始》称：

> 番法，王族惟与后族通婚，更不限以尊卑；其王族、后族二部落之家，若不奉北主之命，皆不得与诸部族之人通婚；或诸部族彼此相婚嫁，不拘此限。[2]

此说主要内容有三：

其一，实行王族、后族两姓世婚制，并且不计辈分，以致表亲联姻、辈分混乱的现象较普遍。如辽太祖淳钦皇后之弟萧室鲁娶淳钦皇后之女为妻，系舅舅与外甥女结为夫妻；辽世宗是太祖淳钦皇后之孙，其怀节皇后竟是淳钦皇后胞弟阿古只之女，系外甥与姨成为配偶；辽道宗娶其驸马萧霞抹之妹萧思坦为妃子，则是岳父与女婿之妹婚配。这些例证表明，辽朝异辈为婚相当普遍。

其二，王族、后族与其他民族通婚由皇帝决定，不一概禁止。辽圣宗在开泰八年（1019）十月，规定王族显贵

---

[1] 范镇：《东斋记事》卷5，《全宋笔记》第1编，汝沛等整理，第6册第228页。
[2] 《契丹国志》卷23《族姓原始》，第221页。

"不得与卑小帐族为婚,凡嫁娶,必奏而后行。"[1]辽朝推行和亲政策,和亲高丽、大食、回鹘各1起、吐蕃2起。西夏更是其主要和亲对象,多达3起:统和七年(989),辽圣宗将宗室耶律襄之女封为义成公主,嫁与李继迁;景福元年(1031),辽兴宗将兴平公主嫁与元昊;乾统五年(1105),辽天祚帝将宗室女南仙封为成安公主,嫁与夏崇宗。正因为西夏"累曾尚主",辽朝统治者在宋、辽、夏三足鼎立的形势下,公开向宋朝扬言,辽、夏双方"实为甥舅之亲"[2]。

其三,对于民间族际通婚,朝廷一般不干预。辽朝开国之初,辽太祖阿保机在如何对待族际通婚的问题上,接受谋臣韩绍芳建议,实行"许婚"政策。余靖《武溪集》卷18《契丹官仪》称:

> 四姓杂居,旧不通婚。谋臣韩绍芳献议,乃许婚焉。[3]

所谓"四姓",专指契丹、奚、汉、渤海四族,泛指辽朝辖区各族。辽太宗会同三年(940)诏:

> 契丹授汉官者从汉仪,听与汉人婚姻。[4]

其实并不限于授汉官者。如李万《韩橁墓志》载,萧朱任

---

[1]《辽史》卷16《圣宗本纪七》,第186页。
[2]《契丹国志》卷20《关南誓书·契丹兴宗致书》,第191页。
[3]余靖:《契丹官仪》,《全宋文》第27册第106页。
[4]《辽史》卷4《太宗本纪下》,第49页。

护卫将军,并非汉官,他娶汉族韩槆之女为妻。[1] 萧孝忠的第五位夫人为"汉儿小娘子苏哥"[2]。辽世宗立汉族甄氏为皇后。辽道宗大安十年(1094)六月下令:

> 禁边民与蕃部为婚。[3]

时值辽朝末年,禁令难以施行。

辽朝建立后,实行聘娶婚,但仍有群婚制残留,以下两种现象即其例证。

其一,叔接嫂。哥哥死后,弟弟有权利和义务接续其嫂子为妻,又称收继或转房。《辽史·公主表》载,辽道宗第二女糺里丈夫死后,夫弟讹都斡依照习俗,将收继糺里为妻。讹都斡不久因犯法被处死,此事才未遂。契丹族保存东胡民族"妻后母,报寡嫂"[4]的遗风。辽朝贵族耶律滑哥"烝其父妾"[5]。辽圣宗定要耶律宗政收继其继母秦晋国王妃,耶律宗政"辞以违卜,不即奉诏"。[6] 秦晋国王妃死时,仍以夫妻名义,与耶律宗政合葬。

其二,妹续姊。群婚时代,兄弟共妻,姊妹亦共夫。辽

---

[1] 李万:《韩槆墓志》,陈述辑校《全辽文》卷6,中华书局1982年版,第122页。
[2] 佚名:《萧孝忠墓志》,《全辽文》卷9,第232—233页。
[3] 《辽史》卷25《道宗本纪五》,第303页。
[4] 《后汉书》卷90《乌桓传》,第2981页。
[5] 《辽史》卷112《逆臣·耶律滑哥传》,第1503页。
[6] 王寔:《耶律宗政墓志铭并引》,《全辽文》卷7,第157页。

朝建立之初，演变为"姊亡妹续之法"，即丈夫在妻子死后必须娶妻子的未婚姊妹。《辽史·太宗本纪下》载，会同三年十一月，辽太宗"除姊亡妹续之法"[1]。但这一习俗并未消亡。由《萧仅墓志铭》可知，他的两位夫人系亲姊妹。[2]《萧裕鲁墓志铭》载，他在其第二位夫人死后，娶夫人之妹为妻。[3] 当时有姊妹共夫利于生子之说，辽道宗将萧思坦立为皇后，又把其妹妹斡特懒纳入宫中。辽天祚帝的皇后萧夺里懒与元妃萧贵哥也是亲姊妹。

契丹社会长期保留母权制痕迹，妇女的社会地位较高。下面与婚姻家庭关系有关的三种礼俗，即女性在社会上受到尊重的表现。

其一，拜奥礼，表明婚礼由女性主持。

《辽史·公主表》曰：

> 契丹故俗，凡婚燕之礼，推女子之可尊敬者坐于奥，谓之"奥姑"。[4]

《辽史·国语解》云：

> 凡纳后，即族中选尊者一人当奥而坐，以主其礼，

---

[1]《辽史》卷4《太宗本纪下》，第49页。
[2]《阜新发现辽代萧仅墓志铭》，载《辽金契丹女真史研究》1987年第2期。
[3] 王师儒：《萧裕鲁墓志铭》，《全辽文》卷9，第238页。
[4]《辽史》卷65《表三·公主表》，第999—1000页。

谓之奥姑。送后者拜而致敬，故云拜奥礼。[1]

"奥"指房屋西南隅，古时为尊长所居之方位。此礼起源于母系氏族社会时期，婚礼由氏族中年纪最长、威望最高的妇女主持。进入父系氏族社会后，演变为由男方氏族中地位最高的同姓女性主持。祖母、母亲系异姓，因而主持婚礼的女性往往是未出嫁的少女。后来史称辽太祖的阿保机，其女儿质古幼年时就做过奥姑。辽朝建立后，婚礼的主持者仍非女性莫属。

其二，忭里叿，意味着女方与男方地位比较平等。《辽史·礼志六》称：

> 二月一日为中和节，国舅族萧氏设宴，以延国族耶律氏，岁以为常。

又称：

> 六月十有八日，国俗，耶律氏设宴，以延国舅族萧氏。[2]

契丹语称这两个日子为忭里叿，忭音狎，叿读颇。如意译为汉语忭里即请，叿即时。这一仪式表明在具有姻亲关系的两个氏族或家族之间地位均等。

其三，再生仪，表达对母亲的崇敬。《辽史·国语解》载：

---

[1]《辽史》卷106《国语解》，第1539页。
[2]《辽史》卷53《礼志五·嘉仪下》，第878页。

> 国俗，每十二年一次，行始生之礼，名曰再生。惟帝与太后、太子及夷离堇得行之。又名覆诞。[1]

夷离堇即统领军马高官，后改称大王。这一礼仪据说是契丹族早期首领阻午可汗所创。《辽史·嘉仪下》载有皇帝举行再生仪的礼仪程序，其内容是皇帝每12年回顾一次初生时的情景与母亲的养育之恩。并称：

> 再生之仪，岁一周星，使天子一行是礼，以起其孝心。[2]

可见契丹社会母权之大。

与中原汉族居住区有所不同，按照契丹习俗，丈夫死后，妻子可以堂而皇之地再嫁。如辽圣宗的外甥女秦晋国妃萧氏在丈夫耶律隆庆死后，奉诏再嫁耶律宗政，宗政借故辞婚，又嫁刘二玄。辽圣宗第八女长寿在丈夫大力秋死后，改嫁萧古。即使丈夫在世，妻子也可提出离婚并再嫁。如辽道宗第三女特里"以驸马都尉萧酬斡得罪，离之"，"改适萧特末"。辽景宗第四女淑哥"与驸马都尉卢俊不谐，表请离婚，改适萧神奴"。辽圣宗第二女岩母堇初嫁萧啜不，"改适萧海里，不谐，离之。又适萧胡觌，不谐，离之，乃适韩国王萧惠"。辽兴宗长女跋芹"与驸马都尉萧撒八不谐，离之"，"改适萧阿速"，她因所谓"妇道不修"被休弃，"又嫁萧窝

---

[1]《辽史》卷106《国语解》，第1537页。
[2]《辽史》卷53《礼志五·嘉仪下》，第880页。

匿"[1]。特别是辽景宗皇后萧绰以国母之尊，再嫁韩德让，当众公开，在北宋使者曹利用面前也毫不避讳。辽圣宗对继父十分尊重，以父事之。

与中原汉族居住区有所不同，东胡族系的传统是："凡事只从妇谋。"契丹保持这一传统，妇女有权参与政治、军事、文化等各种社会事务，而且贡献不小。在政治上，如秦晋国妃萧氏"知国家之大体"，辽道宗"诏赴行在，常备询问"。她"延纳群彦"，"内外显寮，多出其门"。[2] 最有政治才干的契丹妇女，当推辽太祖皇后述律平与辽景宗皇后萧绰。述律平儿时"简重果断，有雄略"。[3] 立为皇后后，辽太祖行兵御众，她常预其谋。辽太祖死后，她成功地制服了反对派。萧绰立为皇后后，协助辽景宗处理朝政，辽景宗"谕史馆学士，书皇后言亦称'朕'暨'予'，著为定式"。[4] 她在辽景宗晚年：

> 以女主临朝，国事一决于其手。[5]

辽圣宗时，临朝称制27年。

在军事上，契丹妇女的才能与作用尤其突出。《辽史·后

---

[1]《辽史》卷65《表三·公主表》，第1003—1004、1007—1008、1010页。
[2] 陈觉：《秦晋国妃墓志铭》，《全辽文》卷8，第194页。
[3]《辽史》卷71《后妃·太祖淳钦皇后述律传》，第1199页。
[4]《辽史》卷8《景宗本纪上》，第95页。
[5]《契丹国志》卷6《景宗孝成皇帝》，第60—61页。

妃传》论曰:

> 辽以鞍马为家,后妃往往长于射御,军旅田猎,未尝不从。如应天之奋击室韦,承天之御戎澶渊,仁懿之亲破重元,古所未有,亦其俗也。[1]

"应天"即述律平,她选蕃汉精壮组成属珊军,多达二万骑,"名震诸夷"[2]。"承天"即萧绰,她在统和年间,跨马行阵,亲自指挥对宋作战。"仁懿"即辽兴宗皇后萧挞里,皇太叔耶律重元拥兵谋反,她"亲督卫士,破逆党"。[3]

在文化上,辽道宗皇后萧观音与辽天祚帝文妃萧瑟瑟是两位才女。萧观音"工诗,善谈论,自制歌词,尤善琵琶"。[4] 其《伏虎》诗云:

> 威风万里压南邦,东去能翻鸭绿江。
> 灵怪大千俱破胆,那教猛虎不投降。

辽道宗"大喜":

> 皇后可谓女中才子![5]

---

[1]《辽史》卷71《后妃传》"论曰",第1207页。
[2]《辽史》卷71《后妃·太祖淳钦皇后述律传》,第1199页。
[3]《辽史》卷71《后妃·兴宗仁懿皇后萧氏传》,第1204页。
[4]《辽史》卷71《后妃·道宗宣懿皇后萧氏传》,第1205页。
[5] 王鼎:《焚椒录》,陶宗仪:《说郛》卷110下,《景印文渊阁四库全书》本。

萧瑟瑟"善歌诗",辽天祚帝"畋游不恤",她作歌讽谏:

> 勿嗟塞上兮暗红尘,勿伤多难兮畏夷人,不如塞奸邪之路兮,选取贤臣。直须卧薪尝胆兮,激壮士之捐身,可以朝清漠北兮,夕枕燕云。[1]

矛头直指"奸邪"。萧观音、萧瑟瑟二人均因受诬陷被赐死。这表明对契丹妇女的社会地位不能估计过高,即使贵族妇女仍是男子的附属品。

辽代契丹婚俗吸取了汉族的某些习俗。如契丹的订亲与汉族的纳采相同,纳币则与亲迎同时进行。亲迎中的遮道相当于障车,契丹新娘与汉族一样要跨鞍马。庄绰《鸡肋编》卷上讲到契丹的情况:

> 其良家士族女子皆髡首,许嫁方留发。[2]

这一习俗与中原地区的笄礼相似。至于新娘离家,族人追拜其后;新娘下车,一人展开羔裘作袭击状等,则是其传统习惯的存留。

特别是辽朝建立以后,受中原儒家文化影响较大。在妇女问题上的主要表现有二。

其一,开始讲究所谓"妇道"。契丹上层妇女原本十分

---

[1]《辽史》卷71《后妃·天祚德妃萧氏传》,第1206—1207页。
[2]《鸡肋编》卷上,《全宋笔记》第4编第7册第19页。

喜欢打扮。宋人张舜民《使辽录》称：

> 胡妇以黄物涂面如金，谓之佛妆。[1]

朱彧《萍洲可谈》载：

> （北地）有妇人面涂深黄，谓之佛妆，红眉黑吻，正如异物。[2]

有人从"妇道"的观念出发，反对妖艳。如耶律重元之妻"以艳冶自矜"，萧观音发现后，当即劝诫：

> 为贵家妇，何必如此！[3]

辽景宗第三女延寿女"性沉厚"，《辽史·公主表》称：

> 甚得妇道，不以贵宠自骄。

其母萧绰"于诸女尤爱"。辽圣宗第三女槊古有"礼法自将"[4]之称。

其二，逐渐接受节烈观念。《辽史》卷107《列女传》序称：

---

[1] 张舜民：《使辽录·佛妆》，《全宋笔记》第10编，赵龙整理，第11册第261页。
[2]《萍洲可谈》卷2，《全宋笔记》第2编第6册第157页。
[3]《辽史》卷71《后妃·道宗宣懿皇后萧氏传》，第1205页。
[4]《辽史》卷65《表第三·公主表》，第1002、1004页。

> 与其得烈女，不若得贤女。天下而有烈女之名，非幸也。

该传表彰了两位贤女，即被誉为"女秀才"的邢简之妻陈氏和"能诗文"的耶律常哥。其观念与儒家文化有所不同。但该传同时又表彰了三位所谓烈女：耶律奴之妻萧意辛请求与因受诬陷而被流放的丈夫同行，其理由是：

> 夫妇之义，生死以之。

换言之，即从一而终。耶律术者之妻萧讹里本，丈夫死后，她表示"无阳则阴不能立"，立即自杀；耶律中之妻萧挼兰"为贼所执"，发誓："人欲污我者，即死之。"[1] 这三位妇女都接受了贞节观念。开泰六年（1017）四月，辽圣宗"禁命妇再醮"[2]。这道禁令虽然难以实行，但从一个侧面反映了契丹妇女的社会地位呈下降趋势。

（二）女真

女真族群婚时代的情形，现存文献缺乏记载。《金史》卷1《世纪》载，函普来自高丽，留居完颜部。完颜部"两族交恶，哄斗不能解"。函普应邀"为部人解此怨，使两族不相杀"，因而"部众信服之，谢以青牛一，并许归六十之

---

[1]《辽史》卷107《列女传》，第1471、1473页。
[2]《辽史》卷15《圣宗本纪六》，第79页。

妇"。[1] 函普"以青牛为聘礼而纳之,并得其赀产"。[2] 此后生下二男一女,遂为完颜部人,并被尊为始祖。可见当时妻从夫居,世系及财产继承均以父系计算,一夫一妻制已确立。夫妻之间有固定称谓:

> 夫谓妻为萨萨,妻谓夫为爱根。[3]

女真实行氏族外婚制,本氏族外,同姓也可婚配。金朝建立后,禁止同姓为婚。天辅元年(1117)五月,金太祖诏:

> 自收宁江州已后同姓为婚者,杖而离之。[4]

天会五年(1127)四月,金太宗诏:

> 合苏馆诸部与新附人民,其在降附之后同姓为婚者,离之。[5]

所谓"合苏馆诸部",即熟女真。

女真有四种婚俗,系群婚制残留,但打上了一夫一妻

---

[1] "六十之妇",徐梦莘《三朝北盟会编》卷18引苗耀《神麓记》作"室女年四十余"(上册第127页),比较接近事实。
[2] 脱脱等:《金史》卷1《本纪一·世纪》,中华书局1974年版,第2—3页。
[3] 佚名:《金志·婚姻》,宇文懋昭撰、崔文印校证《大金国志校证》附录三,中华书局1986年版,第615页。
[4] 《金史》卷2《太祖本纪》,第30页。
[5] 《金史》卷3《太宗本纪》,第57页。

制烙印。

其一,收继婚。《金史·后妃传下》载:

> 旧俗,妇女寡居,宗族接续之。[1]

《金志·婚姻》称:

> 父死则妻其母,兄死则妻其嫂,叔伯死则侄亦如之。故无论贵贱,人有数妻。[2]

宋人文惟简在金朝亲眼看到:

> (女真)风俗,取妇于家,而其夫身死,不令妇归宗,则兄弟侄皆得以聘之,有妻其继母者。[3]

如颇剌淑在胞弟劾者死后,娶弟媳加古氏为妻;金熙宗在胞弟常胜死后,将弟媳撒卯纳入宫中,并准备立为皇后;斡本在从兄弟谋良虎死后,收继谋良虎之妻;绳果死后,斡本接续其妻;讹里朵死后,其妻张氏被胞弟兀术收继;金睿宗死后,贞懿皇后李氏不肯听人收继,只得削发为尼。收继婚的盛行是造成一夫多妻较普遍的因素之一。范成大《揽辔录》称:

> 房官内多宠,其最贵者有元德、淑丽、温恭、慧明

---

[1]《金史》卷64《后妃下·睿宗贞懿皇后传》,第1518页。
[2]《金志·婚姻》,《大金国志校证》附录三,第615页。
[3]《庖廷事实·婚聘》,《全宋笔记》第10编第12册第169页。

等十妃。臣下亦娶数妻,多少视官品,以先后聘为序,民为一妻。[1]

这一婚俗影响到包括汉族在内的金朝辖区各族,金世宗大定九年(1169)正月规定:

> 汉人、渤海兄弟之妻,……以礼续婚者,听。[2]

其二,放偷日。女真把每年正月十六日定为放偷日,文惟简《虏廷事实》载:

> 俗以为常,官亦不能禁。

这天夜里,既偷财物:

> 人家若不畏谨,则衣裳、器用、鞍马、车乘之属,为人窃去。

两三天后,"主人知其所在,则以酒食、钱物赎之,方得原物"。又劫闺女:

> 室女随其家出游,或家在僻静处,为男子劫持去。

一月后,男子"方告其父母,以财礼聘之"。[3] 往往并不是

---

[1] 范成大:《揽辔录》,《范成大笔记六种》,孔凡礼点校,中华书局2002年版,第16页。
[2] 《金史》卷6《世宗本纪上》,第144页。
[3] 《虏廷事实·放偷》,《全宋笔记》第10编第12册第169页。

劫，而是自由结合，早已私订终身。契丹也有此俗，只是日期不同。《契丹国志·治盗》载：

> 正月十三日，放国人做贼三日。[1]

其三，抢掠婚。乌萨扎部美女罢敌悔被蜀束水人抢去，生二女，取名达回、滓赛。完颜部勇、贤二石鲁率部众，攻取其赀产，并将达回、滓赛姊妹劫回，各纳其一为妾。劫掠女子与攻取赀产同时进行，抢来的女子属于一个固定的男子，并且不是做妻，而是做妾，这些都打上了一夫一妻制的时代烙印。

其四，隶役婚。《金志·婚姻》载：

> （婚后）婿留于妇家执仆隶役，虽行酒进食皆躬亲之，三年，然后以妇归。

这一习俗虽属母权制残留，但男子在女家服役主要是从经济上考虑，以此补偿女家养育女儿的辛劳与花费。

下面两种习俗表明女真社会保留母权制痕迹：其一，男下女。《金志·婚姻》载，成亲时：

> 妇家无大小，皆坐炕上，婿党罗拜其下，谓之男下女。[2]

这一习俗颇有女尊男卑的意味。其二，复姓。如耨碗温敦

---

[1]《契丹国志》卷27《岁时杂记治盗》，第254页。
[2]《金志·婚姻》，《大金国志校证》第615页。

系耨碗与温敦二姓的复合，分别为父系与母系的族姓。这种现象是母权制向父权制转化时期的产物。此外，女真妇女有离婚改嫁权。如兀鲁初嫁徒单定哥，再嫁徒单恭；阿里虎初嫁阿虎迭，再嫁南家，又嫁完颜亮；唐括定哥初嫁乌带，再嫁完颜亮；唐括石哥初嫁完颜文，离婚后再嫁完颜亮；择特懒初嫁萧拱，再嫁完颜文；又察初嫁特里，再嫁乙剌朴，离婚后又嫁完颜亮。女真上层社会，男性有妾媵，女性有假厮儿。《金史·后妃传上》载，金朝宫中有此种情形：

> 凡诸妃位皆以侍女服男子衣冠，号假厮儿。

如阿里虎与假厮儿胜哥"同卧起，如夫妇"[1]，或可称同性夫妻。

与宋辖区汉族妇女相比，女真妇女的社会地位从总体上说要高些。但女真婢女的社会地位低于宋辖汉族居住区，她们既被作为陪嫁物、随葬品，又被视为牲畜、财货："北人以金银、奴婢、羊马为博"[2]，还被主人任意屠杀。南宋使者范成大在定兴县客邸前，看到婢女脸上刺有"逃走"二字，并称：

> 主家私自黥涅，虽杀之不禁。

---

[1]《金史》卷63《后妃上·海陵后徒单我传（海陵诸嬖附）》，第1509页。

[2] 洪遵：《谱双》，《说郛》卷101下，《景印文渊阁四库全书》本。

其《清远店》诗云：

> 屠奴杀婢官不问。[1]

大定十八年（1178），金世宗颁布法令，对杀奴稍加限制。与契丹妇女相比，女真妇女的社会地位要低些。

金朝建立后，出于政治需要，女真统治者在婚姻方面有三大举措：

其一，鼓励族际婚。金朝比辽朝放得更开，不仅从未禁止，而且提倡族际通婚。金世宗时，为化解被统治的契丹族民众的反抗意识，采取的办法是：

> 俾与女直人杂居，男婚女聘。[2]

明昌二年（1191）四月，尚书省为缓和迁移到中原地区的女真屯田户与当地汉族人民的矛盾，提出建议：

> 齐民与屯田户往往不睦，若令递相婚姻，实国家长久安宁之计。[3]

金章宗当即批准这项建议，鼓励族际之间"递相婚姻"。泰和六年（1206）十一月，金章宗下诏重申：

---

[1] 范成大：《清远店》，傅璇琮等主编《全宋诗》，北京大学出版社1998年版，第41册第25854页。
[2] 《金史》卷88《唐括安礼传》，第1964页。
[3] 《金史》卷9《章宗本纪一》，第218页。

> 屯田军户与所居民为婚姻者,听。[1]

据吕居仁《轩渠录》记载,有位女真族妇女用诗一般的语言给她随金军南下的丈夫修书一封:

> 垂扬寄语山丹,你到江南艰难,你那里讨个南婆,我这里嫁个契丹。

可见女真族在金代既可通婚汉族,又可联姻契丹。女真族与汉族通婚的实例见于记载。《夷坚志》记述了这样一件事:绍兴三十一年(1161)冬天,金朝军队攻下淮阴,开酒店的商人张生的妻子卓氏,再嫁金军一头目。[2]

其二,实行世婚制。《金史·后妃传下》载:

> 国朝故事,皆徒单、唐括、蒲察、拏拏、仆散、纥石烈、乌林答、乌古论诸部部长之家,世为姻婚,娶后尚主。[3]

《金史·世戚传》赞称:

> 金之徒单、拏拏、唐括、蒲察、裴满、纥石烈、仆散皆贵族也,天子娶后必于是,公主下嫁必于是。

金朝"昏姻有恒族",推行世婚制度,以便"贵贱等威有

---
[1]《金史》卷12《章宗本纪四》,第278页。
[2]《夷坚志》支丁卷9《淮阴张生妻》,第3册第1038页。
[3]《金史》卷64《后妃下·章宗元妃李氏传》,第1528页。

别"[1]。由徒单等九姓与完颜氏所组成的世婚集团,其实便是金朝的最高统治集团。

其三,提倡节烈观念。金太宗时,金军攻破宜州,将俘获的韩庆民之妻配将士,她"誓死不从,遂自杀"。此事当时并未受到重视,后来金世宗大加赞赏:

> 如此节操,可谓难矣。

金朝中期以后,提倡贞烈观念并褒奖所谓节烈妇女。如鄜州康住住,"夫早亡,服阕,父取之归家,许严沂为妻",她"誓死弗听,欲还夫家不可得,乃投崖而死"。朝廷令"有司致祭其墓"。[2]

女真不少上层妇女在政治上、军事上颇有才干。如女真首领乌古乃之妻唐括氏"有识度","政事狱讼皆与决焉",被誉为"有丈夫之度"。蒲察氏系起兵反抗契丹贵族的决策者之一,其子阿骨打"每出师还,辄率诸将上谒,献所俘获"。金朝建立后,金熙宗皇后裴满氏一度权势颇大,"干预政事,无所忌惮,朝官往往因之以取宰相"。[3] 沙里质、阿鲁真、完颜仲德之妻则是当之无愧的巾帼英雄。天辅六年(1122),黄龙府发生兵变,沙里质率众击退叛兵,被封为金源郡夫人。兴定元年(1217),阿鲁真率众打败来犯的东真

---

[1]《金史》卷120《世戚传》赞、序,第2629、2613—2614页。
[2]《金史》卷130《列女传》,第2798、2799页。
[3]《金史》卷63《后妃传上》,第1498、1500—1501、1503页。

军队,被封为郡公夫人。金朝末年,蒙古军队围攻蔡州,完颜仲德之妻"率诸命妇,自作一军,亲运矢石于城下,城中妇女争出继之"。[1]城破后,她自尽。

至于中下层,人们选择配偶乃至婚恋形式均较为自由。徐梦莘《三朝北盟会编》引《女真传》载,年届婚龄的女真姑娘"行歌于途":

> 其歌也,乃自叙家世、妇工、容色,以申求侣之意。听者有未娶欲纳之者,即携而归之,后方具礼,偕女来家,以告父母。

男子"携妻归宁,谓之拜门,因执子婿之礼"。[2]女真办婚事,男家送给女家的财礼主要是马匹,多者百匹,少者十匹。女家加以挑选,"好则留,不好则退"。其习俗是"以留马少为耻,女家亦视其数而厚薄之"。女家送给男家的陪嫁则是奴婢和牲畜:

> 奴婢数十户、牛马数十群,每群九牝一牡。[3]

指腹为婚在女真人中尤其盛行,洪皓《松漠记闻》称:

> 金国旧俗,多指腹为昏姻。既长,虽贵贱殊隔,必

---

[1]《金史》卷130《列女传》,第2804—2805页。
[2] 徐梦莘:《三朝北盟会编》卷3引《女真传》,上海古籍出版社1987年版,上册第18页。
[3]《金志·婚姻》,《大金国志校证》附录三,第615页。

不可渝。[1]

当时居住在东北的少数民族有室韦、渤海等。室韦实行隶役婚:

> 婚嫁之法,男先就女舍,三年役力,因得亲迎其妇。役日已满,女家分其财物,夫妇同车而载,鼓舞共归。

并盛行偷劫婚:

> 婚嫁两家相许,婿盗妇去,然后行聘礼。[2]

其实,所谓"盗"以男女"相许"为前提,是一种自由结合的形式。其"妇人不再嫁",并非出于贞节观念,而是因为相信迷信,"以为死人妻,难以共居"。[3]

渤海与女真同源,但妇女的地位要高些。《松漠纪闻》称:

> (渤海)妇人皆悍妒,大氏与他姓相结为十姊妹,迭稽察其夫,不容侧室及他游,闻则必谋置毒,死其所爱。一夫有所犯而妻不之觉者,九人则群聚而诟之,争以忌嫉相夸。

---

[1] 洪皓:《松漠纪闻》,《全宋笔记》第3编,张剑光等整理,第7册第124—125页。
[2] 《旧唐书》卷199下《室韦传》,第5357页。
[3] 马端临:《文献通考》卷347《四裔考二十四·室韦》,中华书局1986年版,下册第2717页。

她们发挥群体力量,维护自身利益,以致渤海无女倡、无小妇、无侍婢。

二 党项、吐蕃等西北各族

(一)党项

王溥《唐会要》称:党项"不婚同姓"[1]。"同姓"即同一氏族,氏族内婚姻早已被严禁。党项还有两种婚俗:

其一,收继。《新唐书·党项传》称:"妻其庶母、伯叔母、兄嫂、子弟妇,惟不娶同姓。"

其二,多妻。宋人说:

> 蕃戎之俗,诸母众多。[2]

《宋史·夏国传上》载,党项首领李继迁"连娶豪族";李德明"娶三姓"[3],分别为卫慕氏、咩迷氏、论藏屈怀氏;元昊七娶,其妻先后有米母氏、索氏、都罗氏、咩迷氏、野利氏、耶律氏、没移氏。西夏王族拓跋氏与野利氏等党项豪族结为世婚集团。一夫多妻并不限于上层,《马可波罗行纪》讲到西夏旧境、甘州地区的情形:

---

[1]《唐会要》卷98《党项羌》,下册第2082页。
[2]《续资治通鉴长编》卷73大中祥符三年三月,第6册第1662页。
[3]《宋史》卷485《外国一·夏国传上》,中华书局1977年版,第13986、13992页。

> 其地之人娶妻致有三十。否则视其资力，娶妻之数惟意所欲。然第一妻之地位为最尊。诸妻中有不善者得出之，别娶一人。男子得娶从姊妹，或其父已纳之妇女为妻。然从不娶其生母。[1]

"娶从姊妹"之说有误，与党项风俗不符。

党项迁居西北特别是西夏王朝建立后，婚姻观念与习俗有所变化。西夏号称"崇尚儒术"[2]，庆历四年（1044）时任宋朝枢密副使的富弼指出：

> （党项）得中国土地，役中国人民，称中国位号，立中国官属，任中国贤才，读中国书籍，用中国车服，行中国法令。[3]

富弼接连使用八次"中国"一词，他此处所称"中国"，其含义是中原。西夏受中原文化影响较深，且反映在婚姻关系上。如称结婚为男娶：

> 此者男娶也，结婚为之谓。

认为结婚意味着女子依附于男子。基于这一观念，党项盛行

---

[1] 冯承钧译《马可波罗行纪》，商务印书馆 1936 年版，第 208—209 页。
[2] 《金史》卷 134《外国上·西夏传》"赞曰"，第 2877 页。
[3] 富弼：《上仁宗河北守御十三策》，《宋朝诸臣奏议》卷 135《边防门·辽夏七》，下册第 1502 页。

买卖婚。西夏文字典《文海》中有"婚价"一词并解释道:

> 结婚取女价,向亲属、叔、舅馈物之谓。

丈夫要求妻子单方面保持贞洁,《文海》对"杂种"一词有解释:

> 此者妇人处他人已往而生儿子,则故杂种之谓。[1]

元昊就有这种观念,其妻米母氏"生一子,以类他人,杀之"。但元昊本人十分荒淫,他与其从岳父野利遇乞之妻"私通"。其子宁令哥将娶没移氏为妻,元昊"见其美,自取之,号为新皇后"。[2] 相传宁令哥愤而杀元昊,虽不死,但鼻子被割去。元昊终因鼻疮而死。

民族习俗毕竟具有稳定性,直到西夏建立后,党项婚姻性爱仍比较自由。据上官融《友会谈丛》记载,居住在麟州一带的党项族,其婚嫁情况是:

> 凡育女稍长,靡有媒妁,暗有期会,家之不问。情之至者,必相挈奔逸于山石掩映之处,并首而卧。[3]

---

[1] 史金波等:《文海研究》19·272,7·151,67·222,中国社会科学出版社1983年版。
[2] 《续资治通鉴长编》卷162庆历八年正月辛未,第12册第3901—3902页。
[3] 上官融:《友会谈丛》卷下,《全宋笔记》第8编,黄宝华整理,第9册第21页。

西夏文字书《文海》称:

> 父骨亲,母肉亲。

这种重父系而轻母系的倾向,与汉族相似。但《文海》又把父母放在同等地位,认为:

> 源本出生处,根是也。[1]

又与汉族的习俗不同。与民族传统有关,党项妇女具有以下三个特点:

其一,敢战斗。《金史·西夏传》赞曰:

> 民俗强梗尚气,重然诺,敢战斗。[2]

男性固然如此,女性也不例外。西夏军队中有"麻魁"即女兵,可见党项妇女中不乏善战者。

其二,喜报仇。并且往往由妇女出面,对方如有丧事,暂时停止进攻。《辽史·西夏外记》称:

> (党项)喜报仇,有丧则不伐人,负甲叶于背识之。……有力小不能复仇者,集壮妇,享以牛羊酒食,趋仇家纵火,焚其庐舍。俗曰敌女兵不祥,辄避去。[3]

---

[1]《文海研究》8·222、26·212、28·211。
[2]《金史》卷134《西夏传》"赞曰",第2877页。
[3]《辽史》卷105《西夏外记》,第1524页。

"敌女兵不祥"禁忌的形成与党项实行氏族外婚姻制有关。前来报仇的妇女,已婚者系本氏族从前嫁过去的女子,未婚者是本氏族即将接过来的媳妇,当然不能同她们战斗。

其三,好参政。夏景宗皇后没藏氏不仅参政,而且在夏毅宗初年大权在握。夏毅宗皇后梁氏在其儿子夏惠宗秉常时,既"自主国事",又"自主兵,不以属其子"[1]。她"屡劝秉常不行汉礼,秉常不从"。[2]因而母子发生冲突,母亲一度将儿子囚禁。可见对于妇女参政、太后掌权,汉礼不利而蕃礼有利,所以梁氏力主行蕃礼,反对行汉礼。

(二)吐蕃

吐蕃民间一妻多夫,兄弟共妻。这一婚俗与男多女少的人口构成有关,并有防止家族财产分散、避免妯娌相争、减少生育等用意。但贵族一夫多妻。《宋史·吐蕃传》载,河湟吐蕃首领唃厮啰有"三妻","其二妻皆李立遵女也"[3]。可见吐蕃与契丹等族一样,有姊妹共夫的习俗。唃厮啰之子董毡的妻子除辽朝公主外,另有二妻。董毡之子奇鼎,"夏人及回鹘皆以女妻焉"。董毡的养子阿骨里又取奇鼎"二妻为

---

[1] 《梦溪笔谈》卷25《杂志二》,《全宋笔记》第2编第3册第188页。
[2] 彭百川:《太平治迹统类》卷15《种谔建议大举》,江苏广陵古籍刻印社1990年版,第294—295页。
[3] 《宋史》卷492《外国八·吐蕃传》,第14161页。

己妻"[1]。在唃厮啰曾孙陇拶的妻子当中，有辽朝、西夏、回鹘三个政权的公主。僧人还俗后广置妻室，如李立遵"娶蕃部十八人为妻"[2]。

当时居住在西北的回鹘对于族际婚无禁忌，其通婚对象除吐蕃外，还有契丹。《辽史·属国表》载，辽兴宗以公主嫁阿萨兰回鹘即高昌回鹘王[3]。当时回鹘上层受汉族婚俗影响，实行聘娶婚，唃厮啰"欲娶可汗女而无聘财"，甘州回鹘可汗"不许"[4]。至于中下层，保持原始婚俗较多。如从妻居，回鹘男子婚后住妻家，生孩子后，才夫妻双双落户夫家。据洪皓《松漠记闻》记载，居住在秦州一带的回鹘，其婚嫁情况是：

> 女未嫁者，先与汉人通，有生数子，年近三十，始能配其种类。媒妁来议者，父母则曰："吾女尝与某人某人昵。"以多为胜，风俗皆然。[5]

可见回鹘女子婚前性爱较自由，婚后则受限制。"既嫁则加毡帽"[6]，以此作为标志。

---

[1]《续资治通鉴长编》卷340元丰六年十月，第23册第8192页。
[2]《宋会要辑稿》蕃夷4，第16册第9771册。
[3]《辽史》卷70《属国表》，第1163页。
[4]《宋史》卷490《外国六·回鹘传》，第14116页。
[5]《松漠纪闻》，《全宋笔记》第3编第7册第118页。
[6]《文献通考》卷347《四裔考二十四·回纥》，下册第2718页。

三　西南、南方诸族

（一）大理辖区

南诏时期，白蛮未婚女子与寡妇性爱均不受限制。樊绰《蛮书·蛮夷风俗》称：

> 俗法，处子孀妇，出入不禁。少年子弟，暮夜游行，间巷吹壶卢笙，或吹树叶。声韵之中，皆寄情言，用相呼召。嫁娶之夕，私夫悉来相送。

但对已婚女子的婚外性行为则予以严惩：

> 既嫁，有犯，男子格杀；无罪，妇人亦死。[1]

《云南志略·诸夷风俗》所载与此大体相同，可见大理时期白蛮婚俗大致如此。

乌蛮婚前性爱同样不受约束。《云南志略·诸夷风俗》称：

> （嫁娶）不重处女。……未嫁而死，所通之男，人持一幡相送，幡至百者为绝美。

他们还有以下婚俗：

其一，有固定的通婚家族：

> 嫁娶尚舅家，无可匹者，方可别娶。

---

[1] 樊绰：《蛮书》卷8《蛮夷风俗》，《景印文渊阁四库全书》本。

这是原始公社时代胞族外婚的残存。

其二，大奚婆即男巫拥有初夜权：

> 凡娶妇，必先与大奚婆通。次则诸房昆弟皆舞之，谓之和睦。后方与其夫成婚。昆弟有一人不如此者，则为不义，反相为恶。

此俗表明乌蛮曾有兄弟共妻的习俗。

其三，夫妻白天不会面，夜里才同居：

> 夫妇之礼，昼不相见，夜同寝。

其四，有妻妾、嫡庶之分：

> 正妻曰耐德，非耐德所生，不得继父之位。

如果酋长系女性，则有男妾：

> 男子十数奉左右，皆私之。[1]

末些蛮即使已婚女性，婚外性行为亦不受限制。《云南志略·诸夷风俗》称：

> 既嫁，易之，淫乱无禁忌。

所谓"易之"，是指装束由"以毛绳为裙"变为"披毡皂衣"。

---

[1] 李京：《云南志略·诸夷风俗》，《说郛》卷36，中国书店1986年版。

土獠蛮男性成婚年龄较小并凿齿:

> 男子及十四五,则左右击去两齿,然后婚娶。

野蛮,即裸形蛮由于"男少女多",实行多妻制:

> 一夫有十数妻。[1]

大理辖区部族众多,这个地区妇女的地位总体上高于中原汉族地区。她们大致具有三个共同特点:

其一,武勇雄健。其中以望蛮尤其突出,《蛮书·名类》称:

> 其人勇捷,善于马上用枪,所骑马不用鞍,跣足衣短甲,才蔽胸腹而已,股膝皆露,兜鍪上插氂牛尾,驰突如飞。

并强调:"其妇人亦如此。"[2]《云南志略·诸夷风俗》载,扑子蛮同样"性勇健":

> 骑马不用鞍,跣足,衣短甲,膝颈皆露,善用枪弩,首插雉尾,驰突如飞。[3]

其二,开朗活泼。望蛮外喻部妇女喜爱外出游玩,《蛮

---

[1]《云南志略·诸夷风俗》。
[2]《蛮书》卷4《名类》。
[3]《云南志略·诸夷风俗》。

书·名类》称：

> （其）妇人惟嗜奶酪，肥白，俗好遨游。

末些蛮更豪放，"男女皆披羊皮，俗好饮酒歌舞"[1]。她们狂饮之后，还要载歌载舞。此俗经两宋，到元代无变化。《云南志略·诸夷风俗》载：

> 男女动百数，各执其手，团旋歌舞，以为乐。

其三，充当社会生产主力军。金齿蛮已进入农业社会，《云南志略·诸夷风俗》称：

> （其妇女）尽力农事，勤苦不辍。

其男子"不事稼穑，唯护养小儿"。妇女到生育时，才稍许休息。"及产，方得少暇。既产，即抱子浴于江，归付其父，动作如故"，这一习俗称"产翁"[2]，即产妇无"产假"，丈夫坐月子。《马可波罗行纪》记述道：

> 其俗男子尽武士，除战争游猎养鸟之外，不作他事。一切工作皆由妇女为之，辅以战争所获之俘奴而已。[3]

野蛮"女多男少"，仍停留在采猎经济阶段，其分工是男性

---

[1]《蛮书》卷4《名类》。
[2]《云南志略·诸夷风俗》。
[3]《马可波罗行纪》，第473页。

保卫家园,女性从事生产。《蛮书·名类》称:

> 其夫尽日持弓,不下攔栏,有外来侵暴者则射之;其妻入山林,采拾虫鱼菜螺蚬等,归啖食之。[1]

某些部族的妇女还有两大特殊作用:

其一,在特定条件下,出任酋长。乌蛮即其例,《云南志略·诸夷风俗》称:

> 酋长无继嗣,则立妻女为酋长。

其二,发生仇杀时,作为调解人。末些蛮即其例:

> 少不如意,鸣钲相仇杀,两家妇人中间和解之,乃罢。[2]

原因在于她们原本是对方家族的成员。和解后,立誓言,喝血酒。

(二)壮、黎等族

壮族先民婚恋相当自由。庄绰《鸡肋编》载:

> (此间)贫下之家,女年十四五,即使自营嫁装,办而后嫁。其所喜者,父母即从而归之,初无一钱之费也。[3]

---

[1]《蛮书》卷4《名类》。
[2]《云南志略·诸夷风俗》。
[3]《鸡肋编》卷中,《全宋笔记》第4编第7册第64页。

其男女青年婚姻自主,有下面三种婚俗可证:

其一,卷伴。据范成大《桂海虞衡志》记载,其含义为"卷以为伴侣"[1]。卷伴有三个步骤:首先,相约私奔:

> 始也既有桑中之约,即暗置礼聘书于父母床中,乃相与宵遁。

其次,声言诉讼:

> 父母乍失女,必知有书也。索之衽席间,果得之,乃声言讼之。

只是声言而已,并不告状。最后,生子归宁:

> 岁月之后,女既生子,乃与婿备礼归宁。[2]

其二,飞驼。朱辅《溪蛮丛笑》称:

> 土俗岁节数日,野外男女分两朋,各以五色彩囊豆粟,往来抛接,名飞驼。[3]

壮族近代仍有抛绣球的习俗,来源于宋代的飞驼。

---

[1] 范成大:《桂海虞衡志·杂志·卷伴》,《范成大笔记六种》,第130页。
[2] 周去非:《岭外代答》卷10《卷伴》,《全宋笔记》第6编,查清华整理,大象出版社2013年版,第3册第216页。
[3] 朱辅:《溪蛮丛笑·飞驼》,《全宋笔记》第9编,唐玲整理,第8册第89页。

其三，听气。周密《癸辛杂识·南丹婚嫁》载，每年七月，南丹州"于州主之厅，铺大毯于地"，为未婚男女提供择偶场所。具体情形是：

> 女衣青花大袖，用青绢盖头，手执小青盖；男子拥髻，皂衣皂帽，各分朋而立。

接着进行听气：

> 左右队长各以男女一人推扑于毯，男女相抱持，以口相呵，谓之听气。合者即为正偶，或不合则别择一人配之。

按照当地习惯：

> 必如是而后成婚，否则论以奸罪。[1]

壮族先民的婚姻习俗还有：

其一，入寮。《文献通考·西原蛮》引《桂海虞衡志》载，西原蛮首领婚事大操大办：

> 婚嫁以粗豪汰侈相高，聘送礼仪多至千担，少亦半之。

成亲时要举行入寮仪式：

---

[1]《癸辛杂识》续集下《南丹婚嫁》，《全宋笔记》第8编第2册第297页。

> 婿来就亲，女家于五里外结草屋百余间与居，谓之入寮。两家各以鼓乐迎男女至寮，女婢妾百余，婿僮仆至数百。

入寮"半年，而后归夫家"[1]。这一习俗反映了壮族经历过夫从妻居、男到女家的阶段。

其二，送老。周去非《岭外代答》称：

> 岭南嫁女之夕，新人盛饰庙坐，女伴亦盛饰夹辅之。迭相歌和，含情凄惋，各致殷勤，名曰送老。

其含义为：

> 言将别年少之伴，送之偕老也。

并有看新娘的习惯：

> 凡送老皆在深夜，乡党男子群往观之。

男女青年相互逗趣取乐，有的因而建立爱恋关系：

> 或于稠人中发歌以调女伴，女伴知其谓谁，亦歌以答之，颇窃中其家之隐匿，往往以此致争，亦或以此心许。[2]

---

[1]《文献通考》卷330《四裔考七·西原蛮》引《桂海虞衡志》，下册第2588—2589页。
[2]《岭外代答》卷4《送老》，《全宋笔记》第6编第3册第133页。

壮族先民婚后性爱仍较自由。《岭外代答》载：

> 群妇各结茅散处，任夫往来，曾不之较。[1]

婚后可另嫁，如侬智高的母亲阿侬一嫁侬全福，再嫁一商人，三嫁"特磨道侬夏卿"[2]即侬夏卿。"特磨道"应是其部落或村。

其三，多妻。《文献通考·西原蛮》引《桂海虞衡志》称：

> 举峒纯一姓者，婚姻自若，酋豪或娶数妻，皆曰媚娘。[3]

所谓"一姓"并不等于同宗族。乐史《太平寰宇记·贵州风俗》载：

> 诸夷率同一姓，……居止接近，葬同一坟，谓之合骨。

合骨被视为同宗族，相互不能通婚：

> 凡合骨者则去婚，异穴则聘女，既嫁便缺去前一齿。[4]

---

[1]《岭外代答》卷10《十妻》，《全宋笔记》第6编第3册第216页。
[2]《宋史》卷495《蛮夷三·广源州传》，第14215页。
[3]《文献通考》卷330《四裔考七·西原蛮》引《桂海虞衡志》，下册第2588—2589页。
[4] 乐史：《太平寰宇记》卷166《岭南道十·贵州风俗》，《景印文渊阁四库全书》本。

壮族上层一夫多妻，又见于《岭外代答·十妻》：

> 溪峒之首，例有十妻，生子莫辨嫡庶，至于仇杀。

这一习俗并不限于上层，如钦州"小民皆一夫而数妻"，妻子们"各结茅散处，任夫往来，曾不之较"。据说原因在于"南方盛热，不宜男子，特宜妇人"[1]，因而女多男少。

其四，鬼妻。欧阳玄《睽车志》称：

> 粤西夫死，谓之鬼妻，人无娶者。[2]

这里寡妇再嫁难，既不是男子重处女，也不是女子重贞节，而是迷信思想作怪。

黎族先民"婚姻以折箭为信"[3]，女子年届婚龄即绣面。《文献通考·黎峒》引《桂海虞衡志》称：

> 绣面乃其吉礼，女年将及笄，置酒会亲属，女伴自施针笔，涅为极细虫蛾花卉，而以淡粟纹遍其余地，谓之绣面。女婢获则否。[4]

黎族系古代越人的后裔，女子绣面来源于越人文身。

五溪蛮的婚俗有：

---

[1]《岭外代答》卷10《十妻》，《全宋笔记》第6编第3册第215页。
[2] 欧阳玄：《睽车志》，《说郛》卷118下，《景印文渊阁四库全书》本。
[3]《岭外代答》卷2《海外黎蛮》，《全宋笔记》第6编第3册第109页。
[4]《文献通考》卷331《四裔考八·黎峒》引《桂海虞衡志》，下册第2599页。

其一，抢亲。对此，陆游《老学庵笔记》记述道：

> 嫁娶先密约，乃伺女于路，劫缚以归。亦忿争叫号求救，其实皆伪也。生子乃持牛酒拜女父母。[1]

这哪里是抢，分明是自由结合。抢亲又称拖亲。《溪蛮丛笑·拖亲》载：

> 山徭婚娶，聘物以铜与盐，至端午约于山上，相携而归，名拖亲。拖亲之后年生子，引妻携酒归见妇家，名出面。[2]

其二，踏歌。踏歌又称踏摇。每年十月初一举行，同端午节一样，是青年男女选择配偶、结为伴侣的好时机。《岭外代答·踏摇》载：

> 猺人每岁十月旦，举峒祭都贝大王，于其庙前，会男女之无夫家者。男女各群，连袂而舞，谓之踏摇。男女意相得，则男咿嘤奋跃，入女群中负所爱而归。于是夫妇定矣。各自配合，不由父母。其无配者，姑俟来年。[3]

在汉族文人眼中最引人注目的是：

---

[1]《老学庵笔记》卷4，《全宋笔记》第5编第8册第43页。
[2]《溪蛮丛笑·拖亲》，《全宋笔记》第9编第8册第89页。
[3]《岭外代答》卷10《踏摇》，《全宋笔记》第6编第3册第213页。

各自配合,不由父母。[1]

陆游《老学庵笔记》称:

> 农隙时,至一二百人为曹,手相握而歌,数人吹笙在前导之。

青年男子唱情歌:

> 小娘子,叶底花,无事出来吃盏茶。

所谓吃茶,即成亲。未婚男女均有特殊标志:

> 男未娶者,以金鸡羽插髻;女未嫁者,以海螺为数珠挂颈上。[2]

其三,收继。洪迈《容斋四笔·渠阳蛮俗》称:

> 凡昏姻,兄死弟继,姑舅之昏,他人取之,必贿男家,否则争,甚则仇杀。[3]

可见,收继婚不仅在北方少数民族中流行,南方少数民族也有这一习俗。

南方各族大多男弱女强,壮族先民最明显。周去非记

---

[1]《岭外代答》卷10《踏摇》,《全宋笔记》第6编第3册第213页。
[2]《老学庵笔记》卷4,《全宋笔记》第5编第8册第43—44页。
[3] 洪迈:《容斋四笔》卷16《渠阳蛮俗》,《全宋笔记》第5编,孔凡礼整理,第6册第381—382页。

述道：

> 男子身形卑小，颜色黯惨。妇人则黑理充肥，少疾多力。

其性别分工是妻子外出做生意，丈夫在家带孩子并靠妻子供养。《岭外代答·十妻》载：

> 城郭虚市，负贩逐利，率妇人也。

男子则"终日抱子而游，无子则袖手安居"。[1] 丈夫如此"慵惰"，"其妻乃负贩以赡之"[2]。黎族先民情况与此相似，赵汝适《诸蕃志·海南》称：

> 妇人不事蚕桑，惟织吉贝。……男子不喜营运，家无宿储。

吉贝即棉花。其"俗尚淳朴俭约，妇人不曳罗绮，不施粉黛"。[3] 黎女以精于纺织而闻名，对我国棉纺织技术的提高作出了突出的贡献。其产品如黎单、黎饰、鞍搭等，深受人们喜爱。五溪蛮的纺织技术也不低。朱辅《溪蛮丛笑》载，五溪蛮妇女能生产"不阑带""娘子布"[4] 等纺织品。山区运

---

[1]《岭外代答》卷10《十妻》，《全宋笔记》第6编第3册第215页。
[2]《岭外代答》卷3《惰农》，《全宋笔记》第6编第3册第218页。
[3] 赵汝适原著、杨博文校释：《诸蕃志校释》卷下《志物·海南》，中华书局1996年版，第216—221页。
[4]《溪蛮丛笑·娘子布》，《全宋笔记》第9编第8册第87页。

输物资靠背驮,承担这一繁重劳动的主要不是男子,而是妇女。《老学庵笔记》载:

> 其负物,则少者轻、老者重,率皆束于背,妇人负者尤多。[1]

在南方各族中,出了不少女强人。对壮族首领侬智高之母阿侬应当如何评价,另当别论,但她"有计谋,智高攻陷城邑,多用其策,僭号皇太后"。[2] 黎族女酋长王二娘更是:

> 有夫而名不闻,家饶财,善用众,能制服群黎。朝廷封宜人,琼管有号令,必下王宜人,无不帖然。[3]

她在乾道七年(1171)被朝廷特封为宜人,并任三十六峒都统领。王二娘年迈,膝下无男,仅有一女,淳熙八年(1181)经朝廷批准,其封号与职位由女儿王氏承袭。嘉定九年(1216),王氏之女吴氏袭封宜人,统领三十六峒。王二娘等女性对黎族社会的安定与发展作出了积极的贡献,理当受到历史的肯定。

由上所述可知,边远地区少数民族的婚姻制度与礼俗同中原汉族差异很大。其最大的不同有二:一是中原汉族男女授受不亲,婚姻父母包办,边地少数民族自由爱恋,婚姻自

---

[1]《老学庵笔记》卷4,《全宋笔记》第5编第8册第43—44页。
[2]《宋史》卷495《蛮夷三·广源州传》,第14217页。
[3]《文献通考》卷331《四裔考八·黎峒》引《桂海虞衡志》,下册第2599页。

主。二是中原汉族男尊女卑，夫主妻从，边地少数民族男女较平等，妻子地位较高。然而两者均为母系社会时代群婚等习俗的残留，只怕不宜视为先进的制度。此外，对边远地区少数民族的婚姻自由度与妇女地位也不应估计过高。如前引《岭外代答·踏摇》最后一句话居然是：

> 女三年无夫负去，则父母或杀之，以为世所弃也。[1]

女儿如果连续三年未婚配，将遭到父母痛下毒手，其手段未免太狠心，很原始。

在结束本章时，需要说明，本书主要讲述宋代中原汉族居住区的婚姻制度与礼俗。下面章节将回归主题。

---

[1]《岭外代答》卷10《踏摇》，《全宋笔记》第6编第3册第213页。

第四章 「务从简易,贫富随宜」
——宋代婚嫁礼俗的两种趋向

礼俗无疑是婚姻论题的题中应有之义，上章讲了边远少数民族地区的婚嫁礼俗，这章说说中原汉族地区。鉴于有关学者已有专题论著问世且颇有深度[1]，下面仅从社会变迁的角度谈谈宋代婚嫁礼俗的两种趋向，即简易化与多样性。

---

[1] 如方建新《宋代婚姻礼俗考述》，《文史》第24辑，中华书局1985年版；彭利芸《宋代婚俗研究》，台北新文丰出版公司1988年印行。

一 婚仪较简易

(一)"务从简易"的主张

宋代礼书不少,其中对当时及后世影响极大者,莫过于司马光《司马氏书仪》与朱熹《朱子家礼》。金溪大族陆氏:

> 采司马氏冠、婚、丧、祭仪行之家。[1]

浦江大姓郑氏的族规《郑氏规范》竟五次用完全相同的文字要求族人:

> 仪式并遵《文公(即朱子)家礼》。[2]

直至明清时期,人们往往依然"一遵《文公家礼》"[3]。影响如此之大,原因究竟何在?原因应当在于司马光、朱熹"务从简易""贫富随宜"的主张顺从时代潮流,适应社会

---

[1] 吕祖谦:《陆先生墓志铭》,《全宋文》第262册第107页。
[2] 《郑氏规范》,第1、66、69、77、79页。
[3] 徐乾学:《读礼通考》卷111《丧制四·守礼上》,《景印文渊阁四库全书》本。

实情，合乎人群需要。《书仪》《家礼》两书较好地兑现他们的主张。

司马光其人，曾经被包括本人在内许多学人视为不知变通的守旧者。读过《司马氏书仪》，发现这一看法很片面。司马光既不一概迁就今俗，又极力反对一味遵从古礼。他力图扭转当时早婚的陋俗，在《书仪》中适度提高男女结婚年龄，无疑值得肯定。他认为"今俗婚礼用乐，殊为非礼"，不免有些保守。尤其值得注意的是，司马光主张古礼当"相时因力而行"[1]。他折中古今，择善而从。

司马光折中、择善的原则是"简易"。在篇幅不大的《司马氏书仪》一书中，他使用"简易"一词达16次之多，诸如"今从简易""庶从简易""务从简易"，等等。他说：

> 今依律文，以从简易。[2]

又说：

> 今且从俗，贵其简易。[3]

还说：

---

[1]《司马氏书仪》卷3《婚仪上·亲迎》、卷9《丧仪五·居丧杂仪》，《丛书集成》初编，第1040册第37、103页。
[2]《司马氏书仪》卷3《婚仪上·婚》，第29页。
[3]《司马氏书仪》卷5《丧仪一·魂帛》，第54页。

> 今堂室之制异于古,且从简易。[1]

司马光几乎一切以简易为归依。作为礼学家如此,作为政治家也如此。司马光从政,宣扬的是:

> 良法简易便民。[2]
> 吏治简易,民俗富乐。[3]

作为思想家同样如此。他在《四书或问》中说:

> 易则易知,简则易从。情无幽险,故易知。事不烦苛,故易从。易知则有亲,易从则有功。[4]

务从简易并非司马光的一己之见,而是不少宋代理学家与士大夫的共识。理学家如程颢号称"平和简易"[5]。程颐强调:

> 不可复以烦苛严急治之,当济以宽大简易,乃其宜也。[6]

---

[1] 《司马氏书仪》卷5《丧仪一·小敛》,第59页。
[2] 《司马光奏议》卷52《赈济札子》,王根林点校,山西人民出版社1986年版,第404页。
[3] 《涑水记闻》卷5,《全宋笔记》第1编第7册第68—69页。
[4] 司马光:《易说》卷5,《景印文渊阁四库全书》本。
[5] 真德秀:《西山读书记》卷31《张子之学》,《景印文渊阁四库全书》本。
[6] 《二程集·伊川易传》卷3《周易下·经》,第3册第901页。

士大夫如南宋隐士郭雍认为:

> 处事当以简易,何则?简以制繁,易以制难,便不费力。乾坤之大,所以使万物由其宰制者,不过此二字,况于人乎!

罗大经称赞"此论,可谓洞见天地万物之理"。[1] 他本人高度认同道:

> 大凡举事轻捷则易成,繁重则难济。[2]

特别应当指出的是,理学家朱熹与司马光相似,并非全然是个泥古不化的守旧者。他在礼俗方面的主张与司马光几乎完全一致,既反对"一切苟简徇俗"[3],更反对一概遵从古礼,并不厌其烦地反复强调。朱熹说:

> 古礼如此零碎繁冗,今岂可行!

又说:

> 若欲尽拘古礼,则繁碎不便于人,自是不可行。

还说:

---

[1] 罗大经:《鹤林玉露》甲编卷3《简易》,《全宋笔记》第8编,王瑞来整理,第3册第180页。
[2] 《鹤林玉露》丙编卷5《举事轻捷》,《全宋笔记》第8编第3册第395页。
[3] 《朱子语类》卷23《论语五·为政篇上》,第2册第561页。

> 若要可行，须是酌古之制，去其重复，使之简易，然后可。[1]

朱熹高度评价《司马氏书仪》，赞扬《书仪》"最为适古今之宜"，"最简易可行"[2]。他制订《朱子家礼》以《书仪》为蓝本，文字大多原封不动地照抄《书仪》。朱熹认为：

> 大凡礼制，欲行于今，须有一个简易底道理。[3]

司马光、朱熹等宋代士大夫何以如此强烈反对礼仪繁缛，格外强调处事理当简易便民，只怕与生活节奏加快有关。生活慢节奏与自然经济相适应，商品经济则与生活快节奏相匹配。宋代的商品经济在唐代后期的基础上又有发展，人们的生活节奏随之加快。蔡襄说：

> 凡人情莫不欲富。至于农人、商贾、百工之家，莫不昼夜营度，以求其利。[4]

司马光也说：

---

[1]《朱子语类》卷84《礼一·论后世礼书》、卷63《中庸二·第十八章》、卷89《礼六·冠昏丧》，第6册2178页、第4册第1555页、第6册2275页。
[2]《朱子语类》卷84《礼一·论后世礼书》、卷23《论语五·为政篇上》，第6册第2183页、第2册第561页。
[3]《朱子语类》卷63《中庸二·第十八章》，第4册第1555页。
[4]《福州五戒文》，《全宋文》第47册第15页。

> 无问市井、田野之人,由中及外,自朝及暮,惟钱所求。[1]

人们为了生存与发展,不舍昼夜,终日繁忙,凡事只得从简,礼俗概莫能外。

(二) 从六礼到三礼

就婚姻礼仪而言,简易这一宋人处事之道主要表现在礼仪程序简化,从相当繁复的六礼减少为比较简便的三礼。

所谓六礼,是指按照古礼,从议婚到成婚要经过六道礼仪程序:纳采——男家向女家送礼、求亲;问名——男家向女家询问女子的名字、生辰;纳吉——男家卜得吉兆后,到女家报喜、送礼、订婚;纳征——订婚后,男家向女家送聘礼;请期——男家选定完婚吉日,征得女家同意;亲迎——新郎前往女家迎接新娘到男家成婚。每道礼仪程序又有许多细节,十分烦琐。唐末五代,战乱频仍,礼废乐坏。宋朝建立后,为扭转这一局面,朝廷组织力量编修礼书。宋代的官修礼书以宋徽宗时知枢密院事郑居中等人所编《政和五礼新仪》最具代表性,其指导原则是:

> 循古之意而勿泥于古,适今之宜而勿牵于今。[2]

---

[1]《司马光奏议》卷30《应诏言朝政阙失事》,第326页。
[2] 王应麟:《玉海》卷69《礼仪·礼制下·政和五礼新仪》,江苏古籍出版社1988年版,第3册第1038页。

但《新仪》毕竟以古礼为本,与民间习俗距离较大。宋徽宗强力推行,结果违仪犯法者众。他不得不在宣和元年(1119)六月宣布《新仪》更不施行。

宋代婚礼从六礼到三礼的简化过程经历了两个步骤:

第一步是变六礼为四礼。据《宋史·礼志十八·士庶人婚礼》记载,官礼修正士庶人婚礼的程序:

> 并问名于纳采,并请期于纳成(即纳征)。[1]

于是婚礼仅保存四道程序,即纳采、纳吉、纳征和亲迎。

第二步是变四礼为三礼。《朱子家礼》又进一步将纳吉省去。朱熹说:

> 古礼有问名、纳吉,今不能尽用,止用纳采、纳币(即纳征),以从简便。[2]

于是,婚礼只剩下三道程序,即纳采、纳币、亲迎。《家礼》对每道程序的细则有所简化。《朱子家礼》既规范,又比较简便适中,应当是当时及后世受到遵从的原因之一。

(三)贫富悬殊的现实

宋代经济发展,社会财富增多,生活总体改善,是个不

---

[1]《宋史》卷115《礼志十八·士庶人婚礼》,第2740页。
[2] 朱熹:《朱子家礼(宋本汇校)》卷3《昏礼·纳币》,吾妻重二汇校,上海古籍出版社2020年版,第53页。

争的事实。但贫富悬殊依然如故。宋太宗时，国子博士李觉对当时"贫富不均"的状况概述道：

> 富者有弥望之田，贫者无卓锥之地。有力者无田可种，有田者无力可耕。雨露降而岁功不登，寒暑迁而年穀无获。富者益以多畜，贫者无能自存。[1]

苏洵更是一语道破：

> 贫民耕而不免于饥，富民坐而饱以嬉。[2]

关键在于经济发展的成果并未惠及整个社会。北宋张咏《愍农》诗曰：

> 春秋生成一百倍，天下三分二分贫。[3]

南宋徐照《促促词》云：

> 东家欢欲歌，西家悲欲哭。
> 丈夫力耕长忍饥，老妇勤织长无衣。[4]

诗句揭示了广大贫苦农民没有充分分享社会经济发展的成果。宋代富民固然不少：

---

[1]《续资治通鉴长编》卷27雍熙三年七月甲午，第3册第621页。
[2] 苏洵：《衡论·田制》，《全宋文》第43册第101页。
[3] 张咏：《愍农》，《全宋诗》第1册第522页。
[4] 徐照：《促促词》，《全宋诗》第50册第31401页。

> 富民之家地大业广,阡陌连接。[1]
> 膏腴皆归贵势之家,租米有及百万石者。[2]

然而穷人更多,他们被称为"食糟民"或"泥孩儿"。"田野之民食糟糠"[3],欧阳修《食糟民》诗曰:

> 不见田中种糯人,釜无糜粥度冬春。
> ……
> 我饮酒,尔食糟。
> 尔虽不我责,我责何由逃。[4]

许棐《泥孩儿》诗云:

> 弃卧桥巷间,谁或顾生死。
> 人贱不如泥,三叹而已矣。[5]

即使中产之家,生活也并不富裕,大多过着捉襟见肘的紧日子。张守称:

> 今之家业及千缗者,反有百亩之田,税役之外,十

---

[1]《衡论·田制》,《全宋文》第 43 册第 101 页。
[2]《宋史》卷 173《食货志一·食货上·农田》,第 4180 页。
[3] 王炎:《答凌解元书》,《全宋文》第 270 册第 112 页。
[4]《欧阳修全集·居士集》卷 4《食糟民》,李逸安点校,中华书局 2001 年版,第 1 册第 71 页。
[5] 许棐:《泥孩儿》,《全宋诗》第 59 册第 36865 页。

口之家未必糊口。[1]

蔡戡说：

> 中人之家输赋偿逋之余,盖亦无几。[2]

司马光、朱熹身临其境,不得不正视贫富悬殊的现实。司马光在《司马氏书仪》中讲到"贫者""贫家"各6次,共12次。他说：

> 今虑贫家不能办,故务从简易。[3]

又说：

> 此非贫者所办也,今从简易。[4]

司马光制定《司马氏书仪》将简易作为一条原则,正视贫富悬殊的现实是个重要原因。"恐贫家不能办""恐非贫家所便""今恐贫者不便""或家贫不能备"这类话语反复出现在司马光笔下。正是出于这一考虑,《司马氏书仪》中的不少规定都弹性较大,如相礼者不应收取贫者酬金：

> 至于婚丧,相礼者当有以酬之。若主人实贫,相礼

---

[1] 张守：《论淮西科率札子》,《全宋文》第173册第294页。
[2] 蔡戡：《论抚民四事札子》,《全宋文》第276册第157页。
[3] 《司马氏书仪》卷2《冠仪·冠》,第23页。
[4] 《司马氏书仪》卷5《丧仪一·小敛》,第58页。

者亦不当受也。[1]

又如祭奠供品:

> 若家贫,或乡土异宜,或一时所无,不能办,此则各随所有。[2]

再如葬礼:

> 凡吊及送丧葬者,必助其丧事,而勿扰也。

这项规定旨在照顾贫者。司马光解释道:

> 助谓问其所乏,分导营办,贫者为之执绋负土之类。扰谓受其饮食财货。[3]

至于朱熹制定《家礼》,更是明确提出"贫富随宜",并将这作为与简易相适应的又一条原则。

(四)婚仪较灵活

宋代社会贫富悬殊,官私礼书都不强求所有家庭婚姻礼仪完全相同。《政和五礼新仪·嘉礼门》就对不同等级的家庭做出了繁简有别的规定,其原则是等级越高仪式越烦琐,等级越低仪式越简便。

---

[1]《司马氏书仪》卷2《冠仪·冠》,第23页。
[2]《司马氏书仪》卷8《丧仪四·卒哭》,第96页。
[3]《司马氏书仪》卷5《丧仪一·吊酹赙襚》,第58页。

私礼比官礼更灵活。如纳币按照古礼应当元𫄸束帛,束帛的数量为10端。司马光《司马氏书仪·婚仪》从实用与可能两个方面考虑,对古礼做了更改:

> 纳币,用杂色缯五匹为束。[1]

《朱子家礼·昏礼》规定:

> 币用色缯,贫富随宜,少不过两,多不逾十。今人更用钗钏、羊酒、果实之属,亦可。[2]

因此,宋代富贵之家下聘礼一般用"三金"即金钏、金镯、金帔坠,经济条件不允许则"以银镀代之"[3]。

至于新郎的礼服,连《政和五礼新仪》也不强求一律:

> 三舍生及品官子孙假九品(服),余并皂衫衣折上巾。[4]

《司马氏书仪》则称:

> 有官者具公服靴笏,无官者具幞头靴襕或衫带,各

---

[1]《司马氏书仪》卷3《婚仪上·纳币》,第32页。
[2]《朱子家礼(宋本汇校)》卷3《昏礼·纳币》,第53页。
[3] 吴自牧:《梦粱录》卷20《嫁娶》,《全宋笔记》第8编,黄纯艳整理,第5册第298页。
[4]《政和五礼新仪》卷179《庶人婚仪》。

> 取其平日所服最盛者。[1]

上述规定有不少具有明显的等级性。如"未仕而昏用命服",新郎在婚礼期间可破例身穿官员服装,只限于士。程颢、程颐强调:

> 若农、商则不可,非其类也。[2]

上述某些简便规定主要原因是考虑到贫困人家的承受能力,目的在于便于推广。

(五)婚仪难以推广

礼书有关婚姻礼仪的规定较为简便、灵活,为不少士人家族遵守,但在全社会仍难以广泛推行。人们从两个相反方向违反婚姻礼仪:

其一,草率从事。右司谏朱光庭对此颇为不满,他在元祐元年上疏,先感叹:

> 礼废而不讲久矣。

再指出:

> 鄙俗杂乱,不识亲迎,人伦之重,则是何尝有婚

---

[1]《司马氏书仪》卷2《冠仪·冠》,第19页。
[2]《二程集·河南程氏遗书》卷18《伊川先生语四·刘元承手编》,第1册第244页。

礼也。

最后建议：

> 令明礼之臣，与礼官委曲讲修，以厚风俗。[1]

何以草率从事，主要原因有二：一是贫困。"食糟民""泥孩儿"连活命都艰难，哪有可能论婚嫁。即使中产之家，因其财力有限，也很难严格按照礼书办婚事。二是风俗。朱光庭所讲民间不行亲迎之礼，只是隐蔽违法同居，还有公开非法同居的。如同安有"引伴为妻"之俗，绍兴年间在此任县主簿的朱熹《申严昏礼状》称：

> 访闻本县，自旧相承，无昏姻之礼。里巷之民，贫不能聘，或至奔诱，则谓之"引伴为妻"，习以成风。其流及于士子，富室亦或为之，无复忌惮。[2]

漳州有"管顾""逃叛"之风，绍熙元年（1190）在此任知州的朱熹发布《劝谕榜》称：

> 此邦之俗，有所谓"管顾"者，则本非妻妾而公然同室；有所谓"逃叛"者，则不待媒娉而潜相奔诱。犯礼违法，莫甚于斯。

---

[1] 朱光庭：《上哲宗乞详议五礼以教民》，《宋朝诸臣奏议》卷96《礼乐门·士庶五礼》，下册第1033—1034页。
[2] 《朱子大全》卷20《申严昏礼状》，《四部备要》第57册第299页。

据朱熹讲:

> (此间)不昏之男无不盗人之妻,不嫁之女无不肆为淫行。

这话带有偏见并且太夸张,但情况肯定相当严重。而地方政府束手无策:

> 官司纵而不问,则风俗日败;悉绳以法,则犯者已众。[1]

可见,礼仪乃至于法令缺乏约束力,人们习惯照风俗办事。

其二,**繁缛其事**。主要是富裕家庭尤其是贵势之家,财大气粗讲体面,婚事大操大办。如按照古礼,并无铺房,但此俗在宋代很盛行。孟元老《东京梦华录·娶妇》称:

> (亲迎)前一日,女家先来挂帐,铺设房卧,谓之铺房。[2]

对于此俗,司马光主张遵从时俗,在《司马氏书仪》中予以认可:

---

[1]《朱子大全》卷100《劝谕榜》,《四部备要》第58册第1733—1734页。
[2]《东京梦华录》卷5《娶妇》,《全宋笔记》第5编第1册第149页。

> 古虽无之，然今世俗所用，不可废也。

并对男女双方所提供的物品做了规定：

> 床榻、荐席、椅桌之类，婿家当具之。毡褥、帐幔、衾绸之类，女家当具之。[1]

女家在铺房时，贪图数量多，并追求豪华。范仲淹的亲家王氏即一例。范仲淹之子将娶妻，其姻家王氏拟"以罗为帷幔"，范仲淹连忙制止：

> 罗绮岂帷幔之物耶！吾家素清俭，安得乱吾家法？敢持至吾家，当火于庭。[2]

又如按照古礼，婚礼不用乐，但在宋代婚礼普遍用乐，"鼓乐喧天，笙歌聒耳"[3]，充满欢乐气氛。司马光力主遵从古礼，他在《司马氏书仪·婚仪》中声讨道：

> 曾子问曰："取妇之家，三日不举乐，思嗣亲也。"今俗婚礼用乐，殊为非礼。[4]

程颢、程颐也主张婚礼不用乐。他们说：

---

[1]《司马氏书仪》卷3《婚仪上·亲迎》，第33页。
[2] 朱熹：《五朝名臣言行录》卷7之2《参政范文正公》，《四部丛刊》本。
[3]《清平山堂话本》卷2《快嘴李翠莲记》，第35页。
[4]《司马氏书仪》卷3《婚仪上·亲迎》，第37页。

> 古人重此大礼，严肃其事，不用乐也。[1]

婚礼用乐的民间习俗影响到皇室。元祐年间，宋哲宗立孟氏为皇后，宰相吕公著坚持按照古礼行事，"执议不用乐"。太皇太后高氏反驳道：

> 寻常人家娶个新妇，尚点几个乐人，如何官家却不得用？

皇太后向氏随声附和：

> 更休与他懑宰执理会，但自安排着。

于是，亲迎皇后入宫，"众乐具举"。参与奏乐的伶官得了赏赐后，谴责吕公著：

> 不可似得这个科第相公，却不教用。[2]

皇室婚礼从此正式用乐。周密《武林旧事·册皇后仪》载，皇帝婚礼奏"正安乐""干安乐""坤安乐""宜安乐"[3]等，达15次之多。上行下效，民间与皇室互动，宋代婚礼几乎无不用乐。民俗难逆转，朱熹《家礼》多抄《司马氏书

---

[1]《二程集·河南程氏遗书》卷18《刘元承手编》，第1册第244页。
[2]《清波杂志》卷1，《全宋笔记》第5编第9册第15—16页。
[3] 周密：《武林旧事》卷8《册皇后仪》，《全宋笔记》第8编，范荧整理，第2册第111—113页。

仪》，但未抄录司马光"婚礼不用乐"一说。

二 婚俗较多样

宋代文化具有多元性。众所周知，宋代的学术是多元的，学派林立，学者各是其是，互不相让。习俗也不是单一的，来源不同，新旧并存，且有变异。不少婚俗的源流至少可追溯到唐代，而唐代婚俗受北方少数民族影响。宋代与唐代社会状况不尽相同，某些旧婚俗有所变化，同时又形成一些新婚俗。下面仅略举五种习俗。

（一）相媳妇

按照宋代礼俗，男女两家互换草帖之后，再互换定帖，不久便定聘。定聘虽然尚未完婚，但受法律认可，双方不许翻悔。法律规定：

> 许嫁女，已投婚书及有私约而辄悔者，杖六十，更许他人者，杖一百，已成者徒一年，女追归前夫。……虽无许婚之书，但受聘财亦是。[1]

所谓草帖，俗称"八字"，用以介绍男女各自的年龄、生辰及家庭情况。在定帖上，男家开列聘礼数目，女家开列

---

[1]《名公书判清明集》卷9《户婚门·婚嫁·女家已回定帖而翻悔》，第346—347页。

陪嫁贽装。北宋开封在互换定帖之后,有相媳妇的习俗。《东京梦华录·娶妇》称:

> 若相媳妇,即男家亲人或婆往女家。看中,即以钗子插冠中,谓之插钗子;或不入意,即留一两端彩段与之压惊,则此亲不谐矣。[1]

男方"看中","插钗子"则无事;如"不入意","压惊"不能解决问题,难免惹出事端。江休复《江邻几杂志》载:

> 京师风俗,将为婚姻者,先相妇。相退者为女氏所告,依条决此妇人,物议云云,以为太甚。[2]

相媳妇又称相亲。在南宋临安,此俗更流行。地点不一定在女家,也可在园圃、湖舫等公共场所。吴自牧《梦粱录·嫁娶》称:

> 男家择日备酒礼,诣女家,或借园圃,或湖舫内,两亲相见,谓之相亲。男以酒四杯,女则添备双杯,此礼取男强女弱之意。[3]

相媳妇具有单向性,男子可以直接参与。但无相新郎的习俗,女子婚前一般不能瞧未婚夫一眼。王铚《杂纂续》称:

---

[1]《东京梦华录》卷5《娶妇》,《全宋笔记》第5编第1册第149页。
[2] 江休复:《江邻几杂志》,《全宋笔记》第1编,储玲玲整理,第5册第169页。
[3]《梦粱录》卷20《嫁娶》,《全宋笔记》第8编第5册第297页。

"相新妇","不可托人"[1]。宋人话本《西山一窟鬼》描述了秀才吴洪在酒店相媳妇的情景:

> 把三寸舌尖舐破窗眼儿,张一张,喝声彩。

"当日插了钗"[2],不久便完婚。而女子通常不能在婚前瞧对象一眼,婚后追悔莫及者大有人在。此情在宋人话本《志诚张主管》中有反映:开封张员外"年逾六旬,须发皤然",媒人将他的"年纪瞒过一二十年",把"小如员外三四十岁"的少妇说与他做妻子。花烛之夜,揭开盖头,这位少妇才有机会瞧瞧她的新郎:

> 看见员外须眉皓白,暗暗的叫苦。

她埋怨媒人:

> 将我误了![3]

可是生米已成熟饭。

(二)坐花檐

男家迎接新娘,"婿乘马在前,妇车在后"。唐代新娘的乘坐工具渐渐由乘毡车改为坐檐子。檐子用竿抬,无屏障。

---

[1] 王铚:《杂纂续》,陶宗仪:《说郛》卷76,《景印文渊阁四库全书》本。
[2] 《京本通俗小说·西山一窟鬼》,第31页。
[3] 《京本通俗小说·志诚张主管》,第41页。

唐高宗咸亨二年（671）下敕禁止：

> 妇人比来多著帷帽，遂弃幂帷，曾不乘车，别坐檐子，递相仿效，浸成风俗，过为轻率，深失礼容，理须禁断。

其理由是：

> 衢路之间，岂可全无障蔽。[1]

北宋时，新娘大多不乘毡车而坐檐子。《司马氏书仪·婚仪》称：

> 今妇人幸有毡车可乘，而世俗重檐子，轻毡车。借使亲迎时，暂乘毡车，庸何伤哉？然人亦有性不能乘车，乘之即呕吐者。如此，则自乘檐子。[2]

《东京梦华录·娶妇》所载与此吻合：

> 至迎娶日，儿家以车子或花檐子发迎客。[3]

这一习俗影响到皇室。《政和五礼新仪·纳皇后仪》规定，皇帝纳皇后入宫，皇后先坐肩舆进堂上，再降舆升

---

[1] 李上交：《近事会元》卷5《妇人乘檐子及禁断》，《全宋笔记》第1编，虞云国等整理，第4册第184页。
[2] 《司马氏书仪》卷3《婚仪上·亲迎》，第35页。
[3] 《东京梦华录》卷5《娶妇》，《全宋笔记》第5编第1册第149页。

车[1]。《东京梦华录·公主出降》载,公主出嫁"乘金铜檐子"[2]。南宋更是普遍使用檐子迎接新娘。《梦粱录·嫁娶》称:

> 至亲迎日,……引迎花檐子或棕檐子、藤轿前往女家,迎取新人。[3]

檐子讲了三种,但未说到毡车,表明花毡车已被花檐子之类取代。

而今通常认为,坐花轿始于宋代。有学者怀疑此说。其依据是《东京梦华录·娶妇》《梦粱录·嫁娶》仅有"花檐子"之称,并无"花轿子"之谓。檐子与轿子的区别,主要在于有无遮盖。其实,宋代的不少檐子已非"全无障蔽"。后妃所坐檐子的形状,《宋史·舆服志二·后妃车舆》称:

> 其制:方质,棕顶,施走脊龙四,走脊云子六,朱漆红黄藤织百花龙为障,绯门帘,看牖帘。朱漆藤坐椅,踏子,红罗裀褥,软屏,夹幔。[4]

这分明是一座十分豪华的轿子。公主出嫁所乘金铜檐子,由12人抬,其形状为:

---

[1]《政和五礼新仪》卷172《嘉礼·纳皇后仪》。
[2]《东京梦华录》卷4《公主出降》,《全宋笔记》第5编第1册第142页。
[3]《梦粱录》卷20《嫁娶》,《全宋笔记》第8编第5册第299页。
[4]《宋史》卷150《舆服志二·后妃车舆》,第3502—3503页。

> 檐子约高五尺许，深八尺，阔四尺许，内容六人。四维垂绣额珠帘，白藤间花。[1]

显然是座豪华花轿。什么是藤檐子，《宋史·舆服志二·皇太子车辂之制》有描述：

> 藤檐子，顶梁、舁杠皆饰以玄漆，四角刻兽形，素藤织花为面。[2]

这是皇室所用的情形。至于民间亲迎所用藤檐子的装饰与此或有差别，但应当是檐子其名，轿子其实。何况宋代已有"花轿"一词，《梦粱录》载：

> 男跨雕鞍，女乘花轿。[3]

称坐花轿的习俗形成于宋代，并无不通。只是当时往往将檐子作为檐子与某些种类的轿子的通称，民间亲迎时既有用檐子，也有用轿子的。

按照宋代的习俗，新娘从上檐子到下檐子，将举行三种仪式：

其一，起檐子。男家的迎亲队伍到达女家，作乐催妆，促请新娘上轿。女家在新娘上轿后，必须赏赐花红利市钱，

---

[1]《东京梦华录》卷4《公主出降》，《全宋笔记》第5编第1册第142页。
[2]《宋史》卷150《舆服志二·皇太子车辂之制》，第3505页。
[3]《梦粱录》卷2《清明节》，《全宋笔记》第8编第5册第104页。

否则迎亲队伍不肯起步抬轿子。宋人话本《快嘴李翠莲记》描述开封少女李翠莲出嫁张郎那天的情形:

> 只听得门前鼓乐喧天,笙歌聒耳,娶亲车马,来到门首。

张家的先生(类似于后世的司仪)念诗:

> 高卷珠帘挂玉钩,香车宝马到门头。
> 花红利市多多赏,富贵荣华过百秋。

李家即刻赏赐迎亲队伍:

> 抬轿的合五贯,先生、媒人两贯半。[1]

其二,障车。指迎亲队伍在返回男家途中受到阻拦,此风在唐代很盛行,市井无赖乃至王公拦路求酒食,要钱财。唐睿宗太极元年(712),左司郎中唐绍上疏请求禁止:

> 亲迎之仪……下俚庸鄙,时有障车,邀其酒食,以为戏乐。近日此风转盛,上及王公,乃广奏百乐,多集徒侣,遮拥道路,障车礼赆,过于聘财。歌舞喧哗,殊非助感。请禁之。[2]

---

[1]《清平山堂话本》卷2《快嘴李翠莲记》,第35—36页。
[2]《近事会元》卷5《昏娶亲迎举乐障车》,《全宋笔记》第1编第4册第184页。

朝廷虽然"不从",但"议者叹美"[1]。北宋初年仍有此俗,宋太祖在开宝二年(969)八月下诏禁止,此后不再见于记载。

其三,拦门。在迎亲队伍回到男家门口时举行,其仪式为不让新娘下轿进门。《梦粱录·嫁娶》称:

> 迎至男家门首,时辰将正,乐官妓女及茶酒等人互念诗词,拦门求利市钱红。[2]

乐官等人所念《拦门诗》是些吉利话,如:

> 仙娥缥渺下人环,咫尺荣归洞府间。
> 今日门阑多喜色,花箱利市不须悭。

新郎请人代念《答拦门诗》,欢乐而俏皮,如:

> 从来君子不怀金,此意追寻意转深。
> 欲望诸亲聊阔略,毋烦介绍久劳心。[3]

(三)撒谷豆

此俗,至迟在西汉时已有之。新娘下檐子、进入男家房门之前,"阴阳人"或"克择官"手拿花斗,斗中装着谷、

---

[1]《新唐书》卷113《唐临附孙绍传》,第4185页。
[2]《梦粱录》卷20《嫁娶》,《全宋笔记》第8编第5册第298页。
[3] 陈元靓:《事林广记》乙集卷下《家礼类·婚礼》,中华书局1999年版,第42—43页。

豆、铜钱、彩果等物，一边念咒文，一边望门而撒，孩儿们争相拾取，叫撒谷豆。这一仪式相传始于西汉，因迷信而形成，目的在于避"三煞"。所谓煞，系迷信之说，即凶神。高承《事物纪原·撒豆谷》称：

> 三煞者，谓青羊、乌鸡、青牛之神也。凡是三者在门，新人不得入，犯之损尊长及无子。

据说：

> 妇将至门，但以谷豆与草禳之，则三煞自避，新人可入也。[1]

新娘下花轿，不能踩地，只能在青布条或青锦褥、青毡花席上行走，这与东汉至北朝新婚居青庐的旧俗有关。新娘先跨鞍马，再进中门，这是北朝时期游牧民族的习俗。唐人苏鹗《苏氏演义》称：

> 婚姻之礼，坐女于马鞍之侧，或谓此北人尚乘鞍马之义。夫鞍者，安也，欲其安稳而同载者也。[2]

撒谷豆的含义是消灾免难，跨马鞍则是祈求平安。新娘进门以后，或先进入一间悬挂着帐子的房间，稍事休息，称"坐

---

[1] 高承：《事物纪原》卷9《撒豆谷》，金圆、许充藻点校，中华书局1989年版，第475页。
[2] 苏鹗：《苏氏演义》卷上，《景印文渊阁四库全书》本。

虚帐"；或直接进入新房，坐于床上，叫"坐富贵"。江南的习俗是，初嫁者"坐于榻上"，再嫁者"坐于榻前"，听人"纵观"。其气氛十分热烈：

> 观者若称叹美好，虽男子怜抚之，亦喜之而不以为非也。[1]

仪式还有道程序是新郎上高座。欧阳修《归田录》载：

> 今之士族当婚之夕，以两椅相背，置一马鞍，反令婿坐其上，饮以三爵，女家遣人三请而后下，乃成婚礼，谓之"上高坐"。

他认为此俗与礼仪不符，是"五代干戈之际礼乐废坏之时"的产物，"不足为后世法"[2]。《梦粱录》称，上高座为"向时迎新郎礼"[3]，可见此俗已逐渐被淘汰。

（四）拜先灵

宋代婚礼的参拜仪式主要有三项：

其一，拜先灵，又称"拜家庙"或"庙见"。新郎挂红绿彩，新娘头戴盖头，两人牵着用红绿彩缎绾成象征恩爱的同心结，相向缓缓而行，称"牵巾"。用秤或机杼挑开盖头，

---

[1]《鸡肋编》卷上，《全宋笔记》第4编第7册第13页。
[2]《归田录》卷2，《全宋笔记》第1编第5册第267—268页。
[3]《梦粱录》卷20《嫁娶》，《全宋笔记》第8编第5册第300页。

新娘露出面容以后,拜先灵并拜天地。

其二,拜舅姑。舅、姑坐于堂上,一东一西。新娘先在西阶下,北面拜舅即公公,再在东阶下,北面拜姑即婆婆。

其三,夫妻交拜。新郎、新娘由陪伴引导,进入新房,房中铺席,新郎站立于东,新娘站立于西,新娘先拜,新郎答拜。按照当时的"乡里旧俗":

> 男子以再拜为礼,女子以四拜为礼。

司马光说:

> 古无婿妇交拜之仪,今世俗始相见交拜。[1]

依照此说,夫妻交拜之俗始于宋代。

交拜礼毕,夫妻双双坐在床上,礼官抛撒同心花果及特制钱币,钱币上刻有"长命富贵"等字,称撒帐。礼官在撒帐前致语,撒帐时念诗,祝愿新郎、新娘长命富贵、多子多福。撒帐与撒谷豆有相似之处,两个仪式容易混淆,后世逐渐合并。

(五)交杯酒

撒帐之后,按照婚仪程序,还有"合髻"与"交卺"。合髻又称"结发":新郎坐左,新娘坐右,各以一绺头发,与男、女两家提供的绸缎、钗子、木梳、发带等物,合梳为

---

[1]《司马氏书仪》卷3《婚仪上·亲迎》,第36页。

髻。它表示夫妻从此白头偕老、命运与共，因而结发成为恩爱夫妻的代称。

交卺又称交杯或交杯酒，来源于古代婚礼中的合卺，唐代已盛行。王得臣《麈史》称：

> 古者婚礼合卺，今也以双杯彩丝连足，夫妇传饮，谓之交杯。[1]

唐、宋两代的这一习俗，相同之点是所用酒器都用彩丝连结，不同之处有三：唐代按照古礼，将小瓢一分为二，夫妻各饮，饮后还原为一瓢，宋代不用瓢，而用盏即杯；唐代夫妻各饮三次，宋代夫妻对饮并交换酒杯；饮后酒具如何处理，唐代无记载；宋代很别致。《东京梦华录》载：

> 饮讫，掷盏并花冠子于床下，盏一仰一合，俗云大吉，则众贺喜。[2]

喝过交杯酒，婚礼即告终，但还有一些礼仪。如拜门即新郎在婚后次日或三日、七日，到新娘家，参拜岳父、岳母；暖女即新娘出嫁后三日，娘家前来送酒食；满月即庆贺新婚一月喜事才算最后操办完毕。

---

[1]《麈史》卷下《风俗》，《全宋笔记》第1编第10册第69页。
[2]《东京梦华录》卷5《娶妇》，《全宋笔记》第5编第1册第150页。

第五章 "不敬嫁母，则非人类"

——宋代妇女的再嫁问题

提起宋代婚姻制度的主要特色，人们大概即刻想到，男子可以再娶，女子不能再嫁。不错，男尊女卑，夫主妻从，渊源有自，由来已久。从总体上说，整个中国传统时代无疑均为传统礼教居于统治地位的时代。但礼教束缚毕竟有个由松而紧的发展过程，贞节观念终究有着从宽到严的前后演变。问题在于：这个过程的转折点何在？研究者们通常把它确定为唐宋之际：唐时礼教束缚不严，宋人贞节观念颇重。其主要依据是：唐代妇女改嫁者甚多，宋代极少；唐代法律准许妇女再嫁，宋代不许；唐代社会舆论并不谴责妇女改嫁，宋代提倡死守贞节；唐代妇女地位较高，宋代陡然降低。此说经陈东原先生1937年刊布的《中国妇女生活史》[1]较为系统的论证，长期以来几乎成为不刊之论。愚见以为，此说尽管相当流行，但是并不确切。下面将从观念、数据、法律、舆论等方面作些陈述。

---

[1] 陈东原先生《中国妇女生活史》论及妇女地位时断言："宋代尤其是急转直下的时代"，"不独几个儒者看重了贞洁这回事"。"从此以后，女性的摧残，遂到了不可知的高深程度"。（商务印书馆1937年版，自序第2页，146页）范文澜、董家遵先生的看法与陈先生大体相同，稍有差异。范老《经学史讲演录》称："二程主张'饿死事小，失节事大'。北宋时，女人再嫁是不受斥责的。王安石儿媳再嫁，范仲淹的母亲也是再嫁过的。他们都不回避嫁的事。南宋以后，提倡死守贞节。"（《范文澜集》，中国社会科学出版社2001年版，第323页）董先生《从汉到宋寡妇再嫁习俗考》说："宋时是中国婚姻史上的转型期"，儒家所提倡的贞操，宋中叶以后"普遍的奉行"。"范仲淹优遇再嫁的寡妇，程伊川力倡寡妇的守节，两人实可以代表两时期的贞操观念的形态"。（《董家遵文集》，中山大学出版社2004年版，第161页）

一 观念：宋人"不以再嫁为耻"

讲到妇女再嫁，五代时期有个突出事例，清代史家赵翼《廿二史札记·周祖四娶皆再醮妇》专门予以揭示。周祖指的是后周太祖郭威，他先后娶了四位妻子，全部都是再嫁妇女。第一位是后唐庄宗李存勖死后的嫔妃柴氏，第二位是石光辅的遗孀杨氏，第三位是武从谏之子的寡妻，第四位是嫠居的刘进超之妻。后周虽然是个小朝廷，但郭威毕竟是皇帝，他居然如此择偶。赵翼作为清朝人，当然"不可解"[1]。宋代取后周而代之，再嫁妇女的实例依然不少，下面暂且略举四例，即范仲淹母亲谢氏、王安石儿媳庞氏、岳飞前妻刘氏、陆游表妹唐氏，或传为佳话，或酿成悲剧。[2]

其一，范仲淹母亲谢氏改嫁。欧阳修记述道：

---

[1]《廿二史札记》卷22《周祖四娶皆再醮妇》，《赵翼全集》，第1册第410—411页。

[2] 李清照改嫁之说虽然流传甚广，但有学者考证，并无此事。参看黄稚荃：《李清照著作十论》，《杜邻存稿》，四川人民出版社1990年版，第49—84页。

(范仲淹)生二岁而孤,母夫人贫无依,再适长山朱氏。[1]

范仲淹应试时,名叫朱说。登科上表朝廷,请求恢复范姓。但范仲淹对母亲改嫁的事始终"不以为讳",对继父的"长育之恩,常思报之"[2]。清初文豪王士禛由此发出了如下感慨:

宋世士大夫最讲礼法,然有不可解者二……阀阅名家不以再嫁为耻。

范仲淹的大儿媳妇也是一位再嫁妇女。他的长子范纯祐死后,妻子改嫁王陶。王士禛称:

文正(即范仲淹)辄听其改适,不为之禁,尤不可解也。[3]

王士禛对此二事"不可解",表明如何看待改嫁与再嫁妇女,清人与宋人的观念差异相当明显。

其二,王安石儿媳庞氏改嫁。北宋时,开封有句谚语:

王太祝生前嫁妇。

---

[1]《欧阳修全集》卷21《资政殿学士户部侍郎文正范公神道碑铭》,第1册第332—337页。
[2]《五朝名臣言行录》卷7之2《参政范文正公仲淹》,《四部丛刊》本。
[3] 王士禛:《香祖笔记》卷11,《景印文渊阁四库全书》本。

王太祝指的是宰相王安石的儿子王雱,他曾任太常寺太祝。王雱与其妻庞氏何以离异,当时人有两种说法。一种是王雱"不惠",此说出自孔平仲《谈苑》:

> (王雱)不惠,有妻未尝接,其舅姑怜而嫁之,雱自若也。[1]

此说不可信,王雱并非"不惠",更不是白痴,而是聪明绝顶。他"性敏甚,未冠已著书数万言",平生著述颇多,是熙宁变法的支持者和参与者,并协助其父创建"荆公新学"。但"为人慓悍"[2],好走极端,敏感多疑。另一种说法是王雱"心疾",得了精神性疾病。《墨客挥犀》载:

> (王雱)取抚州庞氏,逾年生一子。雱素有心疾,至是与其妻不睦。丞相念妇之无罪,遂离而嫁之。[3]

王雱怀疑其子"貌不类己,百计欲杀之",以致新生婴被吓死,并与其妻经常吵闹打斗。两种说法有两点相同:一是责任不在庞氏,而在王雱;二是力主离婚者是王安石。王安石不仅允许庞氏离婚,还为她"择婿而嫁之"[4]。他居然为儿媳挑选再嫁夫,可见王安石不"封建",很开明。亲自为儿媳

---

[1] 孔平仲:《谈苑》卷1,《全宋笔记》第2编,池洁整理,第5册第301页。
[2] 《宋史》卷327《王安石附子雱传》,第10551页。
[3] 《墨客挥犀》卷3,《全宋笔记》第3编第1册第21页。
[4] 《东轩笔录》卷7,《全宋笔记》第2编第8册第51页。

选择再嫁夫的,除王安石外,还有南宋初期的大将张俊。徐梦莘《三朝北盟会编》载:

> (张)俊子亡,遂以其妇再适(田)师中。

田师中系张俊部将,后来官至节度使,进入大将行列。他"极谄佞,呼(张)俊为阿爹,不啻如亲父子"[1]。张俊及田师中应当如何评论,这里姑且不论,但单就此事来说,张俊同王安石一样开明。

其三,岳飞前妻刘氏改嫁。李心传《建炎以来系年要录》载:

> 岳飞之在京师也,其妻刘氏与飞母留居相州。及飞母渡河,而刘改适。至是在淮东宣抚处置使韩世忠军中。世忠谕飞复取之,飞遗刘钱三百千。

岳飞未与刘氏复婚,对刘氏改嫁表示理解,并赠送钱财。岳飞将其事上奏朝廷,称:

> 臣不自言,恐有弃妻之谤。

宋高宗"诏答之"[2],即认可。《宋史·岳飞传》云:岳飞"五子,云、雷、霖、震、霆。云,飞养子"。岳云应当不是岳

---

[1]《三朝北盟会编》卷206绍兴十一年五月二十七日"田师中加定江军节度使",下册第1483页。
[2]《建炎以来系年要录》卷120绍兴八年六月丁卯,第5册第2011页。

飞养子，而是岳飞前妻刘氏所生。[1]

其四，陆游表妹唐氏改嫁。陆游与前妻唐氏（一称唐婉）系中表通婚，两人情深意浓。但唐氏为其姑母即陆游的母亲不容，被迫离异，再嫁赵士程。周密《齐东野语·放翁钟情前室》记述此事较详：

> 陆务观初娶唐氏，闳之女也，于其母夫人为姑侄，伉俪相得，而弗获于其姑。既出，而未忍绝之。

两人虽再婚，仍眷恋相思。陆游的《钗头凤·红酥手》与唐氏的《钗头凤·世情薄》均为千百年来脍炙人口的佳作名篇。陆游垂暮之年，追忆往事仍然掉泪，写下绝句《沈园》二首，之一云：

> 城上斜阳画角哀，沈园无复旧池台。
> 伤心桥下春波绿，曾是惊鸿照影来。

之二曰：

> 梦断香消四十年，沈园柳老不飞绵。
> 此身行作稽山土，犹吊遗踪一怅然。[2]

上述四件事流传较广，还有不少宋代妇女改嫁的事知之

---

[1] 参看王曾瑜《岳飞新传》，上海人民出版社1983年版，第25页。
[2] 《齐东野语》卷1《放翁钟情前室》，《全宋笔记》第7编第10册第30—31页。

者较少。如北宋名相杜衍母亲便是再嫁妇女。司马光《涑水记闻》称：杜衍"父早卒，遗腹生"，"其母改适河阳钱氏"[1]。南宋权相贾似道的母亲胡氏有四次出嫁的经历。据田汝成《西湖游览志余》记载，钱塘胡氏是位有夫之妇，贾涉"见而悦之"，其夫"归欣然卖与"。嘉定年间，贾涉任万安县丞时，"似道在孕，不容于嫡"。贾涉只得将胡氏送给知县陈与常做妾。贾似道出生后，贾涉"虽携似道归乡，而其母竟流落，嫁为石匠妻"[2]。宋代这类事例相当多，下文将涉及。

至于赵宋皇室，资料相对集中，有关妇女再嫁的记载也不少。《宋史·公主传》中就记述了两位再嫁妇女。一位是宋太祖的同母妹"初适米福德，福德卒"，"再适忠武军节度使高怀德"[3]，史称秦国大长公主。另一位是宋徽宗女"荣德帝姬，至燕京，驸马曹晟卒，改适习古国王"。[4] 在宋代公主中还有一位离异公主，她是宋仁宗的长女，史称周陈国大长公主。宋仁宗将她嫁与其舅舅李用和之子李玮。《宋史·公主传》称：

（李）玮朴陋，与（公）主积不相能。[5]

---

[1]《涑水记闻》卷10，《全宋笔记》第1编第7册第112—113页。
[2]《西湖游览志余》卷5《佞幸盘荒》，第64—65页。
[3]《宋史》卷248《公主·秦国大长公主传》，第8771页。
[4]《宋史》卷248《公主·徽宗女荣德帝姬传》，第8788页。
[5]《宋史》卷248《公主·仁宗女周陈国大长公主传》，第8776页。

两人曾离婚，后复婚。对于此事，当时大臣议论较多，有关记述也较多。其前因后果，可参看司马光《涑水记闻》。这里恕不多说，以免节外生枝。

《宋史·后妃传》中也有一些妇女另嫁的资料。宋哲宗的生母宋神宗朱皇后本应姓崔，其"父崔杰，早世，母李更嫁朱士安"[1]。朱皇后从继父姓，不姓崔，而姓朱。宋光宗符姓婕妤，"后出嫁于民间"[2]。宋徽宗郑皇后的母亲是一位再嫁妇女，《后妃传》隐讳其事，但《宋史·张蕴传》载：

> 显肃皇后母自郑氏再适（张）蕴。徽宗屡欲以恩进其官，辄力辞不敢受。[3]

显肃是郑皇后的谥号。张蕴"力辞"，原因很清楚，郑皇后不是他的亲生女，他只是其继父。郑皇后的母亲不是被其父亲郑绅休掉，而是父亲被母亲抛弃，记载见于野史：

> （郑绅）贫窭之甚，妻弃去，适他人。[4]

《宋史·宗室传》载，宋太宗声称，赵廷美不是他的同母弟，而是其庶母陈国夫人耿氏所生。耿氏生下赵廷美后居然出现这样的事情：

---

[1]《宋史》卷243《后妃下·神宗钦成朱皇后传》，第8630页。
[2]《宋史》卷243《后妃下·光宗黄贵妃传》，第8655页。
[3]《宋史》卷350《张蕴传》，第11088页。
[4] 王明清：《玉照新志》卷2，《全宋笔记》第6编，戴建国整理，第2册第146页。

(耿氏)出嫁赵氏,生供奉官赵廷俊[1]。

此说可能出自宫廷内斗,出于宋太宗处罚赵廷美的需要,不可全信。此外,欧阳修在嘉祐年间记述,汉王赵元佐之孙安陆侯赵宗讷的长女"适右侍禁蔚世庸,再适右侍禁郭昭简"。[2]这类与当朝皇帝血缘关系较远的宗室再嫁妇女为数太多,难以也不必一一罗列。

值得注意的是,《宋史》为尊者讳,隐讳了两位皇后中的再嫁妇女。一位是宋仁宗时"母仪天下"、宋英宗时垂帘听政、宋神宗时影响政局的宋仁宗曹皇后。她出嫁李化光,不止立下婚约,而且已经过门。只因李化光"好神仙事","不乐婚宦",执意逃婚,"逾垣而走,曹氏复归"。曹氏归家不久,即被"选纳为后"[3]。宋仁宗选择配偶,不在乎是否处女。"王氏女姿色冠世",其丈夫刘从德病死,宋仁宗痴情于这位新寡,拟封她为遂国夫人,"许入禁中"[4],但因大臣富弼反对甚力,此事未遂。宋仁宗曹皇后虽然出嫁但未完婚,北宋中期执政长达11年之久的宋真宗刘后既出嫁又完婚。关于此事,史有明文:

---

[1]《宋史》卷244《宗室一·魏王廷美传》,第8668页。
[2]《欧阳修全集》卷37《皇从侄筠州团练使安陆侯墓志铭》,第2册第542—543页。
[3] 王巩:《甲申杂记》,《全宋笔记》第2编,戴建国整理,第6册第41页。
[4]《挥麈后录》卷2,《全宋笔记》第6编第1册115页。

> 刘氏始嫁蜀人龚美，美携以入京，既而家贫，欲更嫁之。[1]

刘氏因此有缘进入宫中，得幸宋真宗，直至正位中宫。其前夫银匠龚美被刘皇后认为哥哥，改姓刘。刘美享受外戚待遇，生前官至侍卫马军都虞候，死后追封太师。天下女子何止万千，何必定要选个再嫁妇女做皇后？照后世人看来，宋真宗、仁宗简直不可理解。此外，宋徽宗做端王时的爱妾彭氏再嫁市民聂某。王明清《挥麈后录》载：

> 祐陵[2]（即徽宗）在端邸，有妾彭者，稍慧黠，上怜之小，故出嫁为都人聂氏妇。

宋徽宗做皇帝后，颇恋旧情，居然将这位再嫁妇女迎入宫中，且很受宠：

> 上即位，颇思焉。复召入禁中，以其尝为民妻，无所称，但以"彭婆"目之，或呼为"聂婆婆"，其实未有年也。恩幸一时，举无与比。父党夫族，颇招权、顾金钱。士大夫亦有登其门而进者。[3]

所谓"未有年"者，风姿仍存，并非徐娘半老也。彭氏也很

---

[1]《续资治通鉴长编》卷56景德元年正月乙未，第5册第1225页。
[2] 祐陵，宋徽宗的攒宫即临时陵墓名。宋人往往将它作为徽宗的代称。
[3]《挥麈后录》卷4，《全宋笔记》第6编第1册第143页。

念旧,惠及其"夫族"。彭氏与聂氏一家关系密切,过从甚多,徽宗竟然毫不忌讳。凡此种种,一概表明王士禛所说宋人"不以再嫁为耻",他们并不十分看重"贞节"。

二 数据:宋代妇女再嫁多

上面所举宋代妇女再嫁的史实已经不少,可是某些研究者们往往将这些一概视为特殊事例,不大予以重视。他们乐于引证这对数据:唐代共有公主210人,除幼年早逝、出家入道、情况不明者外,已婚公主130人,其中二嫁者27人,三嫁者3人,改嫁公主共30人,占全部已婚公主的23%。而宋代共有公主88人,已婚公主41人,其中改嫁者不过2人而已,仅占全部已婚公主的5%弱。他们主要依据这组数据作出了唐代妇女改嫁者甚多而宋代极少的对比性分析。其实这组数据并不典型。

首先,唐代公主改嫁者之多、所占比例之大,确属前代罕见、后世所无,但这个现象不能完全代表整个唐代社会的普遍风尚,也不是当时上层社会的一般情形。须知,唐代禁止官僚妻妾再嫁。据唐人魏征等人所修《隋书》记载,隋文帝开皇十六年(596)六月诏:

> 九品已上妻、五品已上妾,夫亡不得改嫁。[1]

---

[1]《隋书》卷2《高祖本纪下》,第41页。

魏征等人唯恐人们不理解，特意在此诏之后添上一笔，画龙点睛：

> 五品以上妻妾不得改醮，始于此也。[1]

很清楚，此制从隋代到唐朝相沿不废。有唐一代依然是：

> 大凡士族女郎，无改醮之礼。[2]

唐朝"王妃、主婿皆取当世勋贵名臣家"[3]，他们本应按照这一规定处理家庭婚姻关系，可是这些金枝玉叶、皇亲国戚依仗其特殊地位，将有关规定抛诸脑后，"闺门失礼之事不以为异"。[4] 唐朝皇族以不守礼法闻名当世，以致其时士大夫家"不乐国姻"[5]，不肯联姻皇族。难怪后来朱熹要说他们"源流出于夷狄"[6]。唐朝皇族何以如此不守礼法，究其根由，确实与其先辈出身关陇军集团，鲜卑化程度颇深关系极大。

其次，随着时间的推移，唐朝皇族的鲜卑化印记逐渐消

---

[1]《隋书》卷66《李谔传》，第1544页。
[2] 孙光宪：《北梦琐言》卷5《裴氏再行》，《全宋笔记》第1编，俞钢整理，第1册第67页。
[3]《新唐书》卷95《高俭传》，第3841页。
[4]《朱子语类》卷136《历代三》，第8册第3245页。
[5] 裴庭裕：《东观奏记》卷上，田廷柱点校，中华书局1994年版，第89页。
[6]《朱子语类》卷136《历代三》，第8册第3245页。

退,自身已经发生变化。公主改嫁多见于唐代前期,唐宪宗以后绝无一例。唐宣宗进而严加限制,下诏:

> 公主、县主有子而寡,不得复嫁。[1]

可见公主改嫁现象发生变化,其转折关头不在唐宋之际,而在中唐前后。

宋代妇女再嫁者不是极少,而是较多。上文依据史籍,已经列举若干实例。对于这一社会现象,宋人概述不少,此处仅举三例:

> 膏粱士族之家,夫始属纩,已欲括奁结囊求他耦而适者多矣。[2]
>
> 作妻名置产,身死而改嫁,举以自随者亦多矣。[3]
>
> 为妇人者,视夫家如过传舍,偶然而合,忽尔而离,淫奔诱略之风,久而愈炽。[4]

此风绵延,直到元代,仍然是:

> 妇人夫亡守节者甚少,改嫁者历历有之,乃至齐衰

---

[1]《新唐书》卷83《诸帝公主·宣宗女万寿公主传》,第3672页。
[2] 释文莹:《玉壶清话》卷2,《全宋笔记》第1编,郑世刚整理,第6册第105页。
[3]《袁氏世范》卷1《睦亲·同居不必私藏金宝》,第28页。
[4] 郑至道:《谕俗七篇·重婚姻》,陈耆卿等:《嘉定赤城志》卷37《风土门二》,《宋元方志丛刊》,中华书局1990年版,第7册第7577页。

之泪未干,花烛之筵复盛。[1]

宋代妇女改嫁多,此说是否属实,口说无凭,理当印证。无奈事例散见于各种史籍,林林总总,难于备举。现仅以洪迈《夷坚志》为例。此书虽然取材传闻,似小说家言,未必事事有据,但从反映社会生活的广度和深度上说,其价值应当高于正史。书中所载妇女改嫁的事确实"历历有之",现不厌其烦,列表如下。

改嫁者	初嫁夫	再嫁夫	三嫁夫	改嫁时间	资料来源
陆氏女	郑某	曾工曹			《甲志》卷2《陆氏负约》
陈橐女	石氏	吴璲			《甲志》卷3《陆氏前夫》
莺莺	不详	断宰			《甲志》卷3《段宰妾》
刘氏	高君赘子	一僧人			《甲志》卷5《刘氏冤报》
洪兴祖妻	洪兴祖	不详		绍兴年间	《甲志》卷11《梅先遇人》
常氏	楚椿卿	程选		乾道年间	《乙志》卷15《马妾冤》
王胜妻	军小将	陈思恭	王胜		《乙志》卷16《鬼入磨齐》
京师贩缯主人女	燕脂坡下旅馆主人子	不详		宣和年间	《丙志》卷3《费道枢》

[1]《元典章》卷18《户部四·婚姻·官民婚》,第2册第642页。

续表

改嫁者	初嫁夫	再嫁夫	三嫁夫	改嫁时间	资料来源
张宗淑	董二十八	席某		靖康年间	《丙志》卷14《张五姑》
林显谟长女	一武官	任某			《丁志》卷7《林氏婿婢》
李四娘	黄节	不详		绍兴年间	《丁志》卷7《大庚疑讼》
滕明之妻	滕明之	不详		绍兴年间	《丁志》卷7《滕明之》
骆生妻	骆生	周钦		宣和年间	《丁志》卷9《西池游》
王从事妻	王从事	西安宰	王从事	绍兴年间	《丁志》卷11《王从事妻》
吴璞女	余一宁	不详		孝宗时	《丁志》卷16《吴氏迎妇》
陈氏女	不详	袁从政		绍兴年间	《丁志》卷18《袁从政》
黄氏妻	黄氏	丁僧		绍兴初	《丁志》卷19《盱江丁僧》
郑氏女	刘痒	五郎君			《支志》甲卷1《五郎君》
常宝母	常宝父	康德林			《支志》甲卷2《常宝牛》
贺忠续室	吕使君	贺忠		淳熙初	《支志》甲卷3《吕使君宅》
赵子淦季女	邓增	黄氏子	童久中		《支志》甲卷4《邓如川》

续表

改嫁者	初嫁夫	再嫁夫	三嫁夫	改嫁时间	资料来源
游氏	宁六胞胎	林田寺僧		淳熙年间	《支志》甲卷5《游节妇》
西湖女子	不详	某官人		乾道年间	《支志》甲卷6《西湖女子》
高氏	周仆	恶少年		淳熙年间	《支志》甲卷6《高周二妇》
朱氏	黄则	章澄		乾道年间	《支志》卷7《章澄娶妻》
丁某妻	丁某	屠者朱四		绍兴年间	《支志》甲卷8《哮张二》
孙家新妇	孙某	崔三		淳熙年间	《支志》乙卷2《茶仆崔三》
潭州贫民	不详	不详		绍兴年间	《支志》乙卷10《赵主簿妾》
蹇大女	邹亚刘	李三		淳熙年间	《支志》景卷1《员一郎马》
韩忠世妾徐氏	韩忠世	俞绅			《支志》景卷7《天王院古冢》
梁杰妻	梁杰	不详		淳熙年间	《支志》景卷8《乐平民》
黟县道上妇人	不详	程发		淳熙年间	《支志》丁卷5《黟县道上妇人》
程发妻	程发	不详			同上
周六女	刘五子	吴公佐			《支志》丁卷9《盐城周氏女》
单志远妻	单志远	丘德彰		绍兴末	《支志》丁卷9《单志远》

续表

改嫁者	初嫁夫	再嫁夫	三嫁夫	改嫁时间	资料来源
卓氏	张生	金军一头目	张生		《支志》丁卷9《淮阴张生妻》
淮阴一妇	不详	不详		庆元年间	同上
王氏女	刘氏子	不详		乾道年间	《支志》戊卷10《芜湖王氏痴女》
吴氏女	彭先	樵夫		政和年间	《支志》庚卷1《鄂州南市女》
建康一姬	不详	王上舍			《支志》庚卷8《王上舍》
郑四妻	郑四	东家儿		庆元年间	《支志》癸卷4《郑四妻子》
沈六妻	沈六	不详		庆元年间	《三志》己卷4《沈六寄书》
杨二	一商人	蔡五		绍熙年间	《三志》己卷9《蔡德矛屋女》
彭师妻	彭师	杨二		庆元年间	《三志》辛卷2《彭师鬼孽》
程山人女	卢匠	一士人			《三志》辛卷5《程山人女》
成氏	赵珪	魏客将		庆元年间	《三志》辛卷9《赵珪责妻》
裴氏	彭生	王节		淳熙年间	《三志》辛卷10《王节妻裴》
何师韬母	何师韬父	董天进之子			《三志》壬卷2《懒愚道人》

续表

改嫁者	初嫁夫	再嫁夫	三嫁夫	改嫁时间	资料来源
董宗安之女	赵希哲	韩范		庆元年间	《三志》壬卷2《赵希哲司法》
舒氏	王齐叟	不详			《三志》壬卷7《王彦龄舒氏词》
周祐妻	周祐	李平		绍兴初	《补》卷3《鼎州兵妻》
张客妻	张客	李二			《补》卷5《张客浮沤》
花不如	不详	林聪		大观年间	《补》卷10《花不如》
杨三娘	李县蔚	韦高		绍兴初	《补》卷10《杨三娘子》
王贵妻	朱氏	王贵		乾道年间	《补》卷11《宣城葛女》
徐信妻	徐信	一郑州人	徐信	建炎年间	《补》卷11《徐信妻》
一郑州人妻	一郑州人	徐信	一郑州人	建炎年间	同上
程衡姐	陈秀才	章楫			《补》卷18《章楫娶妻》
赵某妻	赵某	一僧人			《再补·义妇复仇》
一富家嫠妇	一富家子	张临			《三补·崔春娘》
彭端女	不详	邓倚		淳熙年间	《三补·梦得富妻》

由上表可知,《夷坚志》所载宋代妇女改嫁的事竟达61例之多,其中再嫁者55人,三嫁者6人。改嫁时间可考者凡41例,属于北宋的仅4例而已,属于南宋的多达37例。这虽然属于管中窥豹,但也可想见其时社会风尚之一斑,表明直到南宋时,妇女再嫁的事仍然不少。

《太平广记》与《夷坚志》性质相近,且部头更大,该书所载唐代妇女改嫁的事不过41例而已,其中再嫁者38人、三嫁者3人。现将其所载改嫁事例列表如下,以便比较。

改嫁者	初嫁夫	再嫁夫	三嫁夫	改嫁时间	资料来源
李氏	柳某	裴兵曹		天宝中	卷31《许老翁》
崔某妻	崔某	卢二		天宝中	同上
崔氏	王贾	李乙			卷32《王贾》
王四郎母	王琚	不详		德宗时	卷35《王四郎》
高五娘	不详	李仙人		开元中	卷42《李仙人》
韦氏女	郑郎	荥阳郑子			卷77《葫芦生》
王氏女	崔某	孙某		天宝中	卷121《崔蔚子》
郭惜女	陈夷爽	周茂方		天宝中	卷122《陈义郎》
华阳李蔚妻	华阳李蔚	剑南节度使张某		天宝以后	卷122《华阳李蔚》
崔氏	李文敏	广州都虞侯			卷128《李文敏》
江陵士子妻	江陵士子	江陵刺史	江陵士子		卷168《江陵士子》

续表

改嫁者	初嫁夫	再嫁夫	三嫁夫	改嫁时间	资料来源
李忠继母	李行廉	李行途		贞观中	卷171《王璥》
润州一妇人	不详	不详			卷172《韩滉》
王可久妻	王可久	杨乾夫			卷172《崔碣》
余干贾人妻	一贾人	王立			卷196《贾人妻》
荆十三娘	不详	赵中行			卷196《荆十三娘》
赵涓	岐王	薛氏			卷237《芸辉堂》
薛瑶英	元载	一里人		大历末	同上
李札妹	元氏	李逢年			卷242《李贶》
周简老表妹	不详	周皓		天宝中	卷273《周皓》
琼枝	郑史	蔡京			卷273《韦保衡》
沈询妾	沈询	归秦		咸通四年	卷275《归秦》
上清	窦参	金忠义		贞元年间	卷275《上清》
陈氏女	王诸	梁璨		大历中	卷280《王诸》
冯七姨	冯太和	虢王		景龙年间	卷288《冯七姨》
赵玉女	冉遂	一锦衣人			卷306《冉遂》
一白衣妇人	卢佩	李靖恭			卷306《卢佩》
李叔霁妻	李叔霁	一紫衣人		天宝末	卷335《李叔霁》
李岷妹	不详	张氏			卷336《李莹》
崔氏女	柳生	王金吾子			卷342《华州参军》
呼延冀妻	呼延冀	泗水老翁子			卷344《呼延冀》
孟氏	万贞	维扬一少年			卷345《孟氏》

第五章 "不敬嫁母,则非人类"

续表

改嫁者	初嫁夫	再嫁夫	三嫁夫	改嫁时间	资料来源
林氏	勤自劢	陈氏		天宝末	卷428《勤自劢》
卢氏妻	卢氏	冀州刺史子			卷442《冀州刺史子》
滑南一妇人	刘君	陈岩		景龙前后	卷444《陈岩》
孙长史女	王茂	焦封		开元初	卷446《焦封》
王氏	徐安	下邳一少年		开元五年	卷450《徐安》
郑四娘	故城卖胡饼者	李廌		玄宗时	卷451《李廌》
赵氏	王真	华阴一少年			卷456《王真》
袁氏女	李家子	李黄		元和二年	卷458《李黄》
柳氏	李生	沙吒利	郭翊	天宝中	卷485《柳氏传》

比较上面两张表，人们难免对唐代妇女再嫁者甚多而宋代极少之说大大地打个问号。

宋代妇女既然改嫁者较多，守"节"者势必较少。情况也确实如此。编修《宋史》的元朝人在《列女传》序中叹息：

> 女子生长环堵之中，能著美行垂于汗青，岂易得哉![1]

他们"考宋旧史"，苦苦搜寻，仅仅挑选出"列女"43人，

---

[1]《宋史》卷460《列女传》序，第13478页。

何况尚有所谓不"贞"不"节"者混杂其间。如与《新唐书》相比,两者相差无几,可谓伯仲之间。《新唐书·列女传》序同样浩叹:

> 贤女可纪者,千载间寥寥相望。[1]

入传者47人,仅略多于《宋史》。如果再同"节烈为多"的明代相比,唐、宋两代未免瞠乎其后,难以望其项背。《明史·列女传》中有传者多达276人,并且还只是"存其什一",未入传者"不可胜计"。至于"著于实录及郡邑志者",更是"不下万余人"[2]。足见,守"节"者激增、改嫁者锐减的时期不是宋代,而是褒奖贞节尤力的明朝。

三 法律:原则上允许妇女再嫁

宋代妇女何以再嫁者较多、守"节"者较少,法律原则上允许妇女再嫁是个重要原因。下面先略举四个案例,再略加分析。

(一)宋仁宗时,参知政事吴育的弟媳是驸马都尉李遵勖的妹妹,她"有六子而寡",寡后多年未嫁。监察御史唐询为了讨好李遵勖,抓住此事,攻击吴育。他向皇上告御状:

---

[1]《新唐书》卷205《列女传》序,第5816页。
[2] 张廷玉等:《明史》卷301《列女传》,中华书局1974年版,第7689—7690页。

"弟妇久寡,不使再嫁。"[1]

(二)元祐年间,开封有荫人尹绅控告"继母窃亡父家资改嫁"。知府钱勰认为其继母无罪过,谴责尹绅:

> 既不能养,使继母改适,又以盗家资为言,不可以训!

钱勰惩处尹绅:

> 特不用荫,杖而羁于旁郡,以励风俗。[2]

"有荫人"指后妃、官员亲属有资格荫补为官吏的人。"不用荫"即取消其荫补资格。李纲在为钱勰所作墓志铭中,对他如此断案,大加赞许。

(三)绍兴初年,踞州士兵周祐的妻子向政府报告:"夫死无以自存",请求居丧"改嫁","令行禁止";"政以猛闻"的知州程昌寓,不止"与之钱,使殓死者",并且"从其请"[3],准许她提前于服丧期间另嫁。

(四)南宋末年,李孝德告发其寡嫂阿区"以一妇人而三易其夫"。身为地方官的胡颖在审理此案时居然替阿区辩护:

---

[1]《续资治通鉴长编》卷158庆历六年六月丙子,第12册第3836页。
[2] 李纲:《宋故追复龙图阁直学士赠少师钱公(勰)墓志铭》,《全宋文》第172册第273页。
[3]《夷坚志》补卷2《鼎州兵妻》,第4册1364页。

> （其夫）既死之后，或嫁或不嫁，惟阿区之所自择。

并严正斥责李孝德：

> 小人不守本分，不务本业，专好论诉。

胡颖宣布阿区无罪，判处李孝德"杖一百"[1]。

阻止寡妇"更嫁"成为罪名，控告寡妇"改适""易夫"受到惩罚。上面四个案例难道只是个别材料，不能以偏概全吗？非也。苏轼诗云：

> 读书万卷不读律，致君尧舜知无术。[2]

宋朝政府比较重视法制建设，法律规定比较严密，正如叶适所说：

> 今内外上下，一事之小，一罪之微，皆先有法以待之。[3]

其实，宋代法律并未笼统禁止改嫁。《宋刑统》禁止的只是居丧改嫁、强迫改嫁、背夫改嫁以及嫁娶有夫之妇。这些条文全部抄自《唐律疏议》，无一字增损，无一字改易。

---

[1]《名公书判清明集》卷9《户婚门·婚嫁·嫂嫁小叔入状（胡石壁）》，第344—345页。
[2] 王文诰辑注：《苏轼诗集》卷7《戏子由》，孔凡礼点校，中华书局1982年版，第2册第324页。
[3] 叶适：《实谋》，《全宋文》第285册第221页。

怎么能说唐代法律准许妇女再嫁,而宋代不许呢?

诚然,《宋刑统》颁行于宋初,其后"以敕代律",法令多所改动。如《宋刑统》规定妇女居丧不得更嫁的期限为27个月,到宋哲宗时,将难以维持生活的寡妇居丧期限缩短为100天。[1]但改动的仅仅是某些具体规定,妇女可以再嫁的基本精神在有宋一代始终未曾改变。直到南宋时期,法律仍然同唐代、北宋一样,丈夫随意休妻将受到惩处。淳熙年间,陈傅良知桂阳军时发布榜文:

> 诸妻无七出及义绝之状而出之者,徒一年半。虽犯七出,有三不去而去之者,杖一百,追还。[2]

这段榜文照抄《唐律疏议》《宋刑统》。丈夫休妻受限制,妻子在一定情况下准许主动离婚改嫁。南宋法律规定:

> 已成婚而夫移乡编管,其妻愿离者听。夫出外三年不归,亦听改嫁。[3]

不仅国法,作为国法补充的家法、族规同样允许"夫亡改适""寡妇再嫁"[4]。由范仲淹订立,一直推行到南宋时期

---

[1]《续资治通鉴长编》卷484元祐八年六月壬戌,第32册第11513—11514页。
[2]陈傅良:《桂阳军告谕百姓榜文》,《全宋文》第267册327页。
[3]《名公书判清明集》卷9《户婚门·离婚·已成婚而夫离乡编管者听离》,第353页。
[4]《袁氏世范》卷1《睦亲·孤女宜早议亲》,第46页。

的《义庄规矩》规定:

> 嫁女支钱三十贯,再嫁二十贯。娶妇支钱二十贯,再娶不支。[1]

女子再嫁的待遇优于男子再娶。当时流行的休妻文书,虽属民间文约,但政府承认其法律效力。休妻文书照例写上这类字句:

> 情愿立此休书,任从改嫁,永无争执。[2]
> 情愿退还本宗,听凭改嫁,并无异言。[3]

从上举法律规定不难看出,在宋代不仅寡妇、出妻均可改嫁,而且在一定条件下,如丈夫"移乡编管""出外三年不归",甚至夫妻关系不好、感情破裂,女方可以主动离婚,然后再嫁。因此在宋代的实际社会生活中,女方主动离婚的事情并不少见。如宋仁宗时,龙图阁学士祖无择的妻子徐氏"有姿色",她嫌丈夫形象不佳,"反目离婚"[4]。宋神宗时,比部员外郎鲁有开"空坐而谈文章",为其岳母"所憎","于是大悔之,遂夺夫人以归"。[5] 元祐年间,王齐叟

---

[1] 范仲淹:《义庄规矩》,《全宋文》第18册第269页。
[2] 《李卓吾先生批评忠义水浒传》卷8《林教头刺配沧州道》,明容与堂刻本。
[3] 冯梦龙:《古今小说》卷1《蒋兴哥重会珍珠衫》,明天许斋刻本。
[4] 《古今事文类聚》后集卷13《人伦部婚姻·假作美婿》,《景印文渊阁四库全书》本。
[5] 郑獬:《李夫人墓志铭》,《全宋文》第68册第208页。

"娶舒氏女","常醉酒嫚骂"其岳父,岳父"不能堪,取女归,竟至离绝",舒氏女"后更适他族"[1]。宣和年间,开封药商骆生多次家暴其妻,妻"不能堪,与之决绝"[2],后改嫁内酒库吏周钦。宋高宗时,四明曹秀才之妻厉氏另嫁的原因是:

> 与夫不相得,仳离而归,乃适(韩)泳。[3]

宋孝宗时,向滈的岳父"恶其穷,夺其妻以嫁别人"。向滈无可奈何,空自叹息:

> 人情甚似吴江冷,世路真如蜀道难。[4]

淳熙年间,相传辛弃疾遭到其岳母,也就是京畿转运使吕正己的妻子的驱逐。吕妻"严毅不可当",人称吕婆。张端义《贵耳集》载:

> 吕婆有女事辛幼安,因以微事触其怒,竟逐之。今稼轩桃叶渡词,因此而作。[5]

所谓"桃叶渡词"即收入《稼轩词》里的《祝英台近·晚

---

[1]《夷坚志》三志壬卷7《王彦龄舒氏词》,第4册第1519页。
[2]《夷坚志》丁志卷9《西池游》,第2册第610页。
[3]《谈薮》,《全宋笔记》第2编第4册第198—199页。
[4]《湖海新闻夷坚续志》前集卷1《人伦门·夫妇·去妻复回》,第22—23页。
[5]《贵耳集》卷下,《全宋笔记》第6编第10册354页。

春》，其上阕云：

> 宝钗分，桃叶渡。烟柳暗南浦。怕上层楼，十日九风雨。断肠片片飞红，都无人管，倩谁唤，流莺声住。[1]

后来词学研究者认为此词与辛词的豪放风格不同，评介道：

> 稼轩词以激扬奋励为工，至"宝钗分，桃叶渡"一曲，昵狎温柔，魂消意尽，才人伎俩，真不可测。[2]

如知其写作背景则可测矣。南宋后期，"林莘仲因事编管，而六年并不通问"，其妻卓五姐"与议和离，立定文约"。六年后，林莘仲要求复婚，地方官认为"揆之于法，自合离婚"，"使卓氏已嫁他人，今其可取乎？"并裁定："林莘仲可谓妄词，合行收罪免断。"[3] 大约同时，比阳富人王八郎"因与一倡绸缪"，造成夫妻关系紧张，其妻"执夫袂，走诣县"。县官准予离婚，并"中分其赀产"[4]。

可见，宋代法律给予女方的离婚权和改嫁权并非纯属一纸空文，全然未曾兑现。如果同唐朝相比，尽管法律条文本身基本相同，但在具体实施时，似乎唐代偏严。如唐

---

[1] 辛弃疾：《祝英台近·晚春》，唐圭璋编《全宋词》，中华书局1965年版，第3册第1882页。
[2] 《词苑丛谈》卷1《体制》，《景印文渊阁四库全书》本。
[3] 《名公书判清明集》卷9《户婚门·离婚·已成婚而夫离乡编管者听离》，第353页。
[4] 《夷坚志》丙志卷14《王八郎》，第2册第484页。

代宗时,抚州人杨志坚"嗜学而居贫","其妻以赀给不充",要求离婚再嫁。刺史颜真卿虽然依法"任自改嫁",但指责杨妻"专学买臣之妇,厌弃良人,污辱乡闾,伤败风教",判处她也"笞二十"。"自是江表妇人,无敢弃其夫者。"[1] 唐代官员如此断案,较之前举宋代案例,显然多少有些差别。

如果深挖细找,在宋代的全部法规中,可以找到一项唯一禁止妇女改嫁的规定:

> (庆历四年八月)甲寅,诏宗室大功[2]以上亲之妇不许改嫁,自余夫亡而无子者,服除听还其家。[3]

这项规定一度适用范围有所扩大并更加苛刻:

> 宗妇少丧夫,虽无子不许更嫁。[4]

然而有以下两点值得注意。第一,这项规定仅适用于宗室妇女,并非适用于所有妇女。第二,仅施行于北宋前期,并非通行于有宋一代。宋仁宗时,汝南郡王赵允让担任管理宗室事务的大宗正,他提出异议:

---

[1] 范摅:《云溪友议》,《说郛》卷21下,《景印文渊阁四库全书》本。
[2] 大功是五服丧礼制度中的第三等,用粗熟麻布制作丧服,服期为九个月。
[3] 《续资治通鉴长编》卷151庆历四年八月甲寅,第11册第3688页。
[4] 《续资治通鉴长编》卷190嘉祐四年十一月庚子,第14册第4598页。

"此非人情。"乃为请使有归。[1]

赵允让是宋英宗的生父,宋英宗即位后,下令准许"宗室女再嫁"[2]。宋神宗在熙宁十年(1077)重申宗室女可再嫁。据李焘《续资治通鉴长编》记载,元丰元年(1078)十月甲午诏:

> 宗室袒免[3]以上女,与夫离而再嫁,其后夫已有官者,转一官。[4]

《宋会要辑稿》所载此诏在文字上稍有不同:

> 诸宗室缌麻以上及袒免女,听离再嫁,如已追夺前夫恩泽,后夫即降一等,有官者转一官。[5]

意思大致相同,都是用加官的办法对愿意娶再嫁宗室女为妻的官员给予优待。宗室女再嫁,在经济上有困难者,朝廷给予资助。如政和二年(1112)八月,经宋徽宗批准,"夫殁无子孙"的袒免亲宗女"至再嫁,比附非袒免亲宗女再嫁钱数支给"。[6]直到南宋时期,法令仍然肯定宗室

---

[1]《续资治通鉴长编》卷190嘉祐四年十一月庚子,第14册第4598页。
[2]《宋史》卷115《礼志十八·嘉礼六·诸王纳妃附宗室》,第2739页。
[3] 袒免指五服以外的远亲。
[4]《续资治通鉴长编》卷289元丰元年十月甲午,第20册第7078页。
[5]《宋会要辑稿》帝系5,第1册第121页。
[6]《宋会要辑稿》礼20,第6册第3583页。

女可"已适而再行"[1]。

可见，在宋代禁止宗室妇女再嫁的规定经历了一个由施行到废止的过程，这恰好表明宋代对于妇女改嫁绝非愈禁愈严，相反倒是限制越来越小，越放越宽。何况限制宗室女性再嫁，唐朝有例在先，宋初因袭而已。唐代规定："公主有子而寡，不得复嫁。"[2] 唐代与宋朝的规定不同之处在于：第一，"公主"与"宗妇"，在范围上有宽窄之分；第二，"有子"与"无子"，在程度上有宽严之别。据此能否证明宋代禁止妇女改嫁比唐代范围更宽、程度更严呢？显然不能。

就禁止妇女改嫁的专法而言，唐代并非仅有公主不得再嫁一项，还不准官僚妻妾再嫁。而宋代对此既未予以重申，更未加以推行，因而官僚妻妾改嫁的事屡见不鲜。如绍圣年间，太子太保韩缜死后，"家赀巨万"，其爱妾蟾奴"尽携他适"，其子韩宗武"恬然不较，乡里服焉"[3]。北宋末年，陈瓘与潘良贵同是一位改嫁妾媵所生，其母"往来两家"，当时人将此事誉为"前所未有"的佳话："一母生二名儒。"[4] 绍定年间，太师史弥远死后，他的儿子史宅之将其爱妾顾

---

[1]《文献通考》卷259《帝系考十·皇族》，下册第2057页。
[2]《事物纪原》卷9《主改适》，第475页。
[3] 范公偁：《过庭录》，《全宋笔记》第6编，储玲玲整理，第5册第20页。
[4]《齐东野语》卷16《潘陈同母》，《全宋笔记》第7编第10册第269页。

氏"以礼遣嫁"[1]。可见宋代与唐代不尽相同,唐代"士族女郎无改醮之礼",宋代则是官僚妻妾有再嫁之事。当时还流行着以名人妾媵改嫁、遗腹而生为荣的风气。如童贯自称韩琦之子,梁师成、孙觌自称苏轼之子[2]。林可山甚至自称是"本不娶妻"、梅妻鹤子的林逋(号和靖先生)七世孙。他们攀附名流,遭到世人嘲笑。有人写诗嘲讽林可山:

> 和靖当年不娶妻,因何七世有孙儿?
> 若非鹤种并龙种,定是瓜皮搭李皮。[3]

对于诸如此类的现象,元代士大夫们忍无可忍,大声疾呼:

> 伤风败俗,莫此为甚。

元武宗至大四年(1311)八月下诏:

> 命妇夫死,不许改嫁。[4]

这条中断了数百年之久的禁令重新恢复,这已经是宋朝灭亡30余年之后的事了。

由上所述,不难看出,唐宋两朝对待妇女再嫁实无制度

---

[1]《癸辛杂识》别集卷下《史嵩之始末》,《全宋笔记》第8编第2册第389页。
[2] 赵翼:《陔余丛考》卷41《孙觌为东坡子》,《赵翼全集》第3册第797页。
[3]《随隐漫录》卷3,《全宋笔记》第8编第4册第281页。
[4]《元典章》卷18《户部四·婚姻·官民婚》,第2册第641页。

性的显著变化。如果一定要说有，便是唐朝限制较严，宋朝放得较宽。宋代法律非但没有完全剥夺，相反倒是给予了女方一定的离婚权和改嫁权。但当时女儿婚事唯父母之命是从，确切地说，这些权利并不属于女子本人，而是属于女子的父母。

四　舆论：并不笼统谴责妇女改嫁

宋代妇女再嫁者较多、守"节"者较少的另一个重要原因是，谴责妇女改嫁尚未成为普遍的社会道德舆论，不像往后的明代那样。下面三个方面即其明证。

首先，在宋代的所谓"节妇"当中不乏再嫁妇女。"节妇"是传统时代的道德楷模，改嫁妇女在宋代不会因其改嫁而被另眼相看，只要她们做出了某种符合传统道德规范的行为，仍然有资格被推崇为"节妇"，受到褒奖。如当时著名的"淮阴二节妇"，便是两位再嫁妇女。一位是张生的妻子卓氏，她在绍兴末年被金军头目俘获之后，"即与之配"。不久金军溃败，卓氏趁机拔刀斩其后夫，赓即寻访前夫，破镜重圆。另一位姓氏无可考，她夫死改嫁，"居三年，生二子"，方知后夫竟是杀害其前夫的凶手，马上"走投保正，擒盗赴官"。这两位妇女，若是在明朝，一定生不逢时，免不了要遭到士大夫们的口诛笔伐，厚诬之为失节已甚的贱妇。但在宋代，恰恰相反，"闻者交称"：

> 此二女志义，相望于百年间。[1]

又如江夏（即今湖北武昌）主簿赵某的妻子因故离婚，再嫁僧人。"越数年，生二子"，才知道制造事端，挑唆赵某同她离婚的正是这个僧人。她"伺其醉，并二子杀之"，然后到官府自首。"官义之，免其罪。"此事很快成为一则民间广为流传的故事《义妇复仇》[2]。在宋代，某些所谓"失身于人"的妓女，也被盛赞为"节妇""烈女"。如当时人"谈其节""为作传"，大肆表彰的"节妇"李妹，即"长安一妓"[3]。南宋末年的高邮名妓毛惜惜，更是堂而皇之地进入了《宋史·列女传》，有士大夫题诗盛赞道：

> 淮海艳姬毛惜惜，蛾眉有此万人英。
> 恨无匕首学秦女，向使裹头真杲卿。
> 玉骨花颜城下土，冰魂雪魄史间名。
> 古今无限要金者，歌舞筵中过一生。[4]

评价这样高，足见宋人贞节观念并不算重。

其次，在宋代业已改嫁的母亲仍然是儿子尽孝的对象。按照理学家黄干的阐释，儿子应当尽孝的母亲包括生母、出

---

[1]《夷坚志》支丁卷9《淮阴张生妻》，第3册第1038页。
[2]《夷坚志》再补《义妇复仇》，第4册第1797页。
[3]《夷坚志》三志已卷1《长安李妹》，第4册第1309页。
[4] 陶宗仪：《辍耕录》卷7《忠倡》，《景印文渊阁四库全书》本。

母、嫁母、继母、慈母。他指出：

> 在礼，父卒为母，则齐衰三年[1]；父在为母，则杖期[2]，而继之以继母如母，慈母如母。此不可易之大典也。慈母，父之妾也，父命之使慈己者，其服尚与亲母同。

黄干特别强调出母、嫁母又非继母、慈母可比[3]。他说：

> 今为人后，而为所后视其母，乃不得与父妾比，何其无人道之甚耶！出母嫁，从为之服报，礼也。谓之出母，则为父所弃逐者也。[4]

在宋代，儿子如果对出母、嫁母事之不恭，将受到社会舆论的谴责。王栐《燕翼诒谋录》称：

> 士大夫之家，不幸出妻，为之子者，非其亲生，犹可不服，苟其所亲生而视之恝然，则非人类矣。[5]

---

[1] 齐衰在古代五服制度中，仅次于斩衰，服用粗麻布制成，以其缉边缝齐。齐衰三年是齐衰中服丧时间最长的一种。
[2] 杖期，用丧杖，服齐衰一年。
[3] 可参看顾炎武著、陈垣校注：《日知录校注》卷5《继母为母》《慈母为母》《出妻之子为母》《你卒继母嫁》，安徽大学出版社2007年版，上册第293—298页。
[4] 黄干：《与杨德渊（溥）书》，《全宋文》第288册第231—232页。
[5] 王栐：《燕翼诒谋录》卷2，《全宋笔记》第7编，钟翀整理，第1册253页。

北宋初年，张永德"母马氏被出"，他出任武胜军节度使后，将其生母"迎归奉养，及于州廨，特建二堂，左则继母刘氏居之，右则马氏居之。永德每晨起，诣二堂问安"[1]。张永德"事二母如一"，宋太宗非常赞许，认为：

> 此可为人子事出母之法。[2]

由于皇上提倡，人们争相效法。如宋仁宗时，权知开封府贾黯"奉其出母以归，与其后母并处"。"二母不相善"，他"能安以事之"[3]。贾黯的出母是否改嫁，无由得知。宋真宗时官至开封府判官的王博文"幼丧父，其母张氏改适韩氏"。王博文为官后，"请得以恩封之"。张氏死时，王博文"解官持服"[4]。集贤校理郭稹的母亲边氏"更适士人王涣，生四子"[5]。景祐年间，边氏病故，郭稹悲痛不已，定要"解官行服"。对于官员嫁母去世是否应当解官守孝，大臣中肯定者有之，否认者亦有之。支持者尖锐地指出：

> 若使生为母子，没同路人，则必亏损名教，上玷

---

[1]《续资治通鉴长编》卷4乾德元年七月己未，第2册第98页。
[2]《燕翼诒谋录》卷2，《全宋笔记》第7编第1册第253页。
[3]《宋史》卷302《贾黯传》，第10018页。
[4]《宋史》卷291《王博文传》，第9744页。
[5]《续资治通鉴长编》卷117景祐二年八月辛酉，第9册第2749—2752页。

孝治。

经过一番争论之后,宋仁宗一锤定音,于景祐二年(1035)八月下诏:

> 自今(官员嫁母亡)并听解官,以申心丧。[1]

儿子尽孝嫁母,从此有章可循。如果不照此行事,将遭到谴责。如熙宁年间,宋神宗拟将秀州判官李定提拔为太子中允、监察御史,言官群起反对,其理由是:

> (李定)闻庶母仇氏死,匿不为服。

言官上奏:

> 不宜以不孝之人居劝讲之地。

宋神宗不得不下令追查,李定"亦不自安,祈解职"[2]。此事引起连锁反应,苏轼《东坡志林》称:

> 蔡延庆所生母亡,不为服久矣。闻李定不服所生母,为台所弹,乃乞追服。[3]

---

[1]《宋史》卷125《礼志二十八·凶礼四·士庶人·服纪》,第2927—2929页。心丧的意思是不著丧服,心存哀悼,有如守丧。
[2]《宋史》卷329《李定传》,第10602页。
[3] 苏轼:《东坡志林》卷2,《全宋笔记》第1编,孔凡礼整理,第9册第131页。

淳熙年间，言官弹劾阁门祗候陈龟年"其母死不即解官"，尽管其"母两经改嫁"，照样受到惩处，"罢阁职，仍永不得充阁门职事"[1]。宋宁宗时，国子博士杨德渊的孙子"有嫁母之丧，闻不为持服，亦不往哭"。理学家黄干致书杨德渊谴责此事：

> 毁冠裂冕，绝灭人道，一至于此，岂不大可伤、大可痛耶！

甚至表示拟与杨家绝交：

> 岂有无母之人而尚可与之交耶！言之至此，令人哽塞。[2]

黄干不是一般人，而是朱熹赏识的得意门生。朱熹"以其子妻干"，将他视为正宗传人，称"吾道之托在此，吾无憾矣"[3]。黄干如此严厉痛斥不为嫁母服丧者，足见在当时人看来，在理学家眼里，不孝敬嫁母是个何等严重的问题。

治平、熙宁年间，出了两位以孝敬嫁母闻名的孝子，受到社会各界广泛赞扬，朝廷表彰。一位是朱寿昌。他历任多地知州，弃官跑遍四方，历尽艰辛，终于在熙宁年间找到嫁母。其母再"嫁党氏有数子，悉迎以归"。官府"以其事闻，诏还就官"。《宋史·朱寿昌传》称：

---

[1]《宋会要辑稿》职官71，第8册第4954—4955页。
[2]《与杨德渊（溥）书》，《全宋文》第288册第231—232页。
[3]《宋史》卷430《道学四·黄干传》，第12777—12778页。

> 由是以孝闻天下,自王安石、苏颂、苏轼以下,士大夫争为诗美之。[1]

朱寿昌知鄂州时,苏轼与其往还甚多,写有赞美其孝行的诗篇,题为:

> 朱寿昌郎中,少不知母所在,刺血写经,求之五十年,去岁得之蜀中,以诗贺之。

诗中有句云:

> 嗟君七岁知念母,怜君壮大心愈苦。
> 羡君临老得相逢,喜极无言泪如雨。[2]

朱寿昌弃官寻母,后世被列入《二十四孝图》。另一位名叫刘琯。其母王氏生下他后,旋即改嫁他姓。刘琯入仕途后,"弃官,布衣蔬食,跣足走天下访之"。他"誓不见母不复为人",最终母子重聚。刘琯找到嫁母事出偶然,他本人后来又官运亨通,为世名臣,当时人说这些都是"纯孝所感","天之报也"[3]。其说怪诞不经,实不足取,但从中可窥见宋朝人的道德观念与舆论指向。更有甚者,乾道年间,有位妇女先嫁单氏,生单夔,又嫁耿氏,生耿延年,后来两个儿子

---

[1]《宋史》卷456《孝义·朱寿昌传》,第13405页。
[2]《苏轼诗集》卷8《朱寿昌郎中》,第2册第386—387页。
[3] 王铚:《默记》,《全宋笔记》第4编,汤勤福整理,第3册第146—147页。

都做了高官。她去世时,单、耿二人"争葬其母"。宋孝宗知道后,为其孝心所动,出面调停:

> 二子无争,朕为葬之。

皇上居然为这位再嫁妇女亲自举行葬礼,实在罕见。南宋后期人称:"衣冠至今为美谈。"[1]

按照当时的道德规范,对于嫁母的配偶继父也应当敬孝。范仲淹的母亲再嫁朱氏,他"不以为讳",继父的"长育之恩,常思报之",请求朝廷赠给了他一个太常博士的官职,死时"葬之",死后"每岁别为飨祭"[2]。宰相杜衍少年时代,"继父不之容",他"往来孟洛间,贫甚,佣书以自资"。但杜衍入仕为官后,对继父一家极好,其"子孙受公荫补官者数人,仍皆为婚嫁"[3]。宋哲宗的生母是宋神宗的朱皇后,其"父崔杰,早世,母李更嫁朱士安,后鞠于所亲任氏"。宋哲宗继位,她被"尊为皇太妃",其生父、继父、养父一视同仁,"赠崔、任、朱三父皆至师、保"[4]。南宋末年,权相贾似道沽名钓誉,装模作样,将其嫁母迎回奉养,但对继父很残忍,使继父"往江上兴贩,计沉之江"[5]。如此行事,按照当时的首先观念,定会不得好"报",至少下世

---

[1]《贵耳集》卷下,《全宋笔记》第6编第10册第354页。
[2]《五朝名臣言行录》卷7之2《参政范文正公仲淹》,《四部丛刊》本。
[3]《涑水记闻》卷10,《全宋笔记》第1编第7册第121—122页。
[4]《宋史》卷243《后妃下·神宗钦成朱皇后》,第2830—2831页。
[5]《西湖游览志余》卷5《佞幸盘荒》,第64—65页。

变牛。当时有一则故事,平阳人常宝因"事继父(康德林)略不知恩",结果"强壮无疾,忽作牛鸣一声而毙"。当晚,"康氏牛产犊,一蹄出背上,朱书其姓名二字于胁间"[1]。贾似道所为,较之常宝,恶劣何止万倍!

再次,宋代妇女再嫁不难。假如社会舆论果真普遍谴责女性改嫁,那么妇女再嫁应当很不容易,势必欲嫁不能。可是实际情况恰好相反,竟然有儿子送母亲、孙子送祖母改嫁的奇闻。北宋中期,李觏的诗篇《哀老妇》满纸血泪地写道:

> 里中一老妇,行行啼路隅。
> 自悼未亡人,暮年从二夫。
> 寡时十八九,嫁时六十余。
> 昔日遗腹儿,今兹垂白鬓。
> 子岂不欲养,母岂不怀居。
> ……
> 牵车送出门,急若盗贼驱。
> 儿孙孙有妇,小大攀且呼。
> 回头与永诀,欲死无刑诛。

这无疑是差役苛重造成的悲剧:

> 徭役及下户,财尽无所输。

---

[1]《夷坚志》支甲卷2《常珪牛》,第2册第727页。

> 异籍幸可免,嫁母乃良图。[1]

读之实在叫人心酸。奇闻不奇。治平年间,三司使韩绛上书称:

> 江南有嫁其祖母,及与母析居,以避役者,此大逆人理,所不忍闻。[2]

元祐年间,户部谴责:

> 辄诱母或祖母改嫁,而规欲分异,减免等第者。[3]

宋代言及这一悲情者不乏其人,如苏辙《民赋叙》称:

> 民始嫁母赘子,断坏支体,以求免丁。[4]

可见此情在宋代较为常见。然而一位"六十余","孙有妇"的老祖母居然再嫁有门,可见宋代妇女再嫁不难。难怪当时人如此嘲笑"老娶少妇"者:

> 隈他门户傍他墙,年去年来来去忙。
> 采得百花成蜜后,为他人作嫁衣裳。[5]

---

[1] 李觏:《李直讲集》卷35《哀老妇》,王国轩校点,中华书局1981年版,第381—382页。
[2] 《文献通考》卷12《职役考一·历代乡党版籍职役》,上册第129页。
[3] 《续资治通鉴长编》卷481元祐八年二月己酉,第32册第11436页。
[4] 苏辙:《民赋叙》,《全宋文》第95册第239页。
[5] 《锦绣万花谷》前集卷16《夫妇·少妇集句》,第154页。

不但不难,如果其他条件还好,"争欲得之"者大有人在。如宋真宗时,向敏中、张齐贤两大宰相"争取一妻"[1],闹得不可开交,直至惊动皇上。他们所激烈争夺的,不过是一位寡妇,薛惟吉的遗孀柴氏。"位极人臣"的向敏中"求婚于柴"[2],柴氏居然加以拒绝。又如南宋末年,魏了翁的女儿"初适安子文家。既寡,谋再适人"。消息传出,邀媒下聘者不计其数,争风吃醋,轩然成波。刘震孙在这场纷争中走鸿运,被选中,但"不得者疾之"[3],遭来了许多闲言碎语。还有不愿做显贵女婿,自愿娶寡妇者。如孙力道,他"登第,时年虽近四十,然美丰姿,贵官达宦争欲婿之者十数。力道皆谢去,遂归与舒氏婚"[4]。舒氏是一位生下两个孩子的寡妇。可见,宋时男子选择配偶,同唐代大体相仿:

纵再醮者,亦可论之。[5]

对于妻子是否处女,不大在乎。

---

[1]《二程集·程氏外书》卷10《大全集拾遗》,第2册第407页。
[2]《续资治通鉴长编》卷53咸平五年十月丁酉,第5册第1157—1158页。
[3]《癸辛杂识》别集卷上《刘朔斋再娶》,《全宋笔记》第8编第2册第354页。
[4] 施德操:《北窗炙輠录》卷下,《全宋笔记》第3编,虞云国等整理,第8册第204页。
[5]《太平广记》卷242《遗忘·李眅》,第5册第1873页。

五　理学：影响究竟有多大

宋人贞节观念颇重的说法，倒也并非纯属向壁虚构。的确，宋代出了一班理学家，他们提倡"贞节"，谴责再嫁。在他们的种种说教中，最冒尖的莫过于程颐那句"名言"："饿死事极少，失节事极大。"[1]这类说教之不足取，自不待言。然而下面两点应当注意。

首先，理学家们并非谴责妇女再嫁的始作俑者，他们并不比前代儒家者流走得更远。什么"妇人贞吉，从一而终"；"一与之齐，终身不改"；"夫者，妻之天也"；"妇人不二斩者，犹曰不二天也"；"夫有再娶之义，妇无再适之文"……理学家们无非是重申旧说。唐人已有"不践二廷，妇人之常"[2]；"女子之行，唯贞与节"[3]；"一女事一夫，安可再移天"[4]之说，与程颐的话相比，并无一百步与五十步之别。在传统礼教的束缚、贞节观念的驱使下，前代上演过多少出"妇人一丧夫，终身守孤子"[5]的悲剧实在无法统计。这一情况绝非始于宋代。

诚然，前代儒家者流并非完全不近人情，他们还有这样的说法："夫妻之道，有义则合，无义则离"；"父一而已，人尽夫也"；"夫死无男，有更嫁之道"。理学家们并没有背

---

[1]《二程集·河南程氏遗书》卷22下《附杂录后》，第1册第301页。
[2]《新唐书》卷205《列女·李德武妻裴传》，第5816页。
[3]《太平广记》卷491《杂传记八·谢小娥传》，第9册第4030页。
[4] 孟郊：《去妇》，《全唐诗》卷374，第6册第4210页。
[5] 白居易：《妇人苦》，《全唐诗》卷435，第7册第4830页。

弃这些前儒遗训,他们同样说:

> 父子天合,夫妇人合。人合者,恩义有亏则已矣。[1]

就连大发其夫天妻地、男尊女卑言论的司马光也并不完全反对妇女主动离婚。他说:

> 夫妇以义合,义绝则离。[2]

程颐主张:

> 出妻令其可嫁。[3]

可见,他们并不一概否定妇女再嫁。朱熹明确指出:

> 亲母之嫁者,尤不可以无服。[4]

他在《安人王氏墓表》中宣扬芦山知县范漼的夫人力主为嫁母服丧的事迹。王氏的亲生子范仲芸过继范漼之兄范洪雅为子,范洪雅之妻生前"已更嫁"。范洪雅之妻死时,范仲芸是否应当为她守孝,这在当时是道难题。王氏称:

---

[1]《齐东野语》卷8《义绝合离》,《全宋笔记》第7编第10册第139—140页。
[2] 司马光:《训子孙文》,刘清之:《戒子通录》卷5,《景印文渊阁四库全书》本。
[3]《二程集·河南程氏遗书》卷18《刘元承手编》,第1册243页。
[4]《朱子大全》卷84《题不养出母议后》,《四部丛刊》第58册第1481—1482页。

> 礼不为嫁母服，而律有心丧三年之文。且是尝为洪雅配，得不为（仲）芸母乎！

她断然"即日命仲芸服丧如律"。朱熹对王氏此举大加赞许，连称"呜呼贤哉"[1]。前引黄干《与杨德渊书》继承了其恩师兼岳父朱熹的妇女观，并有所发展。杨简与黄干大约同时，但学术谱系不同，他师从陆九渊，号称"能传其学"[2]，主张对于嫁母应"岁时往省"。理学家邹近仁自称"吾心甚明"，教人"修身学道"，被誉为"非道非义，一介不取"。其生母再嫁童氏，他效法朱寿昌、刘琯等人所为，"涉江访之"，"谋奉以归"，只因"其生母不可，乃出金以奉母"。[3]

理学家们并非片面反对女子再嫁，他们同样反对男子再娶。程颐说：

> 凡人为夫妇时，岂有一人先死，一人再娶，一人再嫁之约？只约终身夫妇也。[4]

> 夫妇之道，当常永有终。[5]

---

[1]《朱子大全》卷90《安人王氏墓表》，《四部丛刊》第58册第1559—1560页。
[2]《宋史》卷434《儒林四·陆九渊传》，第12882页。
[3] 黄宗羲：《宋元学案》卷74《慈湖学案》，陈金生等点校，中华书局1986年版，第3册第2494页。
[4]《二程集·河南程氏遗书》卷22下《附杂录后》，第1册第303页。
[5]《二程集·周易程氏传》卷4《周易下经下》，第3册第979页。

朱熹说：

> 古人无再娶之礼。[1]

总之，将理学家们的主张简单地概括为只准男子再娶，不许女子再嫁，未免不够全面。宋朝政府甚至规定：

> 宗女毋得与尝娶人结婚，再适者不用此法。[2]

并不鼓励男子休妻另娶。

其实，在《夷坚志》中谴责女子再嫁与非难男子再娶的篇章兼而有之，而且前者不过13篇，后者多达24篇，后者居然超过前者一倍。前一类传说已有研究者征引，不必重复。后一类故事情节大同小异，大致是夫妻相欢之时，立下海盟山誓：

> 彼此勿相忘，一死则生者不得嫁娶。

可是，一旦妻子死后，丈夫违约再娶，结果"梦见前妻相责"，愧怖之下，或发狂出走，坠井而死；或变为阉者，不得善终；或七窍出血，当即毙命。旁观者认为这些都是"为不义而终至此"，活该！这些故事离奇古怪，迷信色彩浓厚，其主旨无非在于：妻死之后，夫如再娶，定遭恶"报"。其中有篇《赵希哲司法》，情况有所不同，讲的是绍

---

[1]《朱子语类》卷90《礼七·祭》，第6册第2319页。
[2]《宋史》卷115《礼志十八·嘉礼六·诸王纳妃附宗室》，第2740页。

熙年间，兴化军司法赵希哲"妄以他事离其妻，再娶富室周氏"，遭到"休妻非其罪"[1]的谴责，不久抱病不起，结果中年丧命。这个故事谴责喜新厌旧、朝秦暮楚，无可非议，应予肯定。

其次，尤其重要的是理学家们非难妇女再嫁的说教，有如他们谴责男子再娶的言论一样，并未被当时人普遍接受，更未成为宋朝政府制定政策的法理依据。理学家们不许女子再嫁的主张，他们自己就不能厉行。正如当时人所说：

> 夷考其所行，则言行了不相顾。[2]

如在言论上看重贞节的冒尖户程颐在行动上默许其侄儿媳妇改嫁，并称赞其父程珦操持外甥女再适，"慈于抚幼"[3]。至于其家族"妇人不缠足，不贯耳"，直到元代，依然"守之"[4]。在宋代，社会上的大多数人不仅不按理学家们的那套说教立身行事，并且从根本上加以反对，即所谓"众则非之，以为无行"[5]，认为他们是些"假其名以欺世者"[6]。他

---

[1]《夷坚志》三志壬卷2《赵希哲司法》，第4册第1482页。
[2]《癸辛杂识》续集卷下《道学》，《全宋笔记》第8编第2册第290页。
[3]《二程集·河南程氏文集》卷12《先公太中家传》，第2册第650—651页。
[4] 白珽：《湛渊静语》卷1，《景印文渊阁四库全书》本。
[5]《训子孙文》；《戒子通录》卷5。
[6]《癸辛杂识》续集卷下《道学》，《全宋笔记》第8编第2册第289页。

们的言论"自世俗观之，诚为迂阔"[1]。甚至谁实行他们的主张，谁就会在社会上被斥为"丑行"。在朝廷上有不少足以左右政局的重要人物同理学家们针锋相对，提出与之相反的主张。如宋英宗的父亲濮安懿王赵允让认为不许妇女改嫁"非人情"，力主应该"使有归"[2]。王安石为女子再嫁提供理论依据，提出"伯鱼妻改嫁"说[3]。孔子儿媳尚且如此，女子再嫁有何不可，岂有不合礼法之理！宋朝政府制定政策并未受到理学家们的多大干扰，往往依据王安石等人的主张。如前引治平年间准许宗室女再嫁诏，便是宋英宗遵从父意，按照赵允让的建议立法。当然，究竟应当怎样对待妇女改嫁和改嫁妇女，朝廷内部不是铁板一块，并非完全一致。如宋仁宗时就围绕着儿子是否应当为嫁母服丧的问题展开了一场较为激烈的争论，但最后获胜的是主张服丧者。前引景祐年间准许官员为嫁母去世解官申心丧的诏令，就是其获胜的标志。

应当指出，理学并非宋朝政府的官方哲学和主要统治思想，不可过高估计理学对宋代社会的影响。众所周知，宋代学派林立，各是其是，互不相让。正如《四库全书总目》所称：有宋一代"各自论说，不相统摄"，"学脉旁分，攀缘日

---

[1]《朱子大全》卷26《与陈师中书》，《四部丛刊》第57册第407页。
[2]《续资治通鉴长编》卷190嘉祐四年十一月庚子，第14册第4598页。
[3] 参见俞正燮：《癸已存稿》卷3《子思之母为庶氏议》，《国学基本丛书》本。

众"[1]。程朱理学只是这些学派中的重要一派而已。在宋代，先后被指斥为伪学，力主予以禁止者不止一人，皇帝亲自下诏、明令加以禁止不止一次。理学家在政治上一再受到打击，程颐名列"元祐奸党"，朱熹成为"庆元逆党"的党魁。程、朱同孔子一样，生前并不吃香，死后才被推崇，不过是吃冷猪头肉而已。南宋末期，宋理宗尊崇理学，但宋蒙旋即开战，宋朝已经处于命在旦夕，行将就木的窘境之中。《宋史·道学传》序说：

> 道学盛于宋，宋弗究于用，甚至有厉禁焉。[2]

此说言而有据。确实，理学家在宋代远远没有取得如此崇高的地位：

> 匹夫而为百世师，一言竟成天下法。[3]

理学尚有待于"后之时君世主"，"来此取法矣"[4]。这是从总体而论。至于理学家们提倡贞节的主张，谴责再嫁的说教，如上所述，对于当时政府的政策和整个社会风气都影响不大，与明清时代的情形简直不能比较。理学的兴起适应时代需要、体现时代精神，自有其历史的正当性。虽然它最终成

---

[1] 永瑢等：《四库全书总目》卷1《经部总叙》，中华书局1983年版，第1页。
[2] 《宋史》卷427《道学传》序，第12710页。
[3] 《苏轼文集》卷17《潮州韩文公庙碑》，第3册第508—510页。
[4] 《宋史》卷427《道学传》序，第12710页。

为束缚人们思想的桎梏,但在兴起之初,其社会影响并不都是消极的。应当说,理学兴起于两宋,流弊主要在明清。

由上所述,不难看出,宋代由于法律并未完全剥夺,相反倒是给予了女方一定的离婚权和改嫁权,加之女子再嫁并未遭到社会舆论的普遍非难,且尚有其同情支持者、为之寻找法理依据者。因此,宋代妇女改嫁者仍然较多、守"节"者依然较少,与唐代相比,从总体上看,并无显著变化。

第六章 「英灵之气,钟于妇人」

——宋代妇女的地位与贡献

从前研究者探讨宋代妇女问题,通常从婚姻论题入手,往往先认定宋代妇女不能再嫁、男子可以再娶,再由此进而判定宋代妇女地位极低,纯属男子的附属品,始终被局限在家庭之内,完全被排挤在社会之外,对社会毫无贡献。对于宋代妇女不能再嫁的认定,前面一章已提出质疑。本章将讨论宋代妇女的地位与贡献[1]。下文先从学术回顾说起。

---

[1] 最早专题研究宋代妇女问题者当推徐规先生。抗战时期,徐先生就读于西迁贵州遵义的浙江大学,师从陈乐素先生,1945年完成硕士学位论文《宋代妇女的地位》,博得姚从吾、贺昌群两先生高度赞许。我听闻这件学界往事,已是五十载之后的1996年了。那年夏天,有幸与徐先生同游云南石林,徐先生同我言及此事。大作首次刊布于徐先生自选论文集《仰素集》(杭州大学出版社1999年版),他赐我一册,读后钦佩不已,深以拜读太晚为憾。徐规先生的弟子方建新、徐吉军两教授所著《中国妇女通史·宋代卷》(陈高华、童芍素主编,杭州出版社2011年版)是部厚重之作,涵盖面广,创获颇多。

一　回顾：观点与史料的叠加

探讨宋代妇女问题，既受到资料有限的影响，又受到观念偏颇的制约。由于史籍中的中国古代历史是一部以男性为主的历史，史籍中关于女性的记载相当少。记载之所以少，与古代的三种情形与观念关系很大。一是"女无外事"，妇女较少参与社会活动，聪明才智难以施展，建功立业的机会少。二是"女子居内"，她们以家庭为主要活动空间，外界对她们缺乏了解。三是"内言不出"，人们对她们即使有所了解，往往也不愿诉诸笔端。苏轼感叹道：

> 妇人有德行才智之能，而不得施于事；有言语文章之美而不得闻于人！[1]

在有限的宋代妇女史资料中，相对而言，论证女性如何受摧残的资料较多，讲述妇女的历史贡献的资料更少。确如苏轼所说，妇女的佳言美行难以"闻于人"。

---

[1]《苏轼文集》卷38《韩维三代妻八首·故妻苏氏永嘉郡夫人》，第3册第1088页。

1937年，中国古代妇女史研究的奠基人陈东原先生刊布了他的开创性著作《中国妇女生活史》。陈先生的出发点是反对男尊女卑、提倡尊重女权，顺乎"五四"以来的时代潮流，无疑值得肯定。相对较多的女性受摧残的资料又为陈先生的观点提供了较为有力的史实支撑。史料与观点的叠加，他的《中国妇女生活史》一书得出了两个判断。判断之一是中国古代妇女史系一部女性的"被摧残的历史"，其正确性毋庸置疑。由此进而断言：古代妇女"无职业、无知识、无意志、无人格"，其准确性则相当有限。所有这些又被引申为古代妇女的全部生活不过是围着锅台转，她们的历史作用无非是生儿育女。于是，中国古代妇女史的研究范围被局限在论证女性如何受摧残。判断之二是"宋代实在是妇女生活的转变时代"，"宋代尤其是（妇女地位）急转直下的时代"[1]。至于宋代妇女的社会地位极端低下的原因，是由于理学形成于宋代，理学家极端歧视妇女。

对于宋代社会，传统偏见太深。所谓传统偏见，既包括旧式的积贫积弱说，也包括新型的宋代社会停滞论。就影响而论，后者并不亚于前者。宋代社会停滞论出现在陈著《中国妇女生活史》出版十余年后。妇女解放是衡量社会解放的天然尺度，陈先生的宋代妇女地位急转直下说为宋代社会停滞论增添了一个有力的证据，于是广为流传，

---

[1]《中国妇女生活史》，自序第2，第18、146页。

被视为不刊之论，甚至被引向极端。不少研究者近期已经从社会经济的发展、经济制度的变革、阶级结构的演变、科学文化的进步等诸多方面，相当广泛且有力地论证了宋朝是中国传统社会进一步发展的起点。停滞论的不妥不仅在于史实依据不足，而且在于理论凭借有误。停滞论者误信了并不可靠的上行下行阶段说。此说人为地硬性将传统社会划分为上升与下降两个阶段，传统社会的发展历程被简单地描绘成为两条笔直的直线构成的"人"字形。毫无疑问，生产关系一定要适合生产力的性质是一条颠扑不破的客观规律，但上行下行阶段说则是对这一规律的刻板理解和机械运用。如果传统社会的演进模式当真是个"人"字形，直上直下，陡升陡降，那么中国传统社会从确立到宋代已在千年以上，自然应当直下、陡降了。可是，这个推断与传统社会演进的历史实际大相径庭，不足凭信。宋代社会停滞论已经被多数学者否定。愚见以为，陈先生的宋代妇女地位直转急下说与宋代社会停滞论一样，不可取。宋代理学家是否极端歧视妇女，上章已经有所陈述，此处不再重复。其实宋代不乏尊重女性、维护女权的人士，如《袁氏世范》的作者袁采就被陈东原先生誉为中国古代历史上的"第一个女性同情论者"[1]。下面仅依据史实说说宋代妇女的地位与贡献。

---

[1]《中国妇女生活史》，第148页。

二 地位:并非急转直下

宋代不是贞节观念骤然增长,妇女地位急转直下的时期。除上章所述史实外,还可再做些补充。夫妻关系的两面性就很值得注意。宋代"夫虐其妻"的事固然较多,蔡襄说:

> 夫虐其妻,求之不已。若不满意,至有割男女之爱,辄相弃背,习俗日久,不以为怪。此生民之大弊,人行最恶者也。[1]

但妻"不易制"[2]的现象也不时发生。袁采说:

> 娶在室之人则少艾之心,非中年以后之人所能御。娶寡居之人或是不能安其室者,亦不易制。

司马光甚至惊呼"可胜数哉":

> 自古及今,以悍妻而乖离六亲、败乱其家者,可胜数哉。然则悍妻之为害大矣,故凡娶妻,不可不慎择也。[3]

诸如王旦、晏殊、夏竦、周必大等朝廷重臣,沈括、陆游等

---

[1]《福州五戒文》,《全宋文》第 47 册第 15 页。
[2]《袁氏世范》卷 1《睦亲·再娶宜择贤妇》,第 47 页。
[3] 司马光:《家范》卷 7《夫》,上海古籍出版社 1992 年版,第 50 页。

社会名流,无不"畏内,众所共知"[1]。其中沈括尤其可怜,他屈从于晚年娶下的妻子张氏。朱彧《萍洲可谈》载:

> 沈括存中……,晚娶张氏,悍虐,时被箠骂,捽须堕地,儿女号泣而拾之。须上有血肉者,又相与号恸。张终不恕,……存中长子博毅,前妻儿,张逐出之。……张忽病死,人皆为存中贺,而存中恍惚不安。船过扬子江,遂欲投水,左右挽持之,得无患未几不禄。[2]

工部郎中侯叔献受妻子欺凌,始终不敢吭声。到他死后,皇上才"诏离之"。好事者称:

> 侯工部死后休妻。[3]

宋孝宗朝宰相周必大很窝囊,爱妾被夫人"縻之庭",他束手无策,只好亲自去为妾送水解渴,遭到夫人嘲笑:

> 好个相公,为婢取水。[4]

"当国最久",被宋仁宗誉为"全德元老"的名相王旦颇畏内。他宅后作堂,名"三畏"。三畏者,畏天变,畏祖宗,

---

[1] 赵德麟:《侯鲭录》卷1,《全宋笔记》第2编,孔凡礼整理,第6册第197页。
[2]《萍洲可谈》卷3,《全宋笔记》第2编第6册第179页。
[3]《东轩笔录》卷7,《全宋笔记》第2编第8册第51页。
[4] 陈直:《韦居听舆·夫人妒》,《全宋笔记》第10编,刘宇等整理,第12册第196页。

畏人言也。杨亿风趣地说:"可改作'四畏'。"王旦"问其说",杨亿回答道:

> 兼畏夫人。[1]

鉴于大臣惧内成风,宋真宗刘皇后将大臣们的夫人叫到后宫,当众对"阃范严酷,闻于掖庭"的参知政事夏竦之妻杨氏加以"苛责之,方少戢"[2]。但大臣惧内之风并无根本改变。苏轼两次"诗讽畏妻"。一次,他替"甚畏"其妻的孙贲题扇:

> 披扇当年笑温峤,握刀晚岁战刘郎。
> 不须戚戚如冯衍,但与时时说李阳。[3]

诗中用的俱是晋朝大臣惧内典故。再一次,苏轼为因"饱参禅学"而常被妻子辱骂的陈慥写下这样的诗句:

> 龙丘居士亦可怜,谈空说有夜不眠。
> 忽闻河东师子吼,拄杖落手心茫然。[4]

诚然,唐朝惧内者同样不少。唐太宗时,"酷怕妻"的

---

[1]《古今事文类聚》后集卷15《人伦部·堂名四畏》,《景印文渊阁四库全书》本。
[2]《玉壶清话》卷3,《全宋笔记》第1编第6册第114页。
[3]《侯鲭录》卷1,《全宋笔记》第2编第6册第197页。
[4] 洪迈:《容斋三笔》卷3《陈季常》,《全宋笔记》第5编,孔凡礼整理,第6册第37—38页。

任瓌便有所谓"妇当怕者三"之说:

> 初娶之时,端居若菩萨。岂有人不怕菩萨耶?既长生男女,如养儿大虫。岂有人不怕大虫耶?年老面皱,如鸠盘荼鬼。岂有人不怕鬼耶?以此怕妇,亦何怪焉。[1]

唐中宗时,裴谈和唐中宗两人对于妻子都"畏之如严君"。裴谈亦称"妻有可畏者三",而优人则说:

> 回波尔时栲栳,怕妇也是大好。
> 外边只有裴谈,内里无过李老。[2]

所谓"李老"即唐中宗。可见唐、宋两朝情况大体相同。

大概正是依据上述现象,宋人谢伋将唐宋时代视为历史上的阴盛阳衰时期。其《鸳鸯楼记》曰:

> 自逊、抗、机、云之死,而天地英灵之气不钟于世之男子,而钟于妇人。

所谓"逊、抗、机、云"是指三国时期吴国军事家陆逊与其儿子陆抗、孙子陆机、陆云。理学家陆九渊听到其弟子如此藐视男子、主张女强男弱的言论,只能"默然"[3]。宋太祖甚

---

[1]《太平广记》卷248《诙谐四·任瓌》,第5册第1924—1925页。
[2] 孟棨:《本事诗·嘲戏第七》,《景印文渊阁四库全书》本。
[3]《谈薮》,《全宋笔记》第2编第4册第198页。

至怀疑唐宋时期男尊女卑,他询问其谋臣赵普:

> 男尊女卑,男何以跪而女不跪?

赵普"习吏事,寡学术"[1],回答不上。"历问学臣,无有知者。"仅有家学渊源深厚的后周、宋初两朝宰相王溥之子王贻孙对答如流。他说:

> 古者男女皆跪,至天后世,女始拜而不跪。[2]

"天后"者,女皇武则天也。试图用"跪礼"的演变,"古者男女皆跪"来说明唐宋时期男尊女卑的局面有所改变、妇女地位有所提高,牵强附会,不足为训。反之,断言宋代妇女地位急转直下,依据也显然不足。只怕还是说唐、宋两代妇女地位无显著变化,比较符合历史实际。[3]

宋代妇女地位何以并不十分低下?《宋史·李昭亮传》称:

> 昭亮妻早亡,内嬖三妾迭预家政,莫能制也。[4]

此说认为"预家政"即拥有对家事的管理权,是妇女地位不

---

[1]《宋史》卷256《赵普传》,第8940页。
[2]《玉壶清话》卷2,《全宋笔记》第1编第6册第98页。
[3] 史书中关于下层妇女的记载较少,她们的地位也未必十分低下,特别是某些地区,或许与女少男多的人口结构有关,妇女地位较高。如范致明《岳阳风土记》载:"湖湘之民,生男往往多作赘,生女反招婿舍居。然男子为其妇家承门户,不惮劳苦,无复怨悔。"(《全宋笔记》第2编,查清华等整理,第7册第88页)
[4]《宋史》卷464《外戚中·李昭亮传》,第13564页。

低乃至"莫能制"的原因。其实，宋代妇女的权利尚不止于此，除上章讲到的一定的离婚改嫁权而外，还享有一定的政治权利和一定的财产所有权、继承权。

在政治上，宋代妇女具有一定的受封权。有宋一代的"妇人封"制度，原则上与唐朝基本一致，但前后变化较多。政和年间，"罢妇人封郡县君，立夫人至孺人凡八等"。[1] 关于八等制，袁褧《枫窗小牍》载：

> 国朝妇人封，自执政以上封夫人，尚书以上封淑人，侍郎以上封硕人，太中大夫以上封令人，中散大夫以上封恭人，朝奉大夫以上封宜人，朝奉郎以上封安人，通直郎以上封孺人。[2]

对于中高级官员妻、母受封制度，唐人白居易持否定态度，其《妻初授邑号告身》诗云：

> 我转官阶常自愧，君加邑号有何功。[3]

宋代的"妇人封"多且滥，甚至规定忠训郎这类低级武官的母、妻封孺人。至于文武高官，"妾亦受封，特

---

[1] 陈均：《皇朝编年纲目备要》卷28政和二年九月"改官名"，许沛藻等点校，中华书局2006年版，下册第706—707页。
[2] 袁褧：《枫窗小牍》卷上，《全宋笔记》第4编，俞钢等整理，第5册第219—220页。
[3] 白居易：《白氏长庆集》卷19《妻初授邑号告身》，《景印文渊阁四库全书》本。

视正妻减阶耳"[1]。如"刘光世妾许氏、宁氏、吴氏并封孺人"[2]。在推行过程中,不乏笑话。"秦桧妻封两国",时人嘲笑道:

> 一妻而为两国夫人,是甚义理。[3]

值得注意的是,"妇人不因夫、子得封号"[4],其中平民居多。有因高龄而得封号者,当时规定:

> 民百岁,男子官,妇人封。[5]

福安罗母即一例:

> 福州福安县民罗母年过百岁,特封孺人,复其家。敕有司岁时存问,以厚风化。[6]

有时还将年龄降到百岁以下。也有因事迹突出而得封者。如吉州吉水项氏因反抗里胥侵凌而刎,"郡以闻,诏赠孺人,旌表其庐"[7]。黄赏怡被封为永宁县君是由于其丈夫刘怀忠与

---

[1]《枫窗小牍》卷上,《全宋笔记》第4编第5册第220页。
[2]《建炎以来系年要录》卷85绍兴五年二月辛丑,第4册第1450页。
[3]《朱子语类》卷128《本朝二·法制》,第8册3072页。
[4]《宋史》卷163《职官志三·吏部》,第3837页。
[5]《容斋三笔》卷9《老人该恩官封》,《全宋笔记》第5编第6册第107页。
[6]《宋史》卷43《理宗本纪三》,第839页。
[7]《宋史》卷460《列女·项氏传》,第13481页。

西夏作战,她"率兵来援,多所俘获"[1]。

妇女如有封号,即与男性有官者相似,享有"议、请、减、赎、当、免"等法定特权。对于平民妇女来说,"复其家"即减免赋役,很实惠。因此,张孝祥曾建议朝廷:

> 将妇人封号自恭人至孺人,等第立价出卖。[2]

同卖官一样,卖妇人封号。大致是因为这样做太腐败,建议未被采纳。

在经济上,按照宋代法律,妻子可以用自己的名义购置田产(即"作妻名置产"[3]),并在改嫁时带走。女子出嫁,可以分得一份财产作为陪嫁。[4] 父亲死后,未出嫁的女儿可以分得一份财产。如无儿子和未出嫁的女儿,已出嫁的女儿也可以分得一份。宋代户绝田产法称:

> (户绝田产)当给三分之一与其出嫁女。[5]

---

[1]《续资治通鉴长编》卷125宝元二年十二月乙丑,第9册第2945页。
[2]张孝祥:《画一利害》,《全宋文》第253册第345页。
[3]《袁氏世范》卷1《睦亲·同居不必私藏金宝》,第28页。
[4]关于宋代妇女有一定的财产所有权和继承权,可参看徐规:《宋代妇女的地位》,《仰素集》,杭州大学出版社1999年版;朱瑞熙:《宋代社会研究》第8章,中州书画社1983年版;陈智超:《〈袁氏世范〉所见南宋民庶地主》,中国社会科学院历史研究所《宋辽金史论丛》第1辑,中华书局1985年版;袁俐:《宋代女性财产权述论》,徐规主编《宋史研究集刊》,浙江省社联《探索》杂志1988年增刊。
[5]《续资治通鉴长编》卷106天圣二年二月甲午,第8册第2467页。

户绝即全家已无一人。天圣年间,"雄州民妻张氏户绝,有田产",地方官府拟全部没收。宋仁宗下令,依法行事。他说:

> 此皆细民自营者,无利其没入,悉以还之。

对于皇上此举,宰相王曾、参知政事吕夷简、鲁宗道"极赞美之"[1]。未生育男孩的妻、妾在丈夫死后,享有继承权。《宋刑统·户婚律·分异财产》称:

> 寡妻、妾无男者,承夫分。[2]

已再嫁的母亲对于儿子继承的家产也享有一定的权利。宋孝宗时,敕令曾规定:

> 母已出嫁,(其子)欲卖产业,必须出母著押。[3]

正因为如此,宋代妇女带着财产改嫁的事不少。除上章所举事例而外,还有:会稽陆氏女在其夫死后,"尽携其资,适苏州曾工曹"[4];彭端"无子",他的女儿"为夫所弃","尽携(彭氏)田产改嫁"[5],嫁与南城邓倚。比阳富人王八郎在与其妻离婚时,县官按照法律,"中分其货产",其妻也得一

---

[1]《东斋记事》卷1,《全宋笔记》第1编第6册第198页。
[2]《宋刑统》卷12《户婚律·卑幼私用财(分异财产)》,第222页。
[3]《朱子语类》卷128《本朝二·法制》,第3081页。
[4]《夷坚志》甲志卷2《陆氏负约》,第1册第15页。
[5]《夷坚志》三补《梦得富妻》,第4册第1806页。

半。由于王八郎的前妻善于经营,不久"所蓄积已盈十万缗"。她的独生女儿后来出嫁方城田氏,这份家产被"田氏尽得之"[1]。这位女子陪嫁多达十万缗,可以意料,她在田家的地位一定不低。至于上章讲到的寡妇柴氏身价百倍,"求娶"者不乏其人,究其原因,无非因为她饶有资产,让人眼红。程颐一语道破个中奥妙:

> 本朝向敏中号有度量,至作相,却与张齐贤争取一妻,为其有十万囊橐故也。[2]

总之,妇女的地位在很大程度上是由财产状况所决定的。妇女政治权利和经济权利的进一步丧失,是在元代以后。在妇女政治权利方面,明朝法令规定:

> 凡妇人因夫、子得封者,不许再嫁。如不遵守,将所授诰敕追夺,断罪离异。[3]

在妇女经济权利方面,明朝法令规定:

> 凡妇人夫亡,……其改嫁者,夫家财产及原有妆奁,并听前夫之家为主。[4]

---

[1]《夷坚志》丙志卷14《王八郎》,第2册第484页。
[2]《二程集·程氏外书》卷10《大全集拾遗》,第2册第407页。
[3] 李东阳等:《明会典》卷8《吏部七·验封清吏司》,《景印文渊阁四库全书》本。
[4]《明会典》卷20《户部五·明令》。

妇女一旦改嫁,封爵、财产一概剥夺,甚至连娘家带来的"原有妆奁"也在剥夺之列。这些规定显然与宋代法律有所不同。所谓"节妇""烈女"大增的时代不是两宋,而是明清两朝。董家遵先生1937年依据《古今图书集成》统计,宋代见于记载的"节妇"152人,明代27141人,清代9482人;宋代见于记载的"烈女"122人,明代8688人,清代2841人。[1]足见,宋代仅仅处在妇女地位下降的过程之中,并非这一过程的转折点。

三 贡献:不应一概抹杀

宋代妇女参与社会虽然受到种种限制,有关史料又较少记载,但从有限的资料中,仍然可以看到两宋时期不同阶层、不同职业的妇女的历史贡献是多方面的,绝不仅仅限于生儿育女,并非只是围着锅台转。现将其归纳为以下四个方面,从中不难发现宋代妇女无意志、无人格之类的说法貌似有理,其实片面。

(一)介入政治

两宋时期,少数上层妇女在特定的条件下,突破了妇人不预政的禁忌,介入政治。至于其社会效果,则积极的

---

[1] 董家遵:《历代节妇烈女的统计》,《董家遵文集》,中山大学出版社2004年版,第131—137页。

贡献与消极的作用兼而有之。当时参政的妇女主要有下面三种人。

一是后妃特别是垂帘太后。宋代先后有真宗刘皇后、仁宗曹皇后、英宗高皇后、神宗向皇后、哲宗孟皇后、高宗吴皇后、宁宗杨皇后、理宗谢皇后、度宗杨淑妃等9位后妃以皇太后或太皇太后的身份临朝称制,是中国历史上垂帘太后为数最多的朝代之一。其中有的固然仅具象征意义,如吴皇后临朝听政仅一天,无非是按照大臣们的意图,宣布精神分裂症患者宋光宗退位,由其儿子宋宁宗继位。但刘皇后、曹皇后、高皇后曾大权在握,并颇有政治才干。她们垂帘听政是因皇帝年幼,不得已而为之,具有过渡性。其措施大体"稳"字当头,不妄作为。她们垂帘听政的消极作用在于倾向保守、延误改革,但稳定政局、避免动乱则是其积极贡献。

二是宫人女官。如宋真宗刘皇后垂帘听政期间,由她带入宫中,曾做宋仁宗乳母的林氏被封为晋国夫人。史称:

> 天禧末,皇太后内管政事,林氏预掌机密。[1]

宋仁宗张贵妃的养母(一说乳母)贾氏对朝政颇有影响力。王巩《闻见近录》载:

> 温成(张贵妃的谥号)养母贾氏,宫中谓之贾婆婆,

---

[1]《续资治通鉴长编》卷98乾兴元年四月庚子,第8册第2278页。

威动六宫,时相认之以为其姑。[1]

时相指贾昌朝,传言其相位出自贾婆婆推荐,后被宋仁宗证实。仁宗说:

> 贾氏实曾荐昌朝。[2]

宋徽宗即位后,他从前的爱妾彭氏被召入宫中,宫人或以彭婆相称。王明清《挥麈后录》载:

> 恩幸一时,举无与比,父党夫族,颇招权,顾金钱,士大夫亦有登其门而进者。[3]

宣和年间,又有"女官吴知古用事,人皆侧目"[4]。宫人女官参政的社会效果多半是消极的。

三是官员妻室。张端义《贵耳集》载:

> 吕婆即吕正己之妻,淳熙间,姓名亦达天听。苏养直家孙女曰苏婆,其严毅不可当,三五十年朝报奏疏,琅琅口诵,不脱一字。[5]

---

[1] 王巩:《闻见近录》,《全宋笔记》第2编,戴建国整理,第6册第13页。
[2] 《东坡志林》卷3《女妾·贾婆婆荐昌朝》,《全宋笔记》第1编第9册第75页。
[3] 《挥麈后录》卷4,《全宋笔记》第6编1册第143页。
[4] 《齐东野语》卷13《优语》,《全宋笔记》第7编第10册第227—228页。
[5] 《贵耳集》卷下,《全宋笔记》第6编第10册第354页。

苏婆这位官宦人家的女性如此关心、熟悉朝政，她显然未与社会隔绝，仅局限在家庭之内。至于转运使吕正已的妻子吕婆，其姓名居然连当朝皇上宋孝宗也知道，只怕对朝政就不只是关心了。此外，如给事中张宗雅之妻符氏未出嫁，即"喜事"。出嫁后，丈夫与官员谈论，她"多窃听之，退而品第其人物贤否，无不曲当。尤喜闻政事与讼狱之疑难者，悉能区别情伪，裁之义理"。符氏死后，替她作墓志铭的陈襄并未拘泥于"女不言外"的古训，在墓志铭中褒奖道：

> 给事所治有异政，号为良吏，抑夫人之助也。[1]

河东都转运使施昌言号称"以明识、敏行、守正、敢言，达于当世"，他赞扬其夫人徐氏：

> 吾妻助我而贤。[2]

绍兴年间，芦山知县范滩的妻子王氏也是一位贤内助。朱熹《安人王氏墓表》载：

> 范君阅具狱，晨夜寒暑不少懈。夫人犹从旁从臾之曰："毋惮淹暑之劳而使彼负没世之冤也。"故范君为

---

[1] 陈襄：《崇国太夫人符氏墓志铭》，《全宋文》第50册第250—251页。
[2] 《欧阳修全集》卷36《万寿县君徐氏墓志铭》，第2册第531—532页。

吏，以清白著，其治狱以平允称，夫人盖有助焉。[1]

值得注意的是，欧阳修的妻子薛氏的两面性。她是参知政事薛奎的女儿，"高明清正而敏于事"。她在宋仁宗曹皇后垂帘听政期间多次入宫，"内臣有乘间语及时事者"，她"正色拒之"，曰：

> 此朝廷事，妇人何预焉。

其实是不愿同宦官交结。在曹皇后近前，她仪态、言谈迥异。苏辙《薛氏墓志铭》称：

> （薛氏）每入辄被顾问，遇事阴有所补。[2]

薛氏绝非不议政，看来她对朝政建议不少，且"有所补"。

战争是政治的延续，有正义与非正义之分。宋朝对契丹、党项、女真、蒙古贵族的战争都在一定程度上具有正义性。从这个意义上说，宋代妇女参政者为数较多，且不限于中上层。杨业的夫人折氏、岳飞的母亲姚氏、韩世忠的妻子梁氏、文天祥的夫人欧阳氏的事迹早为人所熟知。此外，如18岁的巴陵（即今湖南岳阳）少女韩希孟在南宋末年对蒙古贵族的战争中以死抗争，临死时留下诗篇一首于裙带之中：

---

[1]《朱子大全》卷90《安人王氏墓表》，《四部备要》第58册第1559—1561页。
[2] 苏辙：《欧阳文忠公夫人薛氏墓志铭》，《全宋文》第96册第246页。

> 我质本瑚琏，宗庙供蘋蘩。
> 一朝婴祸难，失身戎马间。
> 宁当血刃死，不作衽席完。
> 汉上有王猛，江南无谢安。
> 长号赴洪流，激烈摧心肝。[1]

诗中充满对南宋统治者抗击蒙古贵族不力的怨愤。同样悲壮的人和事，仅在《宋史·列女传》中，即可再举出张晋卿妻丁氏王氏二妇、吴永年妻何氏、王袤妻赵氏、谢枋得妻李氏、王贞妇、赵淮妾、谭氏妇、吴中孚妻、王氏妇、刘仝子妻林氏等。从根本上说她们并非为赵宋王朝死节，也不是简单地为丈夫保持贞洁，不同于传统社会一般意义上的所谓节妇与烈女。

（二）主持家政

男主外，女主内。按照传统社会的家庭内部分工，家政由身为人妻、为人母的女性主持。如欧阳修夫妇，丈夫"尽力于朝"，妻子"治其家事"。苏辙说：

> （薛氏）治其家事，文忠（即欧阳修）所以得尽力于朝而不恤其私者，夫人之力也。[2]

家政涉及面很广，除经营家业之类外，还包括对子女的教

---
[1]《宋史》卷460《列女·韩氏女传》，第13492页。
[2]《欧阳文忠公夫人薛氏墓志铭》，《全宋文》第96册第246页。

育、监护乃至惩罚。宋代妇女在这方面的贡献尤其突出,其主要表现有二。

一是支持丈夫敬业。如苏洵之妻程氏对苏家贡献极大,其一让其家由穷而富。程氏嫁到苏家之初,"程氏富而苏氏极贫",她"罄出服玩鬻之以治生,不数年遂为富家"。其二使丈夫由不学到苦学,苏洵"年二十七犹不学","由是得专志于学,卒成大儒"。其三开发辅导儿子,她教育苏轼、苏辙兄弟读书当"识其大义","每称引古人名节以励之曰":

> 汝果能死直道,吾无戚焉。

司马光盛赞程氏:

> 成就其夫、子,使皆以文学显重于天下,非识虑高绝,能如是乎?

并进而感慨道:

> 有国有家者,其兴衰无不于闺门。[1]

闺门指妇女所居之处,借指妇女、妻子。由此看来,司马光高度正视妇女的历史作用和社会贡献,他并不保守。此外,知泰州章端叔在崇宁年间,因得罪宰相被罢官,闲居苏州,他"未尝问生事"。杨时《章端叔墓志铭》称:

---

[1] 司马光:《苏主簿夫人墓志铭》,《全宋文》第56册第286—287页。

>（章家）阖门千指，有宅以居，有田以食，夫人（沈氏）之力也。

他赞扬沈氏：

>经理家事，无巨细皆有节法，丰而不侈，简而不陋。[1]

南宋前期，袁文之妻戴氏承担全部家务，她"攻苦食淡，斥房奁，营丧葬，偿逋负，买田宅，恭俭恪勤，生理粗立，岁时祭祀，洁蠲尽诚，睦宗族，待宾客，井井有条"。袁文因此得以专心学问，有《瓮牖闲评》等著作传世。南宋中期，袁方之妻范普元对丈夫帮助更大。袁方放荡不学，范氏"裁以正道，勉使从学，修脯之费，率由己出，且经纪家事，不以累其夫"。袁方"于是乎收敛精神，遵蹈规矩"[2]，学有所成，尤精于诗。

二是教育儿子成才。李纲《宋故安人刘氏墓志铭》称：

>为人母则教子，此女子之职，天下之常道。[3]

苏易简之母薛氏教子有方，苏易简一举中状元，后来又官至参知政事。宋太宗召见其母，询问：

---

[1] 杨时：《章端叔墓志铭》，《全宋文》第125册第92页。
[2] 袁燮：《太孺人范氏墓志铭》，《全宋文》第282册第35页。
[3] 李纲：《宋故安人刘氏墓志铭》，《全宋文》第172册第293页。

>何以教子，成此令器？

薛氏回答道：

>幼则束以礼让，长则教以诗书。

宋太宗夸奖：

>真孟母也。[1]

寇准儿时很顽皮，遭到母亲惩罚。司马光《涑水记闻》记述道：

>寇莱公少时不修小节，颇爱飞鹰走狗。太夫人性严，尝不胜怒，举秤锤投之，中足流血。由是折节从学。

体罚虽不足取，但这一锤作用大，一锤打出个名相。母亲去世后，寇准"每扪其痕，辄哭"[2]。

陈省华的妻子冯氏同样"性严"。她的三个儿子尧叟、尧佐、尧咨均中进士，在宋真宗时任高官。"冯氏不许诸子事华侈"。尧咨任知府，冯氏问儿子：

>汝典郡，有何异政？

尧咨回答：

---

[1]《宋史》卷266《苏易简传》，第9173页。
[2]《涑水记闻》卷7，《全宋笔记》第1编第7册第87页。

> 日有宴集,尧咨每以弓矢为乐,坐客罔不叹服。

冯氏训斥道:

> 汝不务行仁化,而专一夫之伎,岂汝先人之志耶?

"杖之,碎其金鱼"。[1] 冯氏受重文轻武的社会风气影响,刘安世、邹浩的母亲则以"尽忠报国"勉励儿子。北宋后期,刘安世出任谏官,母亲开导他:

> 汝幸居此地,当捐身以报国恩。

刘安世遵从母亲教诲,敢于"面折廷争,或帝盛怒,则执简却立,伺怒稍解,复前抗辞",人们称誉他为"殿上虎"[2]。

邹浩的母亲支持儿子无所顾忌,在母亲的鼓励下,邹浩任谏官时,"危言谠论,朝野推仰"。其母张氏说:

> 儿能报国,无愧于公论,吾顾何忧?[3]

宋高宗时,参知政事李光因顶撞秦桧而远贬海南,其妻管氏带着孟珍、孟传两个儿子回乡居住,"教之学,即冠皆以文行称"。李光从海南归来,高兴地说:

> 吾自教之,亦不过如是耳。

---

[1]《渑水燕谈录》卷9《杂录》,《全宋笔记》第2编第4册第94—95页。
[2]《宋史》卷345《刘安世传》,第10954页。
[3]《宋史》卷345《邹浩传》,第10958页。

李孟传后来"博学多闻，持身甚严"，著作等身，有"能世其家"[1]之称。大约同时或稍后，芦山知县范滩的妻子王氏可谓范家顶梁柱。朱熹《安人王氏墓表》载：

> 范君既从官，不复问生理。身后家事益落落，夫人慨然自力，以济其艰，使二子得以尽力于学。

两个儿子仲黼、仲芸皆高中进士，王氏并无喜色，告诫道：

> 汝曹问学，宜知所本。仕不患不达，患无以称耳。

"二子以是益自厉于学。而仲黼杜门几十年，不汲汲于进取。"他游学南方，得张栻、吕祖谦真传，返回四川，成为蜀学中坚。范仲黼感恩母亲"抚育成就，甚艰且勤，以及于兹"。朱熹赞扬王氏"相其夫而成其子"[2]。

当时，某些家庭主妇还利用主持家政之便，扶助乡邻，服务社会。如蒋氏令其子"为食于路，与里之饥者。又遗其地，以掩暴骼数千百人"。陆佃《蒋氏夫人墓志铭》称：

> 君子闻之，不多其子而多其母也。[3]

蒋氏受到称赞，实属理所当然。

---

[1]《朱子大全》卷92《荣国夫人管氏墓志铭》，《四部备要》第58册第1582—1583页。
[2]《朱子大全》卷90《安人王氏墓表》，《四部备要》第58册第1559—1561页。
[3] 陆佃：《蒋氏夫人墓志铭》，《全宋文》第101册第263页。

（三）发展经济

对于劳动妇女来说，什么"女无外事""女子居内"之类，根本不适用。宋代妇女不仅从事家内劳动，而且广泛参与社会生产，对农业、手工业、商业等各种经济的发展都做出了积极的贡献。[1]

在农业方面，采桑养蚕主要依靠妇女。戴复古《罗敷词》、郑震《采桑曲》、陈允平《采桑行》、张俞《蚕妇》等诗篇即其写照。徐积《贫女扇》诗云：

> 自织清溪蒲，团团手中持。
> 朝携麦陇去，暮汲水泉归。[2]

她们同男性农民一样，过着日出而作、日落而息的生活。值得注意的是，妇女干重活，挑重担。范致明《岳阳风土记》讲到荆湖南路一带的情况：

> 妇人皆习男事，采薪负重，往往力胜男子。设或不能，则阴相诋诮。[3]

福建某些地方的劳动妇女同男子一样抬轿，以弥补农业收入的不足。庄绰《鸡肋编》卷中称：

---

[1] 参看全汉昇：《宋代女子职业与生计》，《食货》第1卷第9期。
[2] 徐积：《题扇十首·贫女扇》，《全宋诗》，第11册第7692页。
[3] 《岳阳风土记》，《全宋笔记》第2编第7册第88页。

泉、福二州妇人轿子，则用金漆，雇妇人以荷。[1]

在手工业方面，妇女主要从事纺织与裁缝。此情在谢幼睿《缝衣诗》、王镃《裁衣曲》、徐集孙《促刺词》、徐积《织女》、谢翱《织妇叹》等诗篇中均有描述。文同《织妇怨》既描述了织妇的辛劳与精细：

> 掷梭两手倦，踏籛双足趼。
> 三日不住织，一疋才可剪。
> 织处畏风日，剪时谨刀尺。
> 皆言边幅好，自爱经纬密。

又揭露了官吏的刻薄与蛮横：

> 昨朝持入库，何事监官怒。
> 大字雕印文，浓和油墨污。
> 父母抱归舍，抛向中门下。
> 相看各无语，泪迸若倾泻。[2]

宋代劳动妇女无不纺织，因而当时人说："女子之职惟麻枲丝茧织纤组紃是务。"[3] 她们的产品除用于交税外，还投入市场。如嘉州女子郝节娥"习织作组紃之事，又辄精

---

[1]《鸡肋编》卷中，《全宋笔记》第 4 编第 7 册第 52 页。
[2] 文同:《织妇怨》,《全宋诗》第 8 册第 5313 页。
[3]《宋会要辑稿》选举 12，第 9 册第 5512 页。

巧"[1]。她用其产品换取钱物,供养母亲。在每月举办五次的开封相国寺商品交易会上,尼庵里的女尼们制作的各种精美纺织品占据两廊,人们争相选购。

在商业方面,妇女参与的领域相当广泛。既有开药铺的,如开封的丑婆婆药铺,杭州的陈妈面具风药铺;也有做小贩的,如在杭州夜市上,张婆卖糖,点茶婆婆敲响盏。既有开茶坊的,如杭州王妈妈的一窟鬼茶坊;也有开食店的,如杭州李婆婆羹便相当有名,宋五嫂鱼羹名气更大。周密《武林旧事》载:

> 宋五嫂鱼羹,尝经御赏,人所共趋,遂成富媪。

时人有六言诗云:

> 柳下白头钓叟,不知生长何年。
> 前度君王游幸,卖鱼收得金钱。[2]

福建有不少妇女穿梭于市场上,充当牙侩。陈普《古田女》诗云:

> 插花作牙侩,城市称雄霸。
> 梳头半列肆,笑语皆机诈。
> 新奇弄浓妆,会合持物价。

---

[1]《宋史》卷460《列女·郝节娥传》,第13479页。
[2]《武林旧事》卷3《西湖游幸》,《全宋笔记》第8编第2册第37—38页。

> 愚夫与庸奴，低头受凌跨。[1]

此诗用"机诈"等词汇贬损这些女牙侩，显然有欠公允。其实，她们作为商品交易的中介人，起到了促进产销的积极作用。当时某些妇女在商品经济浪潮中大显身手，既活跃了经济，又赚了大钱。如比阳王八郎之妻被丈夫遗弃后，因善于经商而获得厚利，"蓄积已盈十万缗"[2]。总之，对宋代社会经济的发展，妇女自有其不可抹杀的贡献。

（四）繁荣文化

宋代在中国古代文化史上是继汉唐之后又一个新高峰。对于宋代文化的繁荣，妇女是个推动力。她们在推动诗词发展、促进艺术繁荣、开展体育运动等各个方面均有较大贡献。

应当指出，所谓"女子无才便是德"，是明末才形成的观念。[3] 在宋代，即使是司马光也主张女子应当学习。他一再强调：

> 古之贤女，无不好学。[4]

当时中上层妇女从小接受教育，文化素养大多较高。有的还

---

[1] 陈普：《古田女》，《全宋诗》第69册第43739页。
[2] 《夷坚志》丙志卷14《王八郎》，第2册第484页。
[3] 参看陈东原《中国妇女生活史》，第188—192页。
[4] 《家范》卷6《女》，第34页。

有著作行世，其著作可考者达43人之多[1]。

宋代甚至可以说是个才女辈出的时代。司马光认为：

> 女子在家，不可以不读《孝经》、《论语》及《诗》、《礼》。……管弦歌诗，皆非女子所宜习也。[2]

然而宋代妇女的著作几乎无经史，以诗词居多。《宋诗纪事》入选的诗作者中，妇女达106人；《全宋词》著录的词作者中，妇女达107人。这些女诗词作者出身于不同阶层，上自皇后，如宋宁宗杨皇后著有《杨太后宫词》，下至妓女，如周韶、胡楚、龙靓著有《三妓诗》。魏泰《隐居诗话》称：

> 近世妇人多能诗，往往有臻古人者，王荆公家最众。

他称赞王安石的妻子吴氏、妹妹张奎妻、女儿吴安持妻、侄女刘天保妻能文工诗，作品"皆脱洒可喜"[3]。连反对妇女作诗的程颐之母侯氏也有诗作30篇。其中一首，因夜闻雁鸣而思念远在河朔的丈夫，提笔写下：

> 良人沙塞外，羁妾守空房。[4]

---

[1] 据胡文楷《历代妇女著作考》卷3《宋代》，上海古籍出版社1985年版。
[2] 《家范》卷6《女》，第34页。
[3] 《苕溪渔隐丛话》前集卷60《丽人杂纪》引《隐居诗话》，《四部备要》第100册第238页。
[4] 《二程集·河南程氏文集》卷12《上谷郡君家传》，第2册第655页。

只是由于观念方面的缘故,她不肯出以示人。朱熹虽然认为妇女"诗不必作",但认定:

> 本朝妇人能文,只有李易安与魏夫人。[1]

魏夫人是曾布的妻子、魏泰的妹妹,她博涉群书,工诗,著有《魏夫人集》。李易安即李清照,她与朱淑真实属宋代女诗词作者中的佼佼者。朱淑真自幼父母双亡,长成,匹偶非伦,一生抑郁不得志,作品清新婉丽,蓄思含情,抒发胸中不平之气。她的《断肠集》足以同李清照的《漱玉词》相提并论,在中国女性文学史上都占有重要地位。其实宋代女诗人很多,张端义认为仅宋孝宗后期就有两位。他说:

> 淳熙间,有二妇人能继李易安之后,清庵鲍氏、秀斋方氏,方即夷吾之女弟。皆能文,笔端极有可观。[2]

虽然以司马光为代表的某些士大夫竭力反对女子"执俗乐",但当时的妇女特别是其下层并未照此行事,而是活跃于娱乐场所。她们广泛参与歌舞、戏曲等各个艺术门类的创作与实践,以及杂技、相扑等体育活动,并涌现出一批女名艺人、女国手。北宋宫廷中的所谓"女弟子队"即一支官办女子舞蹈队,以陈奴哥、俎姐哥等著名女演员领衔。由宫女组成的女子马球队和马术队的表演亦十分精彩:

---

[1]《朱子语类》卷140《论文下》,第3332页。
[2]《贵耳集》卷下,《全宋笔记》第6编第10册354页。

> 鼓声一齐掷身下马,一手执弓箭,揽缰子就地,如男子仪,拜舞山呼。[1]

民间女艺人走街串巷,流动演出于各处。如宋真宗刘皇后入宫前曾在开封街头播鼗鼓。在南宋时期的临安:

> 街市有乐人三五为队,擎一二女童舞旋,唱小词,专沿街赶趁。[2]

姜夔的诗歌:

> 灯已阑珊月色寒,舞儿往往夜深还。
> 只应不尽婆娑意,更向街心弄影看。[3]

即女艺人献艺于街头巷尾的写照。她们在娱乐中心瓦子、演出场所勾栏中的表演水平更高,也更受观众欢迎,以致当时有"构栏不闲,终日团圆"[4]之说。《东京梦华录》《梦粱录》等书记述了不少女名艺人、女国手的事迹,其中以周密《武林旧事》卷6《诸色伎艺人》的记述最为详尽。她们练就一身绝技,既提高了艺术表演与体育运动的水平,又丰富了人

---

[1]《东京梦华录》卷7《驾登宝津楼诸军呈百戏》,《全宋笔记》第5编第1册第167页。
[2]《梦粱录》卷20《妓乐》,《全宋笔记》第8编第5册第303页。
[3]《武林旧事》卷2《元夕》,《全宋笔记》第8编第2册第30—31页。
[4] 西湖老人:《繁盛录·瓦市》,《全宋笔记》第8编,黄纯艳整理,第5册第327页。

们的文化娱乐生活。

此外，宋代某些妇女还对科学技术的进步有所贡献。建筑学专著《木经》的作者是谁？欧阳修倾向于"国朝以来木工，一人而已"的两浙工匠喻皓之女。他在《归田录》中记述道：

> 有《木经》三卷行于世，世传（喻）浩惟一女，年十余岁，每卧则交手于胸为结构状。如此逾年，撰成《木经》三卷，今行于世者是也。[1]

但沈括《梦溪笔谈》卷18《技艺》、晁公武《郡斋读书后志》卷1等资料都称《木经》的作者为喻皓。喻皓之女或许只是协助父亲完成这一科技名著。棉纺技术女革新家黄道婆于南宋末年离开家乡松江，去往海南岛，学习并总结黎族妇女的棉纺技术，从而改进了从轧花到织布等一系列棉纺织生产工具。她将先进技术带回家乡并加以推广，已是元朝初年的事情。

回顾两宋妇女的历史贡献，不由得使人想到"真理往前多走一步就是谬误"这句名言。笼统地说中国古代妇女"无知识、无职业、无意志、无人格"，显然不妥。历史毕竟比概念更丰富，即使是"女无外事""女子居内"之类也不是外延可以无限延伸的概念。中国古代妇女史研究不应当局限于替这些固有概念作注释。宋代妇女的历史贡献备受忽视，与不能正确估计宋代妇女的社会地位有关。由上

---

[1]《归田录》卷1，《全宋笔记》第1编第5册第237页。

所述，不难看出，宋代妇女受教育权利并未完全被剥夺，并在相当程度上享有家事管理权。她们还拥有一定的财产继承权、离婚改嫁权乃至单独获得封号的政治权利。两宋妇女的社会地位处于逐步下降的过程中，并非急转直下。妇女权利的进一步丧失是元代以后的事情，即使在明清时期也不能认为妇女无贡献。

第七章 "士庶婚姻,浸成风俗"
——唐宋之际婚姻观念的变化

宋代婚姻制度的主要特色是什么？强调"会通之义"，以"极古今之变"[1]为学术追求的南宋初期史学大师郑樵，其名著《通志二十四略》的第一句话便是：

> 自隋唐而上，官有簿状，家有谱系，官之选举必由于簿状，家之婚姻必由于谱系。

他接着指出：

> 自五季以来，取士不问家世，婚姻不问阀阅。[2]

言简意赅，简要地概括了唐宋之际人们婚姻观念的变化。值得注意的是，这并非郑樵的一己之见。早在北宋中期，著名学人沈括有言在先。他在阐述曹魏以来士族、庶姓不通婚姻的陈规之后，指出：

> 其俗至唐末方渐衰息。[3]

---

[1] 郑樵：《通志二十四略·通志总序》，王树民点校，中华书局1995年版，第1页。
[2] 《通志二十四略·氏族略第一·氏族序》，第1页。
[3] 《梦溪笔谈》卷24《杂志一》，《全宋笔记》第2编第3册第183页。

很清楚，沈括、郑樵相继敏锐地发现传统婚姻制度在唐宋之际发生了重大变革，并且又都将统治阶层内部士庶不婚陈规的打破视为这一变革的基本内容。其实不少宋朝人都有切身的体验，本章将引述的韩维、朱熹、赵彦卫等人的看法与沈括、郑樵相近甚至一致。他们只是提出命题，并未加以论证，以致迄今人们依然要问：是否确有其事？依据究竟何在？检阅有关史料，即可深切感到沈括、郑樵不愧为求真务实的学者。他们把"不问阀阅"看作宋代婚姻制度的主要特色，绝非不根之论。现将此说的主要依据归纳为下面三个方面。

一 "士人对俗人结姻"

前面已经讲到，魏晋南北朝是极端讲究门当户对、士庶不婚最为严格的时期。此风绵延，直到唐代，仍然是：

> 民间修昏姻，不计官品而上阀阅。

简言之，即尚"姓"不尚"官"。唐文宗感叹道：

> 我家二百年天子，顾不及崔卢耶！[1]

这一风气在唐代尽管受到抨击，可是积习难移，人们

---

[1]《新唐书》卷172《杜兼附子中立传》，第5206页。

往往依旧坚持"男女婚嫁,不杂他姓"[1]。前朝旧族"恃其族望,耻与他姓为婚"[2],近世新门"慕山东著姓"[3],"好求山东婚姻"[4]。可见,郑樵将唐代划入"家之婚姻必由于谱系"的时代,言而有据。宋代的情况有所不同。

首先,"婚姻不问阀阅"已经成为不少家庭的一条家规。司马光便在《书仪》卷3《婚仪》中要求人们:

> 凡议婚姻,……勿苟慕其富贵。[5]

朱熹诵读之后,深表赞同,在其所撰《朱子家礼》卷3《昏仪》中加以征引。《家礼》又被许多家庭奉为圭臬,作为制定家规的重要依据。

南宋中期,袁采为了"厚人伦而美风俗",写了一本专门教人如何立身行事的《袁氏世范》。书中主张:

> 男女议亲,不可贪其阀阅之高,资产之厚。[6]

生于南宋末年的陈元靓很重视这个主张,将它编入家庭日用大全式的类书《事林广记》前集卷9《人事

---

[1]《旧五代史》卷93《晋书十九·李专美传》,第1230页。
[2]《隋唐嘉话》卷中,第33页。
[3]《旧唐书》卷90《李怀远传》,第2921页。
[4]《唐国史补》卷上《张说婚山东》,第21页。
[5]《司马氏书仪》卷3《婚仪上·婚》,《丛书集成》初编第1040册第29页。
[6]《袁氏世范》卷上《睦亲·贵人物相当》,第50页。

类》[1],广泛供给各个家庭参考。婺州浦江郑氏是南宋时期著名的传统大家族,号称"江南第一家"。其族规《郑氏规范》规定:

> 不可慕富贵,以亏择配之义。[2]

北宋著名教育家胡瑗的主张稍有不同,其《遗训》说:

> 嫁女必须胜吾家者,娶妇必须不若吾家者。

有人问其缘故,他回答道:

> 嫁胜吾家,则女之事人必钦必戒;妇不若吾家,则妇之事舅姑必执妇道。[3]

胡瑗的主张与唐代婚姻一味崇尚门阀的社会风气同样大异其趣。

其次,"婚姻不问阀阅"不仅见于家规,而且为不少家庭和个人加以恪守,以致"士人对俗人结姻"[4]在宋代较为常见。早在五代后期,江南一带"士庶婚姻,浸成风俗"[5]。时至宋代,更是:

---

[1]《事林广记》乙集卷上《人事类·治家法度》,第36页。
[2]《郑氏规范》,第70页。
[3]《五朝名臣言行录》卷10之2《安定胡先生(瑗)》,《四部丛刊》本。
[4]《朱子语类》卷89《礼六》,第2274页。
[5] 龙衮:《江南野史》卷3《宜春王》,《全宋笔记》第1编,张剑光整理,第3册第178页。

> 今之俗，娶其妻不顾门户，直求资财。[1]

的确，在当时的社会实际生活中，嫁娶"不顾门户"的事并不少见。如号称"文儒继出，有公有卿"的山阴陆氏，要求家人恪守的准则之一是：

> 婚姻不求大家显人。[2]

上面就是一家一姓而言。从个人来说，如宋太宗时，晏殊"少年孤立，力学自奋"，"有大族欲妻以女，殊坚拒之"[3]。宋真宗时，开封茶商马季良居然娶了外戚刘美的女儿，而外戚刘美的儿子则娶了嘉州土豪王蒙正的女儿。宋仁宗时，和州知州凌景阳"与在京酒家户孙氏结婚"[4]。大约同时，张贵妃的伯父张尧佐看中状元冯京，他"方负官掖，欲妻以女"，并且声称"此上意也"。来头如此之大，实在咄咄逼人，冯京照样"不肯就，力辞之"[5]。宋英宗时，翰林学士范镇的孙媳妇庞氏，其祖父庞直温只是一位以教书为职业的"乡先生"[6]。宋神宗时，加封为节度使的殿前指挥使郝质有一个受

---

[1] 《福州五戒文》，《全宋文》第47册第15页。
[2] 《水东日记》卷15载《放翁家训》，《景印文渊阁四库全书》本。
[3] 《续资治通鉴长编》卷85大中祥符八年十二月戊子，第7册第1959页。
[4] 《欧阳修全集》卷106《论凌景阳三人不宜与馆职奏状》，第4册第1612页。
[5] 《宋史》卷317《冯京传》，第10338—10339页。
[6] 《苏轼文集》卷14《范景仁墓志铭》，第2册第435—443页。

人称道的品格:

> 为官不上伐阅。

他"竟以女归董氏",董氏"家贫无依"[1]。宋徽宗时,这类记载颇多。据朱熹记述,宣和初年,国子博士潘良贵宣称:

> 不肯托昏富贵之家。[2]

他说到做到,炙手可热的王黼、张邦昌"俱欲妻以女",潘良贵"拒之"[3]。《宋史·吴敏传》载:

> (吴敏)辟雍私试首选,蔡京喜其文,欲妻以女,敏辞。[4]

洪皓中进士后,王黼、朱勔"皆欲婚之",洪皓"力辞"[5]。苏州人钱观复"由太学登进士乙科","朱勔以乡人,固欲妻以女,辞不就"[6]。据《宋名臣言行录》外集记载,张绎"家甚微","为人佣作",后虽"从人受学",但仍"执劳苦之

---

[1] 《宋史》349《郝质传》,第11050页。
[2] 《朱子大全》卷76《金华潘公文集序》,《四部备要》,第58册第1364页。
[3] 《宋史》卷376《潘良贵传》,第11635页。
[4] 《宋史》卷352《吴敏传》,第11123页。
[5] 《宋史》卷373《洪皓传》,第11557页。
[6] 王鏊:《姑苏志》卷50《人物八·名臣》,《景印文渊阁四库全书》本。

役",程颐晚年"以族女妻之",且婚后"甚相敬待"[1]。宋孝宗时,夏皇后由于出身寒微,想让其弟夏执中"择配贵族",先叫他人劝告,"执中弗他动",后来夏皇后"亲为言",依然"不能夺"[2]。

不仅普通官僚,就连位极人臣的宰相在挑女婿、选儿媳时,也往往不甚看重门第。如被宋仁宗誉为"全德元老"的宰相王旦,《宋史》本传表彰他品德高尚,其中一条便是:

> 婚姻不求门阀。[3]

吕蒙正、范仲淹、韩琦、王安石无疑全是声名卓著的宋朝宰辅。经查,他们四位共有女婿10人,其中有5人居然门第不足称道,以至家世难于考索[4]。吕蒙正的大女婿孙暨、三女婿周渐、六女婿扬巽,韩琦的大女婿王景修,不仅门第无足称,本人当时也仅仅是刚刚入流的八品官。正是这些小小八品芝麻官做了宰辅之家的乘龙快婿。与唐代宰相往往

---

[1] 李幼武:《宋名臣言行录》外集卷9《张绎》,《景印文渊阁四库全书》本。
[2] 《宋史》卷243《后妃下·孝宗成恭夏皇后传》,第8651页。
[3] 《宋史》卷282《王旦传》,第9552页。
[4] 据洪业、聂崇岐等编纂《琬琰集删存》卷1《吕文穆公蒙正神道碑》、卷2《韩忠献公琦行状》(上海古籍出版社1990年版,第144—150、284—303页)以及有关史料。

"女为正妃男尚主"[1]相比,差别显而易见。正因为宋代"婚姻不问阀阅",在同一个家庭之内,常常"诸妇之家贫富不同"[2]。"母家富而夫家贫"者有之,"夫家富而母家贫"[3]者也有之。

此外,当时某些地区还出现了招赘上门,男到女家的风气。如"川峡富人多招赘婿,与所生子齿,富人死,即分其财,故贫人多舍亲而出赘"。[4]招赘上门的女婿与亲生儿子地位相等,同样享有财产继承权,这显然与汉代"家贫子壮则出赘""民待卖爵赘子"不是一回事。如果说汉代出赘无非是"以身为质""与人作奴婢"[5]的代名词,宋代的招赘则是贫富通婚的一种形式。宋代招赘之风盛行于某些特定地区,固然有其具体原因,但这毕竟也是其时不大讲究门当户对的一种表现。

再次,不慕著姓、不婚名族在宋代不仅普遍存在,并且受人称赞。当时,徐州有个以两姓世代通婚而闻名遐迩的朱陈村,苏轼特意为此村题诗一首,倍加赞许:

闻道一村唯两姓,不将门户嫁崔卢。[6]

---

[1]《新唐书》卷96《房玄龄传》,第3855页。
[2]《郑氏规范》,第134页。
[3]《袁氏世范》卷1《睦亲·女子可怜宜加爱》,第52页。
[4]《续资治通鉴长编》卷31淳化元年九月,第3册第705页。
[5]《汉书》卷48《贾谊传上》、卷64《严助传》,第2244—2245、2779页。
[6]《苏轼诗集》卷20《陈季常所蓄朱陈村嫁娶图》,第3册第1029—1030页。

陆游颇为自豪地赋诗：

> 寒士邀同学，单门与议昏。[1]

不婚名族，深受赞颂；议婚单门，感到荣耀。这种风气较之唐代"好求山东婚姻"的习俗，相去何止十万八千里！

北宋中期，有个名叫刘庭式（一作廷式）的读书人，先前曾与一位田家女立下婚约。他中进士后，双方家境巨变。女方辞婚，其理由是：

> 佣耕，不敢姻士大夫。

刘庭式"坚不可"，与这位"家极困饿"的女子成婚，婚后"闺门极雍睦"。丈夫贵为士大夫，妻子卑为田家女，在传统时代，就门第而言，堪称天壤之别。此事如果发生在唐代，不免遭到非议，被称为"婚宦失类"。可是在宋代，情况正好相反，地方官"嘉其有美行"。苏轼"爱其义，为文以美之"[2]。妻子去世，刘庭式"逾年而哀不衰，不肯复娶"[3]。刘庭式"以一事而人誉之终身"[4]，荣列《宋史·卓行传》之首。

南宋初年，黄龟年"未第时，贫甚"，福州永福县主簿李朝旌"愿妻以女"，定下婚事。后来，黄龟年"登第，而

---

[1]《剑南诗稿》卷 55《题斋壁》，《四部备要》第 79 册第 558 页。
[2]《梦溪笔谈》卷 9《人事一》，《全宋笔记》第 2 编第 3 册第 83 页。
[3]《苏轼文集》卷 66《书刘庭式事》，第 8 册第 2051—2052 页。
[4]《宋史》卷 459《卓行·刘庭式传》，第 13471 页。

朝旌已死,家贫甚","衣装斥卖蓄尽"。李朝旌的妻子对黄龟年说:

> 先辈第黄甲,当结好鼎族。[1]

亲友劝黄龟年"别娶"。黄龟年坚称:

> 吾许以诺,死而负之,何以自立。[2]

他毅然如约,与李女成婚。此事传为佳话,史籍大书特书。

大致正是依据上述若干门不当户不对的实例,南宋人赵彦卫认为唐宋婚嫁观念大变。他判断道:

> 唐人推崔、卢等姓为甲族,虽子孙贫贱,皆家世所重。今人不复以氏族为事,王公之女,苟贫乏,有盛年而不能嫁者。闾阎富室,便可以婚侯门,婿甲科。[3]

这一判断有力地印证了郑樵宋代"婚姻不问阀阅"一说。

宋代并非绝无好与名门望族通婚者,高官钱惟演就很典型。此公虽然"敏而好学",但是门第观念很重。其妹已嫁外戚刘美,两个儿子娶了宋仁宗郭皇后的妹妹和宰相丁谓的女儿。可是,钱惟演仍不满足,"又欲与庄懿太后(即宋仁宗生母、宋真宗李宸妃)族为婚"。不少大臣极度反感。他

---

[1]《宋名臣言行录》别集上卷6《黄龟年》,《景印文渊阁四库全书》本。
[2]《宋史》卷381《黄龟年传》,第11741页。
[3] 赵彦卫:《云麓漫钞》卷3,《全宋笔记》第6编,朱旭强整理,第4册第129页。

后来被贬官,"与后家通婚"[1]即罪状之一。贬责词出自其女婿盛度之手,声讨钱惟演:

> 三星之媾,多戚里之家;百两所迎,皆权要之子。[2]

钱惟演死时,有大臣上书宋仁宗,请求在他的谥号中加上一个"墨"字。"墨"者,"贪而败官"[3]之谓也。可见,攀高亲、图体面在宋代往往被看作劣迹秽行,遭人鄙视。

二 后妃多半非名门出身

为证实宋代"婚姻不问阀阅",绝非向壁虚构,有必要考察一下赵宋皇室的联姻状况。不止因为旧式史书从某种意义上说无非是帝王的家谱,这方面的资料比较集中、相对丰富,而且由于皇室在传统时代的一切家庭当中地位最崇高,最有资格讲究门第,这方面的情况说服力更强。

在传统时代,皇室挑选皇后有所谓"为天下择母"之称,是最庄严不过的婚事。对于后妃的家世,朝廷当然要事先严加核查。然而宋代后妃并非都出身在头等门阀家庭,与唐代相比,差别十分明显。司马光指出:

---

[1]《宋史》卷317《钱惟演传》,第10342页。
[2]《东坡志林》卷2《官职·记盛度诰词》,《全宋笔记》第1编第9册第39页。
[3]《续资治通鉴长编》卷115景祐元年十月辛酉,第9册第2703页。

前世皆择良家子以充后宫,位号等级,各有员数。祖宗之时,犹有公卿大夫之女在宫掖者。……近岁以来,颇隳旧制,内中下陈之人,竞置私身,等级浸多,无复限极。监勒牙人,使之雇买,前后相继,无时暂绝,致有军营、井市下俚妇人,杂处其间。[1]

此情,有下表可供印证。

时间		后妃总数	出身于三品以上的高级官员家庭者		出身于五品以上的中级官员家庭者		出身于九品以上的初级官员家庭者		出身于非官员家庭者	
			人数	所占百分比	人数	所占百分比	人数	所占百分比	人数	所占百分比
唐代	安史之乱前	12	11	91.7	0		1	8.3	0	
	安史之乱后	12	6	50	1	8.3	1	8.3	4	33.4
	合计	24	17	70.8	1	4.2	2	8.3	4	16.7
宋代	北宋	24	9	37.5	3	12.5	1	4.2	11	45.8
	南宋	17	2	11.8	1	5.9	4	23.5	10	58.8
	合计	41	11	26.8	4	9.8	5	12.2	21	51.2
备注	一、表中所列举的后妃数目是指见于《后妃传》者,并将其本人死后以及所侍奉的皇帝死后追封者排除在外。二、表中所显示的后妃家庭出身,以选纳时的状况为准,如其父、祖两代为官则按品阶高者计算。									

资料来源:《新唐书》卷76、77《后妃传》及有关列传;《宋史》卷242、243《后妃传》及有关列传。

---

[1]《司马光奏议》卷12《后宫等级札子》,第134页。

此表值得玩味,从中可以看出以下三点。

第一,后妃中出身于高级官僚家庭者,宋代比唐代减少。唐代占后妃总数的70.8%,宋代只占26.8%。如果把唐代前期与南宋相比,差距更大。唐代前期高达91.7%,南宋仅占11.8%。

这里有必要指出,高级官僚家庭并不等于头等门阀。所谓门阀,又称"四姓"。按照传统制度,它包括"膏粱""华腴""甲姓""乙姓""丙姓""丁姓"等几个等级。《新唐书·柳冲传》载柳芳曰:

> 凡三世有三公者曰"膏粱",有令、仆者曰"华腴",尚书、领、护而上者为"甲姓",九卿若方伯者为"乙姓",散骑常侍、太中大夫者为"丙姓",吏部正员郎为"丁姓"。凡得入者,谓之"四姓"。[1]

很清楚,判断一个家庭属于门阀与否,关键之一在于是否三世连续做高官。依据这个标准,在宋代的11个出身于高级官僚家庭的后妃,即司马光所谓"公卿大夫之女"当中,够得上"膏粱""华腴""甲姓"者绝无一人,可以算作"乙姓"者也独一无二。她们的父、祖辈大致不外乎下面两类人。

一类是乱世英雄。如宋太祖王皇后的父亲王饶,宋真宗郭皇后的父亲郭守文,宋仁宗郭皇后的曾祖郭崇,宋仁宗曹皇后的祖父曹彬,宋英宗高皇后的曾祖高琼,尽管皆可称

---

[1]《新唐书》卷199《儒学中·柳冲传》,第5678页。

为一代名将,并身居高官显位,但他们几乎都是生逢五代乱世,"以战斗取富贵"者。究其本来出身,实在微不足道,不过"粗人"[1]而已。周世宗、宋太宗两位皇帝的泰山老大人符彦卿,虽然是个"将家子",他的父亲符存审在五代时官居使相,可是穷根究底,符存审同样出身"微贱",走的道路是:

> 少提一剑去乡里,四十年间取将相。[2]

符彦卿的女儿、宋太宗符皇后是死后才"追册为皇后"[3]。就出身来说,宋代这些开国元勋显然与唐代不同。唐代贬斥道:

> 前代皇王,多起微贱,劬劳行阵,下不聊生。

并自夸:

> 创业君臣,俱是贵族,三代以后,无如我唐。[4]

宋代开国元勋岂止出身"微贱",而且后来又往往很快破落,成为"衰旧之门"。不仅郭守文"卒之日,家无余财"[5],连宋初贵盛无比的王饶一家,到宋真宗时,仅数十年,"不能

---

[1]《宋史》卷252《侯章传》,第8859页。
[2] 欧阳修:《新五代史》卷25《符存审传》,中华书局1975年版,第265页。
[3]《宋史》卷242《后妃上·太宗懿德符皇后传》,第8609页。
[4]《唐会要》卷36《氏族》,上册第773—774页。
[5]《续资治通鉴长编》卷30端拱二年十一月辛丑,第3册第691页。

自立，丐食以给"[1]。宋仁宗初期，宋真宗刘皇后以太后的身份，将郭崇的重孙女选为皇后时，直截了当地说：

> 兹选于衰旧之门，庶免他日或挠圣政也。[2]

另一类是布衣卿相。如宋仁宗沈贵妃的父亲沈伦、宋神宗向皇后的曾祖向敏中、宋理宗谢皇后的祖父谢深甫，尽管都曾任宰相，但并非出自名门，而是"骤得富贵"。这三人中，沈伦的出身稍许高些，也无非是个"以讲学自给"[3]的教书先生。不仅如此，而且"其家不传"。后来的情况是：

> 沈伦家破，其子孙鬻银器。[4]

向敏中死后，"家门衰替"，其子孙后代"清约如寒士"[5]。谢深甫去世不久，"家产益破坏"，以致宋理宗谢皇后少年时代不得不"躬亲汲饪"[6]。

宋代这11个后妃中，出身最低微的要数宋光宗李皇后。

---

[1]《宋史》卷463《外戚上·王继勋传》，第13543页。
[2]《续资治通鉴长编》卷102天圣二年九月庚子，第8册第2367页。
[3]《宋史》卷264《沈伦传》，第9112页。
[4] 苏辙：《龙川别志》卷上，《全宋笔记》第1编，孔凡礼整理，第9册第319页。
[5]《宋名臣言行录》续集卷6《向子韶忠毅公》，《景印文渊阁四库全书》本。
[6]《宋史》卷243《后妃下·理宗谢皇后传》，第8658页。

她的父亲李道后来父以女贵,官至节度使,但原本是个所谓"群盗"。周密《齐东野语》载:

> 慈懿李皇后,安阳人,父道,本咸方诸将,故群盗也。[1]

出身最高贵的莫过于宋太祖宋皇后,她的曾祖宋瑶在五代时官居使相,祖父宋廷浩身为后唐驸马,父亲宋偓曾任节度使,并且是后唐庄宗的外孙,后汉高祖的女婿,因而被称为:

> 近代贵盛,鲜有其比。[2]

但因宋廷浩仅官至州刺史,以三世而论,这个在宋代难得的显赫家族,也算不上头等门阀,无非"乙姓"而已。

唐代的情况迥乎不同。唐代17位出身在高级官僚家庭的后妃,其家庭多是"戚里旧族"[3],堪称头等门阀者为数甚多。如唐太宗长孙皇后,从其高祖长孙稚在北朝时任大丞相开始,世代高官厚禄,早已超过三世,是个绰绰有余的"膏粱""华腴"之家。在这17位后妃中,家世最荣贵者尚非此人,当推唐高祖窦皇后与唐睿宗窦皇后一家。《旧唐书·窦威传》称:窦氏"家世勋贵",系北周、杨隋两朝旧姻,在

---
[1]《齐东野语》卷11《慈懿李后》,《全宋笔记》第7编第10册第188页。
[2]《宋史》卷255《宋偓传》,第8907页。
[3]《新唐书》卷77《后妃下·德宗贤妃韦氏传》,第3509页。

唐代初年已是：

> 三品七人，四品、五品十余人，尚主三人，妃数人，冠冕之盛，当朝无比。

到唐代中期更是：

> 一品三人，三品已上三十余人，尚主者八人，女为王妃六人，唐世贵盛，莫与为比。[1]

唐代后妃出身如此荣贵，武则天未免相形见绌。其实她的门第并不算低。其父虽然早年做过木材生意，但后来毕竟官至尚书。至于其母，更是隋朝皇家女子。如果在宋代是称得上家世贵盛。可是她在唐代因"地实寒微"，不能径直立为皇后，只可备位宫闱下陈。后来正位中宫颇费周折，经历了相当激烈的斗争。

第二，后妃中出身于非官僚家庭者，宋代比唐代增多。唐代仅占后妃总数的16.7%，宋代达到51.2%，超过总数的一半。如果把唐代前期与南宋相比，差距更大，唐代前期为零，而南宋高达58.8%。

还应当看到，唐代出身于非官僚家庭的4位后妃，虽然"系族不显"，但毕竟属于"良家子"[2]，而且他们全部都是原

---

[1]《旧唐书》卷61《窦威传》，第2369、2371页。
[2]《文献通考》卷254《帝系考五·后妃》，下册第2009页。

为宫人，后因得宠而升为后妃。其中还有两位系母以子贵，儿子做皇帝后，才被追封为皇太后。

在宋代出身于非官僚家庭的21位后妃中，"其出单微"者大有人在。如宋真宗刘皇后"家世寒微"[1]，因其"善播鼗（即拨浪鼓）"，"以锻银为业"[2]的蜀人龚美把她带到开封，沿街卖艺。宋真宗杨淑妃父、祖俱未入仕，其弟杨景宗是个"无赖"。魏泰《东轩笔录》载：

> 景宗无赖，以罪隶军营务，黥墨其面，至无见肤。[3]

宋仁宗苗贵妃的母亲许氏先前是仁宗的"乳保"。宋哲宗刘皇后出身寒素，将立之时，"一时公议，莫不疑惑"。右正言邹浩直言极谏，上疏指责道：

> 以妾为妻……伤化败俗，无以为国。[4]

宋徽宗郑皇后的父亲郑绅原来是个"开酒肆"的商人，徽宗韦贤妃曾是宰相苏颂的婢女，徽宗刘贵妃"其出单微"，徽宗刘安妃，"本酒保家女"。宋高宗吴皇后的父亲吴近原本无官职，是位"以蠙珠为业，累赀数百万"的富商，人称"京

---

[1]《续资治通鉴长编》卷78大中祥符五年九月戊子，第6册第1786页。
[2]《涑水记闻》卷5，《全宋笔记》第1编第7册第68—69页。
[3]《东轩笔录》卷2，《全宋笔记》第2编第8册第17页。
[4] 邹浩：《谏哲宗立刘后疏》，《全宋文》第131册第141页。

师珠子吴员外"[1]。宋孝宗谢皇后"幼孤",由翟氏收养,曾改姓翟。宋宁宗杨皇后"少以姿容选入宫,忘其姓氏",其养母张氏在宫中"为乐部头",她本人"为则剧孩儿"[2]。"则剧孩儿"是为后宫奏乐的小女童。

由上所述,可以看出,司马光所称"军营、井市下俚妇人,杂处其间",言而有据,绝非妄语。在宋代后妃中,不仅有生长在工商家庭者,还有所谓"贱类"出身。对于自己的出身状况,有公开承认的,如宋徽宗刘贵妃毫不掩饰地说:

> 妾出身微贱,而无寸长。[3]

也有竭力掩盖的,如宋真宗刘皇后力图找个名门做本家。先找知开封府刘综,刘综以本人"出于孤寒"[4]为由婉拒。刘皇后又多次单独召见权发遣开封府事刘烨,她开门见山:

> 知卿名族,欲一见卿家谱,恐与吾同宗也。

刘烨或称"不敢",或"无以对",直至装病,"因为风眩,

---

[1] 叶绍翁:《四朝闻见录》丙集《慈明》,《全宋笔记》第6编,张剑光等整理,第9册第322—324页。
[2] 《齐东野语》卷10《杨太后》,《全宋笔记》第7编第10册第163页。
[3] 钱世昭:《钱氏私志》,《全宋笔记》第2编,查清华等整理,第7册第72页。
[4] 张舜民:《画墁录》,《全宋笔记》第2编第1册,汤勤福整理,第214页。

仆而出，乃免"[1]。但刘烨、刘综均因此贬到外地为官。宋宁宗杨皇后同刘皇后一样，"耻其家微"，想认本家。其手段比刘皇后巧妙，她"密遣内珰求同宗"。宦官们终于为她找到太学生杨次山，把他认做侄子。周密《齐东野语》称：

> 后初姓某，至是始归姓杨氏焉。[2]

这位不知自己姓啥的宋朝皇后终于有了个姓氏。

第三，后妃中出身于中、小官僚家庭者，宋代比唐代增多。唐代仅占后妃总数的12.5%，宋代达到22%。如果把唐代前期与南宋相比，差距更大。唐代前期只占8.3%，南宋高达29.4%。唐宋两代差别如此明显，无疑是与李唐、赵宋朝廷选择后妃的标准不同直接相关。唐朝的原则是：

> 妙择天下令族。[3]

特别是唐代前期很少例外。宋朝往往强调：

> 不欲选于贵戚。

最理想的是所谓"小官门户"[4]，也就是中、低级官僚之家。

就唐朝而言，开国皇帝唐高祖处理婚姻家庭关系时，门

---

[1]《续资治通鉴长编》卷103仁宗天圣三年四月，第8册第2380页。
[2]《齐东野语》卷10《杨太后》，《全宋笔记》第7编第10册第163页。
[3]《唐会要》卷52《忠谏》，上册第1061页。
[4]《续资治通鉴长编》卷472元祐七年四月戊午，第32册第11264—11266页。

第观念十分强烈。他的小妻宇文昭仪仅仅因为是周、隋两朝重臣宇文述的女儿,他便想把她"立为后"[1]。号称一代明君的唐太宗也不例外。他看中弟弟李元吉的遗孀杨氏并"欲立为后"[2],是因为杨氏系隋朝皇家女子。他准备立儿子李恪为太子,是由于李恪的生母系隋炀帝的女儿:

> 地亲望高,中外所向。[3]

唐玄宗对柳婕妤特别好,是因为柳婕妤的家庭为朝廷旧姻、蒲州大姓,"重其名家"[4]。别人如此,不足为怪,吃过门第观念大亏的武则天在选择男宠时,同样表现出并不算轻的门第观念。她选中薛怀义即冯小宝,可是又嫌他家世寒微,"非士族,乃改姓薛",让薛怀义与她的女婿薛绍"合族",叫薛绍"以季父事之"[5]。武则天尚且如此,难怪唐代的情况往往是:

> 皇后出自名家。[6]

直到唐代后期,重门第的观念并未发生根本性变化。如广陵王妃即后来的唐宪宗郭皇后,对唐顺宗来说,是个儿媳妇而

---

[1]《新唐书》卷79《高祖诸子·韩王元嘉传》,第3551页。
[2]《新唐书》卷80《太宗诸子·曹王明传》,第3579页。
[3]《新唐书》卷80《太宗诸子·郁林王恪传》,第3566页。
[4]《新唐书》卷82《十一宗诸子·延王玢传》,第3613页。
[5]《旧唐书》卷183《外戚·武承嗣传薛怀义附》,第4741页。
[6]《旧唐书》卷80《褚遂良传》,第2739页。

已。唐顺宗对她"礼之异诸妇",原因在于:

> 其家有大功烈,而母素贵。[1]

她的祖父是唐朝中兴名将郭子仪,母亲是唐代宗的女儿升平公主。相反,如果出身寒微是要受到歧视的。如唐武宗宠爱王才人,"欲立为后"告吹,其主要缘故之一是:

> 家不素显,恐诒天下议。[2]

前面说到宋朝后妃"不欲选于贵戚",此言由垂帘听政的宋英宗高皇后和盘托出。元祐年间,她以太皇太后的身份为其孙子宋哲宗选择皇后时,公开对宰执大臣说:

> 不欲选于贵戚家,政恐其骄,骄即难教。

有大臣反对:

> 不取于勋德之家,无以服人心。

高皇后不予理会。她在"九家十女"中挑上孟氏女,认为她"最可",并高兴地对宋哲宗说:

> 得贤内助!

为什么这位比宋哲宗大三岁的孟氏女竟成了皇后的"最可"

---

[1]《新唐书》卷77《后妃下·宪宗懿安皇后郭氏传》,第3504页。
[2]《新唐书》卷77《后妃下·武宗贤妃王氏传》,第3509页。

人选？高皇后讲得很明白，主要并不是因为她容貌才智出众，而是由于她出身"小官门户"。她的父亲孟在仅仅是个小小从八品的阁门祗候，她的祖父孟元官做得大些，也不过官至从五品的防御使。充任奉迎副使的同知枢密院韩忠彦满意地说：

> 如孟在等人家自应不骄，亦须易教，不在富贵中生，则必谨畏。[1]

这话正中高皇后下怀，她连忙以一个"然"字加以肯定。

由于"小官门户"是赵宋朝廷最为理想的选妃对象，宋代出身这类家庭的后妃为数不少。如宋仁宗张贵妃，其祖父为县令，其父为州推官，俱是七八品小官，她本人少年时代曾侍候教育家孙复，"常执事左右"[2]。据《宋史·后妃传》记载，宋徽宗王皇后，其父为五品州刺史。宋高宗邢皇后，其父七品朝请郎。宋高宗潘贤妃，其父是个医官。宋孝宗夏皇后，其曾祖曾任九品县主簿。宋度宗全皇后，其父官至六品知州。诸如此类，皆是其例。

应当指出，赵宋朝廷选择后妃于"小官门户"的设想，难以完全坚持。宋仁宗准备选娶寿州茶商陈子城的女儿为皇后，显然是降格以求。有大臣反对：

---

[1]《续资治通鉴长编》卷472元祐七年四月戊午，第32册第11264—11266页。
[2] 邵博：《邵氏闻见后录》卷20，《全宋笔记》第4编，夏广兴整理，第6册第140页。

> 陛下乃欲以贱者正位中宫。

但杨太后"许以为后"。宋仁宗更是态度坚决,置大臣的谏言于不顾,着手选择良辰吉日。可见杨太后、宋仁宗均认为,纳贱者为后妃并无不可。佳期将至,宦官阎文应秉告宋仁宗:

> 子城使,大臣家奴仆官名也。陛下若纳奴仆之女为后,岂不丑公卿大夫耶?[1]

要不是"子城"二字犯忌讳,宋仁宗的决心不会动摇。

此事虽然未能实现,但实现了的事例不少。宋代后妃中,有商人的女儿,如宋徽宗郑皇后、刘安妃等。还有本人做过奴婢的,如宋高宗的母亲宋徽宗韦贤妃,相传她少年时代来到已退休的宰相苏颂家中做婢女,"初携登(苏)颂榻,通夕遗溺不已"。苏颂说:"此甚贵,非此能住,宜携以入京。"韦氏才有机会"入端王宫"。宋徽宗"即位,才一幸,而生太上"。此处"太上"是指宋高宗。后人有诗云:

> 如何当日苏丞相,一见先知是贵人?[2]

后妃出身寒微并非始于两宋,唐代后期已露端倪。由上表可知,唐代出身于非官僚家庭的四位后妃,全都出现在安史之乱以后。何以如此,其直接原因固然在于唐代中叶以后皇权

---

[1]《续资治通鉴长编》卷115景祐元年九月辛丑,第9册第2700页。
[2] 赵棻:《南宋宫闱杂咏一百首》引《南宋相眼》,《香艳丛书》本。

旁落，宦官专权，"选尚皆由中人"[1]。后妃的选择权往往掌握在宦官手中，似乎事出偶然。可是历史发展的必然性正是寓于偶然性之中。宋代社会的若干新特点，其源头大致均可追溯到唐代后期。

三 宗室联姻不限门阀

宋人"多慎于择婿，而忽于择妇"[2]。就算后妃的家世为朝廷所"忽"，这方面的情况尚不十分典型，驸马的门第应该为朝廷所"慎"。可是即使在驸马的选择上，唐宋两朝同样存在着明显的差别。

唐代初期，由于种种原因，公主"未尝尚山东旧族"，但"王妃、主婿皆取当世勋名臣家"[3]。直到唐代后期，朝廷仍然竭力坚持崇尚阀阅的联姻原则。唐德宗下诏：

> 县主令有司取门阀者配焉。[4]

于是，便出现了唐代驸马"选多戚里将家"或"择大臣子"[5]的状况。

唐代的最高统治者中，武则天素以压抑士族著称，门

---

[1]《新唐书》卷146《李栖筠附子吉甫传》，第4736页。
[2]《二程集·河南程氏遗书》卷1《端伯传师说》，第1册第7页。
[3]《新唐书》卷95《高俭传》，第3841页。
[4]《新唐书》卷146《李栖筠附子吉甫传》，第4742页。
[5]《新唐书》卷166《杜佑附惊传》，第5090—5091页。

第观念相对淡薄，下面以她为例。武则天在"媳妇熬成婆"后，为其女儿、孙女主婚时，照样表现出很强的门第观念。据《资治通鉴》记载，唐高宗拟将其女儿太平公主下嫁薛绍，武则天坚决反对，理由是薛绍的嫂子萧氏"非贵族"，她颇为不满地说：

> 我女岂可使与田舍女为妯娌邪！

有人出来做证，萧氏既是唐初宰相萧瑀的侄孙女，又是"国家旧姻"[1]，武则天才同意了这门婚事。公主出嫁不仅要严格审查驸马的家世，而且要考究妯娌的出身，门第观念实在惊人！

但凡高、中、睿三宗公主，大致都是由武则天点头成亲的。经查，三宗共有驸马25人，其中19人出身名门望族，家庭世系均见于《新唐书·宰相世系表》。家世无从考索者6人而已，仅均占总数的五分之一。何况这6人中，包括唐高宗义阳公主和高安公主的驸马，这两位公主系萧淑妃所生，属于庶出，并非武则天的亲生女儿。另外，唐代史料较少流传至今，也不失为一个原因。唐人陆畅《催妆诗》云：

> 云安公主贵，出嫁五侯家。[2]

---

[1]《资治通鉴》卷202开耀元年七月，第14册第6402页。
[2] 陆畅：《云安公主下降奉诏作催妆诗》,《全唐诗》卷478，第8册第5477页。

唐代公主的联姻状况与魏晋南北朝大体相仿:

> 诸尚公主者并因世胄,不必皆有才能。[1]

宋代情况显然不同。据统计,有宋一代共有驸马29人,其中尽管有不少"以功臣子尚主,贵显拥富赀"[2]者,甚至还有"自以为身出门阀,素处富贵"[3]者。但其家庭真正够得上"膏粱""华腴"之家者了无一人。他们的父、祖辈往往先前"幼孤贫"[4],"死时家无余赀"[5]。保留至今的宋代史料数倍于唐代。可是在这29人中,居然有9人家世难于考究,几乎占了总数的三分之一,比例大于唐代。由此可以推知,这9人门第大概无足称道,并且有人无非是:

> 以匹夫之贱,一日而富贵具焉。[6]

还值得注意,宋代某些最高统治者的意愿是:

> 欲求儒生为主婿。[7]

---

[1]《南史》卷28《褚裕之附兄子湛之传》,第748页。
[2]《宋史》卷250《王审琦附子承衍传》,第8818页。
[3]《宋会要辑稿》帝系8,第1册第208页。
[4]《宋史》卷249《魏仁浦传》,第8802页。
[5]《宋史》卷258《曹彬附子琮传》,第8990页。
[6]《宋史》卷464《外戚中·张敦礼传》,第13582页。
[7]《宋史》卷250《王审琦附曾孙师约传》,第8820页。

如宋英宗便是：

> 出嫁皇女，访求儒门。[1]

宋理宗更是：

> 欲以进士第一人尚主。[2]

在宋代的29位驸马中，进士4人，"能诗善画"[3]者3人，俱查有实据。此外，如王师约虽非进士，但"业进士"[4]，经宋英宗面试其文，选为徐国公主驸马。周震炎是个"草茅士"，因高中状元，被宋理宗看中，选为升国公主驸马。周震炎"年几三十"，仪表欠佳，"公主于内窥之，不悦"[5]，此事才作罢。可见，赵宋朝廷选择驸马不重门第而"重人物"，就连以提倡注重等级名分的理学而闻名的宋理宗也如此。

按照传统宗法制度，宗室内部，亲疏即等级。公主选择驸马尚且有如上所述，推而广之，可以想见，整个宗室的联姻状况势必等而下之。其实际情形，就总体而论，可概括为宋代宗室婚姻"不限阀阅"。粗略说来，大致经历下面两个

---

[1]《宋会要辑稿》帝系8，第1册第206页。

[2]《宋史》卷248《公主·理宗周汉国公主传》，第8790页。

[3]《宋史》卷255《王全斌附曾孙凯传》，第8926页。

[4]《宋会要辑稿》帝系8，第1册第204页。

[5] 不著撰人：《宋季三朝政要》卷3开庆元年四月，《景印文渊阁四库全书》本。

阶段的变化。

第一阶段，熙宁十年（1077）以前。宋初，"宗室皆近亲"[1]，人数少，制度未立。朝廷对于联姻对象的家世未做明确规定。北宋人晁补之说：

> 先是，宗室租［袒］免女听编民通婚。[2]

用南宋人朱彧的话说，便是：

> 初不限阀阅。[3]

宋真宗以后，子孙繁衍，皇族渐多，且有贫无官者。对此，宋人描述道：

> 国家承平日久，宗族蕃衍盛大。服属既远，禄爵有所不及，而贫乏至或不能自存。[4]

由于没有制度性的规定，以致出现这种现象：

> 宗室以女卖婚民间。[5]

据《萍洲可谈》记述：

---

[1]《宋会要辑稿》帝系4，第1册第106页。
[2] 晁补之：《提举西京嵩山崇福宫杜公（纯）行状》，《全宋文》第127册第58页。
[3]《萍洲可谈》卷1，《全宋笔记》第2编第6册第133页。
[4]《宋会要辑稿》职官20，第6册第3583页。
[5]《宋史》卷346《彭汝砺传》，第10974页。

> 富家多赂宗室求婚，苟求一官，以庇门户，后相引为亲。京师富人如大桶张家，至有三十余县主。[1]

大桶张家这些所谓"工商杂类"居然接二连三地大娶金枝玉叶，这对于仍然基本奉行贱商抑末政策的赵宋王朝来说，无疑是个奇耻大辱。天圣八年（1030）三月，垂帘听政的宋真宗刘皇后以宋仁宗的名义，下了一道堵塞性的禁令：

> 禁以财冒士族，娶宗室女者。[2]

有两点应当注意：

首先，这道禁令从制度上说弹性很大。什么叫士族，不同机构解释不一。御史台编敕的解释是：

> 须的是衣冠之后，非阛阓庸贱之伍、富商大贾之门。

按照太常礼院编敕的解释则是：

> 不是工商、技俳之家，听许（与宗室）为亲。[3]

可见所谓"门阀士族"，在宋代是个不确定性很强的模糊概念。与唐代词汇相同，含义不同。难怪彭汝砺《上仁宗乞详定祖免亲婚姻条贯》称：

---

[1] 《萍洲可谈》卷1，《全宋笔记》第2编第6册第133页。
[2] 《宋史》卷9《仁宗本纪一》，第188页。
[3] 包拯：《上仁宗论李绶冒国亲事》，赵汝愚编《宋朝诸臣奏议》卷33《帝系门·郡县主》，上册第326—327页。

> 虽言袒免亲不得与非士族之家为婚，然不知如何遂为士族。[1]

其次，这道禁令从结果上说收效甚微。数年后，宋仁宗不得不再下诏：

> 所与杂亲之家，若见任文武、升朝官，虽三代不尽食禄，但非工商伎术及恶逆之族，有朝臣委保者，听之。[2]

此后的情况仍然是，

> 比多浮薄之人，讬为衣冠之后，娶皇族女，而至有寒饥不能自养者。[3]

如翰林医官许希属于所谓"伎术之家"，"非士族，而其子乃与皇兄弁升之女纳婚"[4]。李绶是开矾铺的商人，他居然与宗室赵承俊结为儿女亲家。门第观念颇重的包拯惊呼：

> 天支之秀，下偶非类。[5]

---

[1] 彭汝砺：《上仁宗乞详定袒免亲婚姻条贯》，《宋朝诸臣奏议》卷33《帝系门·郡县主》，上册第327—328页。
[2] 《续资治通鉴长编》卷137庆历二年七月庚午，第10册第3287页。
[3] 《续资治通鉴长编》卷146庆历四年二月己亥，第11册第3536页。
[4] 《续资治通鉴长编》卷145庆历三年十二月庚戌，第11册第3514页。
[5] 《上仁宗论李绶冒国亲事》，《宋朝诸臣奏议》卷33《帝系门·郡县主》，上册第326—327页。

与天圣八年的禁令相比,宋英宗的规定较为明确:

> 婿家有二世食禄,即许娶宗室女。[1]

对于这项规定,有以下两点值得注意。

第一,要求比唐代降低。所谓"有二世食禄",显然有别于唐代的"取门阀者配焉"。按照传统制度,门阀不只是"二世食禄",必须是三世为官。不仅仅是"食禄"而已,至少官至正员郎。当时就有人指出,这项规定不同于唐制,其目的在于"渐复唐制"[2]。

第二,实施中不能兑现。此后照样是:

> 宗女当嫁,皆富家大姓以货取,不复事铨择。[3]

洛州团练使赵世开对此大为不满,他说:

> 袒免女与进纳之家为婚姻,明立要约,有同鬻卖,玷辱国风。[4]

更为严重的是,负责贯彻这项规定的同管勾宗正事赵宗

---

[1]《宋史》卷115《礼志十八·嘉礼六·诸王纳妃附杜宗室》,第2739页。
[2]刘述:《上神宗乞郡县主祗于见任文武官中选择为亲》,《宋朝诸臣奏议》卷33《帝系门·郡县主》,上册第327页。
[3]《宋史》卷244《宗室一·燕王德昭传》,第8677页。
[4]《续资治通鉴长编》卷270熙宁八年十一月甲申,第19册第6627页。

惠本人就执法犯法。他"嗜利苟贱",将女儿嫁给石有卿之子。石有卿是"以财雄于乡"的徐州士豪,其妻子原本娼妓。权监察御史里行彭汝砺得知此事,怒不可遏,上奏皇上,要求惩办。他说:

> 皇族虽服属已疏,然皆宗庙子孙,不可使间阎下贱,得以货取,愿为更著婚姻法。[1]

这时已经是宋神宗熙宁年间,彭汝砺仍然请求立法,足见宋英宗的规定近乎一纸空文。

第二阶段:熙宁十年以后。为了改变宗室婚姻实际上的无法状态,宋神宗根据赵世开、彭汝砺等人的请求,于熙宁十年九月建立宗室婚嫁仪制。[2] 仪制根据"承平日久,皇支蕃繁"的实际情况,"别其亲疏,异其等杀"[3],按照血缘关系的远近,把宗室划分为三个等级,分别提出不同要求。

对于血缘关系很疏远的"非袒免亲",明文规定"依庶姓法",同普通人一样,不做任何特殊要求。

对于"袒免以上"即五服以外的远亲,仅仅禁止他们与"杂类之家"和"化外及见居沿边两属之人"通婚。其实,这与"庶姓法"并无多少差别。北宋初年颁行的《宋刑统》就规定:

---

[1] 曾肇:《彭待制汝砺墓志铭》,《琬琰集删存》卷2,第228页。
[2] 据《续资治通鉴长编》卷284熙宁十年九月壬子,第20册第6959—5960页。
[3] 李攸:《宋朝事实》卷8《玉牒》,中华书局1955年版,第128页。

> 诸杂户不得与良人为婚。[1]

此后，宋太宗至道元年（995）八月下诏：

> 禁西北缘边诸州民与内属戎人昏娶。[2]

对于"缌麻以上"即五服以内的近亲，禁止他们与通过"胥吏出职、纳粟得官及进纳伎术"等途径入仕的工商杂类、恶逆之家通婚，其要旨仍旧在于"不得与杂类之家婚嫁"。至于正面要求，则其婚姻对象应当是：

> 三代有任州县官或殿直以上者。

这个要求不高，与治平年间关于食禄之家"即许娶宗室女"的规定大致相同。只是"三代有任"四字，语意不甚明确。究竟是指三代连任，还是指三代中有一代任官？朱彧说得明白：

> 三代须一代有官，乃得取宗女。[3]

显而易见，宋神宗的规定比治平年间必须"二世食禄"的要求有所放宽。这个规定终有宋一代，始终未曾改动。后来只是增加了一条：

> 禁（与）刑徒人子孙为婚。[4]

---

[1]《宋刑统》卷14《户婚律·主与奴娶良人》，第255页。
[2]《宋史》卷5《太宗本纪二》，第98页。
[3]《萍洲可谈》卷2，《全宋笔记》第2编第6册第154页。
[4]《宋史》卷115《礼志十八·嘉礼六·诸王纳妃附宗室》，第2739页。

值得注意的是,这个放宽了的规定同样不能落实。北宋后期,县主居然商品化,其价格为"每五千贯买一个",开封工商业者"帽子田家"靠着雄厚的资财,一买再买,娶了又娶,居然"家凡十县主"。身为太皇太后的宋英宗高皇后火冒三丈,气愤地说:

> 国家宁要汝钱也,是何门当户敌![1]

可是气愤无济于事,工商杂类通婚宗室实在是有宋一代无论如何也改变不了的现实。此后,这类事情仍然屡见不鲜。如朱冲"以常卖为业",且"两受徒刑",既是个工商之家,又是恶逆之人,但他家的婚姻状况是:

> 弟侄数人皆结姻于帝族,因缘得至显官者甚众。[2]

综上所述,不难看出,唐宋两代人们选择配偶的标准发生了深刻的变化。就民间而言,唐代通常"男女婚嫁,不杂他姓",宋代"士庶婚姻,浸成风俗"。就宰辅而言,唐代往往"女为王妃男尚主",宋代常常"婚姻不求门阀"。就后妃而言,唐代"妙择天下令族",宋代"不欲选于贵戚",最理想的是所谓"小官门户"。就公主而言,唐代"主婿皆取当世勋贵名臣家",宋代"欲求儒生为主婿"。就宗室而言,唐

---

[1]《续资治通鉴长编》卷472元祐七年四月戊午,第32册第11264页。
[2] 龚明之:《中吴纪闻》卷6《朱氏盛衰》,《全宋笔记》第3编,张剑光整理,第7册第282—284页。

代规定"取门阀者配焉",而宋代"不限阀阅",以致"宗室以女卖婚民间"。凡此种种,一概表明唐代大体属于"家之婚姻必由于谱系"的时代,而宋代"婚姻不问阀阅"不止确有其事,并且足以构成其时婚姻制度的一大特色,堪称中国传统时代婚姻制度史上的一大变革。无怪乎宋代某些士大夫不禁"发愤叹息":

> 婚娶之法,自朝廷以及民庶,荡然无制,故风俗颓靡,犯礼者众。[1]

"婚姻不问阀阅"的历史意义显而易见。如果说"家之婚姻必由于谱系"是门阀政治的重要支柱之一,那么"婚姻不问阀阅"便是官僚政治的一个有力杠杆。宋代"婚姻不问阀阅"取代"必由于谱系",意味着历史车轮迈过严格的门阀政治时期,进入了典型的官僚政治阶段。传统婚姻制度史上的这一变革,应当属于历史性的进步。

---

[1] 韩维:《上英宗乞不泛于名臣家为颍王择妃》,《宋朝诸臣奏议》卷27《帝系门·皇后上》,上册第260页。

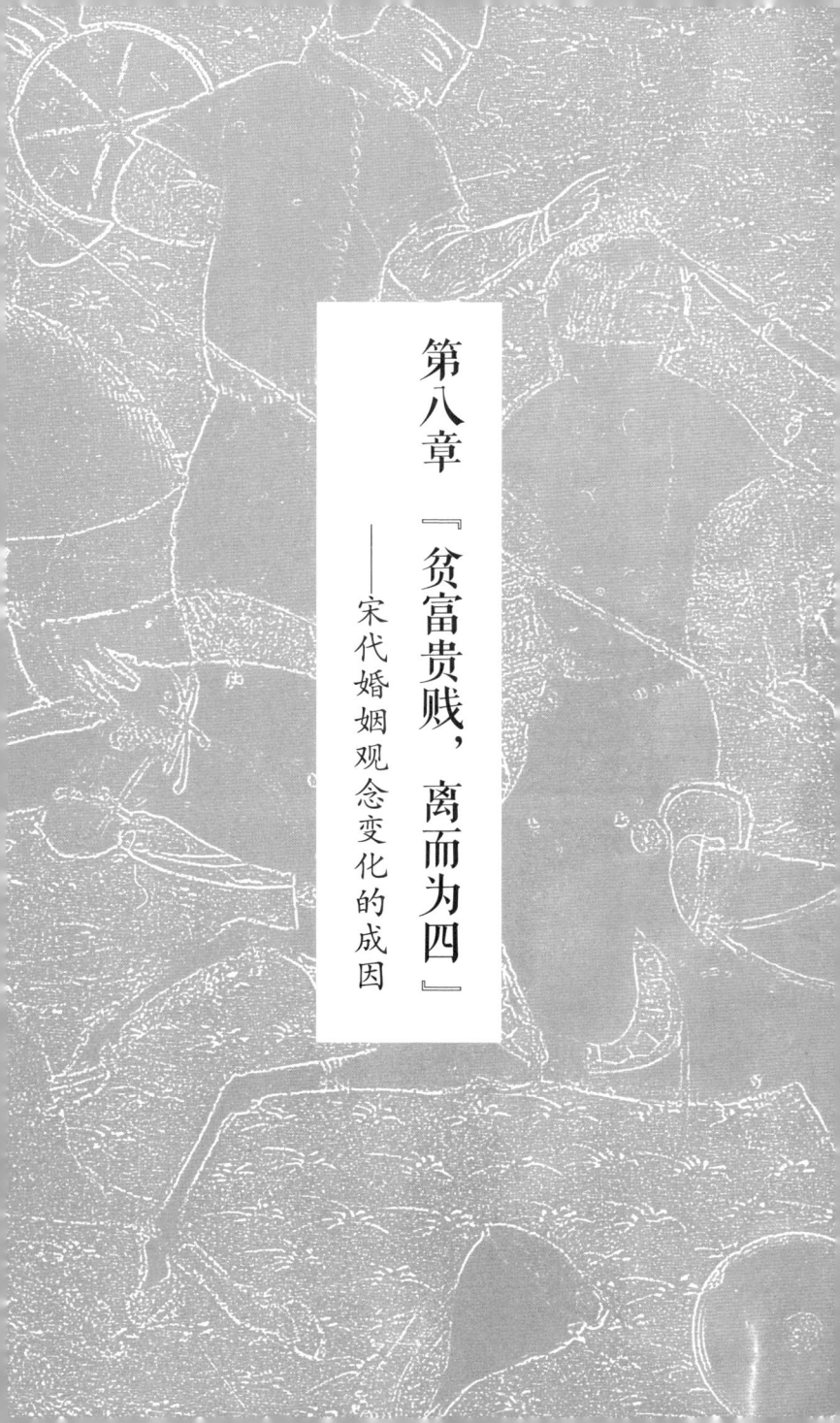

第八章 「贫富贵贱,离而为四」

——宋代婚姻观念变化的成因

传统时代居然"婚姻不问阀阅",人们或许会说,岂非咄咄怪事。其实,"婚姻不问阀阅"并不意味着宋代婚姻制度失去了传统婚姻制度的共性,仅仅意味着士庶不婚陈规的大体打破。宋代婚姻制度仍然具有明显的等级性,依旧是公开的不平等制度,只不过大同中有小异,与前代相比,自有其特色。第一章里已经讲到,此处不再重复。如果将问题提到一定的历史范围之内,弄清宋代婚姻何以"不问阀阅",便会感到此事出现在宋代,不足为奇。宋代"婚姻不问阀阅"原因各式各样,复杂纷繁,且分属不同层次,原本不能并列。为了行文方便,姑且将其原因概括为以下四个方面,难免有概括不周全、言犹未尽意之处。

一 等级结构的演进

士庶不婚作为被门阀政治决定的一条婚姻禁忌,它与门阀政治同兴衰,和士族阶层共存亡。宋代"婚姻不问阀阅"的直接原因在于唐宋之际等级结构的变动。具体说来,有下面两点。

首先,旧等级结构的解体使士庶不婚陈规失去了存在的可能性。唐末五代是中国历史上又一个"礼废乐坏"[1]时代。欧阳修在《新五代史》中一再惊呼:

> 五代之乱极矣![2]
> 自古未之有也![3]

经历唐末五代的动荡之后,旧的士族阶层衰败凋零。其情况是:

> 唐末五代,天下丧乱,衣冠旧族,往往流落间阎

---

[1] 郑居中等《政和五礼新仪》原序称:宋代"承五季礼废乐坏,大乱之后"(《景印文渊阁四库全书》本)。
[2] 《新五代史》卷34《一行传》序,第369页。
[3] 《新五代史》卷16《唐废帝家人传》论,第173页。

间,没而不振。[1]

北宋初期,宋太宗指出:

> 唐季海内分裂,五代世数尤促,大臣子孙皆鲜克继祖父之业。[2]

南宋前期,史家李焘也曾对此加以揭示:

> 唐末五代之乱,衣冠旧族多离去乡里,或爵命中绝,而世系无所考。[3]

正是依据上述情况,清初大学问家顾炎武认定:

> 氏族之乱,莫甚于五代之时。[4]

在"累经乱离,谱籍散亡","家谱不传于世"[5]的情况下,谱牒难考。欧阳修"著族谱,号为精密",但替其家族编修族谱,"唐初至黄巢时,几三百年,仅得五世"。周密《齐东野语》评述道:

---

[1] 祖无择:《宋故赠尚书工部侍郎清河张君神道碑铭》,《全宋文》第43册第333页。
[2] 《续资治通鉴长编》卷25雍熙元年三月乙卯,第3册第574页。
[3] 《续资治通鉴长编》卷103天圣三年四月,第8册第2380页。
[4] 《日知录校注》卷23《通谱》,下册第1267页。
[5] 马永卿:《懒真子》卷4,《全宋笔记》第3编,查清华等整理,第6册第195页。

> 恐无是理。后世谱牒散亡,其难考如此![1]

与欧阳修大约同时的刘烨居然自称,其家十余代"仕者相继",并且至今"世牒具存"。宋真宗刘皇后为掩盖她出身寒素的家世,起了与刘烨联宗的念头,一再问他:

> 知卿名族,欲一见卿家谱,恐与吾同宗也。

刘烨连忙回答:

> 不敢!

刘皇后两次询问,刘烨竟"无以对",直至吓得"风眩,仆地"[2]。人们有理由怀疑他是在说谎。由上所述,不难看出,旧的高门大族在宋代已经寥若晨星、罕如凤毛。当时何以会有"不将门户嫁崔卢"之说,是因为所谓"崔卢"几乎不复存在,既便想"嫁",也实在太难找。

还应当看到,宋代再也没有形成新的门阀士族集团。不少当时人在不同场合,用各种形式反复述说。北宋前期,宋太宗就谈到,"大臣世守禄位"已经成为一去不复返的"古道"[3]。宋真宗也说:

> 国朝将相家,能以身名自立不坠门阀者,惟李昉、

---

[1]《齐东野语》卷11《谱牒难考》,《全宋笔记》第7编第10册第178—179页。
[2]《续资治通鉴长编》卷103天圣三年四月,第8册第2380页。
[3]《续资治通鉴长编》卷25雍熙元年元年三月乙卯,第3册第574页。

曹彬耳。[1]

北宋后期，程颐指出：

> 朝廷无世臣。
> 无百年之家。[2]

南宋初年，叶梦得讲：

> 世道方难，衣冠士族骨肉相保者无几。[3]

据赵翼《廿二史札记·继世为相》统计，宋代继世为相的仅有吕、韩、史三家，吕蒙正、吕夷简、吕公著三世为相，韩琦、韩忠彦二世为相，史浩、史弥远、史嵩之三世为相，[4] 如此而已。唐代的情况则是：

> 或父子相继居相位，或累数世而屡显，或终唐之世不绝。[5]

两相比较，差别显而易见。北宋末年人方勺做出对比：

> 李唐一门十相者良多，至闻喜裴氏、赵郡李氏，一家皆十七人秉钧轴，何其盛也。本朝父子继相，韩、吕

---

[1] 《续资治通鉴长编》卷80大中祥符六年五月己未，第6册第1827页。
[2] 《张载集·经学理窟·宗法》，中华书局1978年，第259页。
[3] 叶梦得：《石林家训》，陶宗仪：《说郛》卷75，中国书店1986年版。
[4] 《廿二史札记》卷26《继世为相》，《赵翼全集》第1册第473页。
[5] 《新唐书》卷71上《宰相世系表一上》序，第2179页。

之后未闻。[1]

足见,门阀士族在宋代只是极个别、很少见的偶然现象,已经不成其为一个特殊的等级。

既然如此,那么与士族等级相比较而存在的庶族阶层,自然也就不能单独地存在了。因此,宋代无士庶之分,无阀阅可问。"阀阅""士庶"一类的词汇在宋代尽管保留下来,但其含义与从前大不相同,以致一般人不知"阀阅"为何物,"不知如何遂为士族"[2]。正是在这样的社会环境下,士庶不婚的陈规理所当然地遭到历史的淘汰。

其次,新等级结构的确立使"婚姻不问阀阅"具有了历史正当性。毋庸讳言,传统社会是个"多级的阶梯",在宋代没有任何改变。当时虽无士、庶之分,但有官、民之别,存在着官僚与平民两大等级。但官僚等级毕竟不同于士族地主阶层。士族阶层是个封闭性、世袭性、排他性的集团,即所谓"官有世胄,谱有世官"[3]。他们不但是个独立的经济力量,而且是个独立的政治力量。因此,他们敢于"以氏族相高"[4],甚至连皇帝也畏惧他们三分。而官僚集团则是个开放

---

[1] 方勺:《泊宅编》卷1,《全宋笔记》第2编,许沛藻、燕永成整理,第8册第169—170页。
[2] 《上仁宗乞详定祖免亲婚姻条贯》,《宋朝诸臣奏议》卷33《帝系门·郡县主》,上册第327页。
[3] 《新唐书》卷199《儒学中·柳冲传》,第5677—5678页。
[4] 《梦溪笔谈》卷24《杂志一》,《全宋笔记》第2编第3册第182页。

性、非世袭性、包容性的群体,即所谓"骤得富贵","其家不传"[1]。他们并不具有士族阶层那样深厚的根基、强大的力量。因此,他们"不敢以门阀自高"[2],对皇帝只能俯首帖耳。宋代有句名言:

> 朝士今日不知明日事。

士大夫"常若逆旅人将行者"[3],时刻准备升迁改转,贬官丢官。宋仁宗时官至宰相的杜衍自称"措大",便既生动又贴切地表现了官员对朝廷的依赖。他生活俭朴,"食于家,惟一面一饭",旁人"美其俭"。杜衍说:

> 某本一措大,名位寿福、冠冕服用,皆国家所有。一旦去身,复为措大,何以自奉?[4]

"措大"又作"醋大",贫苦寒酸的读书人之谓也。如果要"问阀阅",这些措大自身是经不住问的。

宋代固然有官民之别,但这时的官民之别不同于从前的士庶之分。从前"士庶天隔"[5],很难逾越;宋代"贫不必不

---

[1]《张载集·经学理窟·宗法》,第259页。
[2]《廿二史札记》卷26《继世为相》,《赵翼全集》第1册第473页。
[3]《鹤林玉露》乙编卷1《住山僧》,《全宋笔记》第8编第3册第243—244页。
[4]《古今事文类聚》别集卷18《性行部·俭约·一面一饭》,《景印文渊阁四库全书》本。
[5]《宋书》卷42《王弘传》,第1317页。

富,贱不必不贵"[1],可以转化。这种社会地位的转化,被称为社会流动。社会流动分为下降型与上升型。

宋代下降型的社会流动,即所谓由贵而贱的具体事例颇多。如宋初宰相范质死后,他的侄子范杲"家贫,贷人钱数百万","端坐终日,不知计所出"[2]。被宋太宗誉为"大事不糊涂"的宰相吕端死后,家道不振,宋真宗时"旧第已质于人"[3]。宋真宗朝宰相王旦死后,他的儿子"持父所服带求质钱",旁人感叹道:

宰相子亦至是乎![4]

曾经"辅佐三朝"的名相富弼在宋神宗时死去,不久"家世零替"[5]。北宋思想家张载将反复出现的这一现象,称为:

今日万钟,明日弃之;今日富贵,明日饥饿。[6]

于是出现了这样的谚语:

富贵怕见开花。

---

[1] 刘跂:《马氏亭园记》,《全宋文》第123册第220页。
[2]《宋史》卷249《范质附兄子杲传》,第8798、8799页。
[3]《续资治通鉴长编》卷73大中祥符三年四月乙亥,第6册第1668页。
[4]《宋史》卷245《宗室二·汉王元佐传》,第8696页。
[5]《宋会要辑稿》职官77,第9册第5184页。
[6]《张载集·经学理窟·自道》,第291页。

意思是花开很快又落,"适可喜,正可惧"[1]。

宋代上升型的社会流动,即所谓由贱而贵的实例为数同样不少。如北宋中期,书生冯京游学余杭,因其"甚贫",遭到官吏凌辱。他愤愤不平,题诗一首:

> 韩信栖迟项羽穷,手提长剑喝秋风。
> 吁嗟天下苍生眼,不识男儿未济中。[2]

冯京在诗中以项羽、韩信自况,并非口出狂言。果不其然,他不久连中三元,状元及第后,官至参知政事、枢密使。南宋前期,章良能、章良朋兄弟"清贫自若,少依乡校,沈丞相该之家学相连"。沈氏子弟看到"时方严冬,二章衣不掩胫",嘲笑道:"此人会著及时衣。"后来章氏"兄弟联登第,骎骎通显"。沈氏因穷困而出卖房屋,章良朋"买之以居焉"[3]。章良能于宋宁宗时出任参知政事。与二章大约同时,穷书生谢深甫穿着草鞋前往杭州赶考,过渡时受到渡子敲诈。渡子扬言:"不怕汝作转运黥我。"谢深甫改由它处渡江,一举高中,不久果然做了浙东转运使。"渡子伏地请罪",谢深甫不仅原谅,并"厚赐之",只要求他"台州秀才往来勿取渡钱"[4]。岂止转运

---

[1]《许云邨贻谋》,《丛书集成》初编本。
[2]《泊宅编》卷1,《全宋笔记》第2编第8册第168页。
[3]《癸辛杂识》别集卷上《二章清贫》,《全宋笔记》第8编第2册第351页。
[4]《西湖游览志余》卷22《委巷丛谈》,第264页。

使,谢深甫庆元年间官拜宰相。看来,这些"措大"是藐视不得的。他们确实有可能"崛起于贫贱之中,以至公相"[1]。

这里应当指出,对于宋代社会流动的程度和作用,不能估计过高。当时社会流动的事例虽然不少,但贫者贱者上升的概率不大,远远不足以填平贫富贵贱分化、阶级阶层分野的鸿沟。然而社会流动确实引起传统观念的某些变化,其中门第观念的相对淡薄就很值得注意。与"唐朝已前,最重谱牒"[2]的风尚不同,宋代"士大夫不讲而世人不载"[3]。北宋人王得臣说:

> 谱牒不修也久矣。……在唐时尚多姓谱之学,今或罕言之。[4]

清代史家钱大昕讲:

> 五季之乱,谱牒散失,至宋而私谱盛行,朝廷不复过问焉。[5]

明代学者胡应麟更是明确指出:

---

[1]《张载集·经学理窟·宗法》,第259页。
[2]《日知录校注》卷23《通谱》,下册第1267—268页。
[3] 苏洵:《谱例序》,《全宋文》第43册第173页。
[4]《麈史》卷下《姓氏》,《全宋笔记》第1编第10册第67页。
[5] 钱大昕:《十驾斋养新录》卷12《郡望》,杨勇军整理,上海书店出版社2011版,第228页。

> 五代以还，不崇门阀；谱牒之学，遂绝不传。……此门阀之变，亦古今兴废之一大端也。[1]

为什么宋代不崇门阀，不尚谱牒，居然士大夫不讲，世人不载，朝廷不问呢？按照苏洵的回答，其原因在于：

> 由贱而贵者，耻言其先；由贫而富者，不录其祖。[2]

用现在的话来说，便是社会流动带来了门第观念的相对淡薄。

宋代门第观念相对淡薄的表现，不限于"婚姻不问阀阅"。婚姻关系也是一种人际关系，在人际关系这个领域里，还可举出"所交不限士庶"[3]。同从前"地寒，不与士齿"[4]、士庶不往还的社交习惯正好相反。在待人接物方面，宋代某些士大夫所提倡的伦理道德是："处富贵不宜骄傲""礼不可因人分轻重"。袁采猛烈地抨击那些势利眼，

> 世有无知之人，不能一概礼待乡曲，而因人之富贵贫贱，设为高下等级。[5]

宋徽宗时官至吏部侍郎的邹浩"士有一善，无贵贱

---

[1] 胡应麟：《少室山房笔丛》庚部39《华阳博议下》，中华书局1958年版，下册第515—516页。
[2] 《谱例序》，《全宋文》第43册第173页。
[3] 《朱子大全》卷74《增损吕氏乡约·礼俗相交》，《四部备要》第58册第1337页。
[4] 《新唐书》卷179《舒元舆传》，第5321页。
[5] 《袁氏世范》卷2《处己·礼不可因人分轻重》，第64页。

必与之交"[1]，被人们视为美德。还应当指出，"所交不限士庶"一语出自宋代著名的乡规民约《吕氏乡约》，对此加以增损并大力提倡的不是别人，而是赫赫有名的理学家朱熹。

总之，宋代"婚姻不问阀阅"不是孤立的、偶然的社会现象。如果说此前"家之婚姻必由于谱系"是"唐朝以前最重谱牒"的结果，那么宋代"婚姻不问阀阅"便是人们"不复以氏族为事"的表现，并非怪事一桩，完全可以理解。

二 土地制度的变革

一切社会现象的根源几乎都寓于物质生活之中。宋代何以"婚姻不问阀阅"，等级结构的变动虽然是其直接原因，但是尚属浅层，其深层原因在于土地制度的演进。魏晋南北朝时期，门阀士族的崇高社会地位何以经久不衰，与当时商品经济分外冷落，门阀士族对土地的占有安固久长，他们的经济实力延绵不绝关系极大[2]。从根本上说，从前士庶之分难以逾越是以土地所有权的凝固性为基础，而宋代官民之别可以转化则是以土地所有权的流动化趋势做前提。宋代土地

---

[1]《三朝名臣言行录》卷13之2《吏部侍郎邹公（浩）》，《四部丛刊》本。
[2] 金宝祥：《论唐代的土地所有制》，《唐史论文集》，甘肃人民出版社1982年版。

所有权转换频率加快,在很大程度上是商品经济的发展所促成。中唐诗人姚合《庄居野行》诗云:

> 客行野田间,比屋皆闭户。
> 借问屋中人,尽去作商贾。
> 官家不税商,税农服作苦。
> 居人尽东西,道路侵垄亩。[1]

此诗用文学夸张手法生动地表现了唐中叶以来商品经济的活跃。宋代在这个基础上又进了一步,宋代名臣夏竦将这一趋势不无夸张地描述为:

> 贾区伙于白社,力田鲜于驵侩。[2]

正是在此种历史条件下,土地作为商品,较多地进入了流通领域。富裕者的趋向是:

> 累千金之得,以求田问舍。[3]

土地买卖成为司空见惯的社会现象。如果说宋代以前朝廷推行"均田"一类的土地制度,对土地买卖加以限制,那么宋朝与此不同,实行"不抑兼并"[4]"田制不立"[5]的土地政策,

---

[1] 姚合:《庄居野行》,《全唐诗》第 15 册第 5661 页。
[2] 夏竦:《贱商贾策》,《全宋文》第 47 册第 51 页。
[3] 李新:《上王提刑书》,《全宋文》第 133 册第 353 页。
[4] 陈傅良:《历代兵制》卷 8《本朝》,《景印文渊阁四库全书》本。
[5] 《文献通考》卷 4《田赋考四·历代田赋之制》,上册第 57 页。

对土地买卖限制减少。用当时人的话来说,便是:

> 贫富无定势,田宅无定主,有钱则买,无钱则卖。[1]

宋朝统治者施行这一政策,实属无可奈何,是政治力量向经济力量的屈服,可视为顺乎社会潮流、合乎历史需要的进步现象。随着土地买卖的合法化而来的是土地买卖的普遍化。从前人们用"赀业不坠"一类的言辞形容土地所有制的凝固性。而宋人则说:

> 古田千年八百主,如今一年一换家。[2]

这句谚语描绘的是土地所有权的流动化趋势。类似说法还多,诸如:

> 千年田换八百主。[3]
> 庄田置后频易主。[4]

"田宅无定主"这一土地所有权流动化的趋势造成"贫富无定势"的局面。宋代不仅存在政治地位的流动,即所谓"贵者之子孙或不能保其位",而且存在着经济地位的波动,即

---

[1]《袁氏世范》卷3《治家·富家置产当存仁心》,第159页。
[2] 罗椅:《田蛙歌》,《全宋诗》第62册第39218页。
[3] 辛弃疾:《最高楼(吾拟乞归,犬子以田产未置止我,赋此骂之)》,《全宋词》第3册第1894页。其中有句云:"须富贵何时,富贵是危机。"
[4] 刘克庄:《故宅》,《全宋诗》第58册第28144页。

所谓"数世,富者之子孙,或不能保其地以复于贫"[1]。在实际生活中,这类事例很多。如"天台宋氏,家本富,后贫,鬻庐于邻"。成交那天,其家人题诗惜别故园:

> 自叹年来刺骨贫,吾庐今已属西邻。
> 殷勤说与东园柳,他日相逢是路人。[2]

再如"浙右富人舍竹园于邻寺",不久"其子贫甚,取其笋",这个寺庙的和尚将此子"执为盗,闻于官"。好在这位富人先前是将土地施舍,而不是出卖给寺庙的,于是官府裁定:

> 当初舍园,指望福田;既无福田,还他竹园。[3]

地主如此,商人同样。朱熹说:

> 有朝为富商,暮为乞丐者矣。[4]

根据这些情况,南宋人吕皓指出:

> 今之富民,鲜有三世之久者。[5]

---

[1] 苏洵:《衡论·田制》,《全宋文》第 43 册第 102 页。
[2] 赵葵:《行营杂录》,《全宋笔记》第 7 编,程郁整理,第 7 册第 147 页。
[3] 《随隐漫录》卷 5,《全宋笔记》第 8 编第 4 册第 295 页。
[4] 《朱子语类》卷 130《本朝四·自熙宁至靖康人物》,第 3127 页。
[5] 吕皓:《上邱宪宗卿书》,《全宋文》第 287 册第 232 页。

岂止一般富民，就连达官显宦也很难逃脱由富而贫的历史命运。如宋初"屡立战功"的大将郭进，新居落成时，大宴宾客，居然把儿子们的座次安排在工匠们之下。客人感到不可理解，问他：

> 诸子安可与工徒齿？

郭进先指着工匠回答：

> 此造宅者。

又指着儿子们说：

> 此卖宅者，固宜坐造宅者下也。

果然不出郭进所料，他死后不久，此宅"果为他人所有"[1]。宋真宗时做过龙图阁直学士的刘烨，其子孙同样"不能保有先人旧庐"。刘烨死后不久，他们"鬻其第，为茅处士所得"[2]。北宋后期官至尚书的杨玢刚致仕即退休，其长安"旧居多为邻里侵占"。他赋诗自讽，其中有句：

> 试上含元基上望，秋风秋草正离离。[3]

---

[1]《梦溪笔谈》卷9《人事一》，《全宋笔记》第2编第3册第79页。
[2] 张师正：《括异志》佚文《刘烨》，《全宋笔记》第8编，张剑光整理，第9册第362页。
[3] 洪迈：《容斋五笔》卷7《盛衰不可常》，《全宋笔记》第5编，孔凡礼整理，第6册第465页。

难怪张载说:

> 今之骤得富贵者,止能为三四十年之计。[1]

上面是由富而贫的例证,宋代也不乏由贫而富的事情。淳熙年间,从新安逃荒到宿松的吴十郎就是个暴发户。他"初以织草屦自给,渐至卖油。才数岁,赀业顿起,殆且巨万"。[2] 此外,缙云有个姓潘的富人,"少贫",后来"积财逾数十百万"[3]。"世以鬻面为业"的许大郎,起初"仅能自赡",由于他"颇留意营理","如是十数年,家道日以昌盛,骎骎致富矣"。[4]

对于上述社会现象,某些宋人概括道:

> 富儿更替做。[5]
> 贫富久必易位。[6]

其情况确如宋代民谚所说:

> 白屋多起家,膏粱易偷惰。[7]

---

[1]《张载集·经学理窟·宗法》,第259页。
[2]《夷坚志》支癸卷3《独脚五通》,第4册1238页。
[3]《夷坚志》甲志卷11《潘君龙异》,第1册第98页。
[4]《夷坚志》支戊卷7《许大郎》,第4册第1110页。
[5]《袁氏世范》卷3《治家·兼并用术非悠久计》,第161页。
[6] 黄震:《七月初一日劝上户放债减息榜》,《全宋文》第348册第64页。
[7] 何垣:《西畴老人常言·讲学》,《全宋笔记》第6编,张剑光整理,第9册第4页。

莫言家未成，成家子未生。莫言家未破，破家子未大。[1]

若还惰懒必饥寒，莫到饥寒方怨命。[2]

正是在"贫富久必易位"的社会环境下，教育子孙成才、防止家道衰败，成为宋代家训一个共同的重要内容。

总之，等级结构的不够严密是中国传统社会的特点之一，商品经济的发展和土地所有权的流动化趋势又将本来就不够严密的等级结构搅动得更加不够严密。政治地位的"贱不必不贵"，归根到底是被经济地位的"贫不必不富"所决定。宋代门第观念相对淡薄的根源在于商品货币经济的发展、土地所有制的演变。回顾这一历史进程，使我们更加真切地感到货币是"激进的平均主义者"，而商品则是"革命的要素"。从根本上说，商品经济同门第观念不相容。宋代"婚姻不问阀阅"无非是门第观念相对淡薄的一种表现而已。

三 防弊之政的施行

宋代何以"婚姻不问阀阅"，既有社会经济方面的原因，也有政策策略方面的缘故。宋朝治国方略的总原则是什么？

---

[1]《袁氏世范》卷1《睦亲·家业兴替系子弟》，第41页。
[2]《鹤林玉露》丙编卷5《陆氏义门》，《全宋笔记》第8编第3册第400页。

邓广铭先生认为是：

> 以防弊之政，为立国之法。[1]

此说言而有据，且给人启发。宋太宗即位次日宣称：

> 先皇帝（指宋太祖）创业垂二十年，事为之防，曲为之制，纪律已定，物有其常，谨当遵承，不敢逾越。[2]

后来宋朝君臣不时强调施政当防弊。如李觏《刑禁》云：

> 圣人之于天下，事为之制，曲为之防。[3]

宋高宗绍兴四年（1134）九月下诏曰：

> 方今州县皆宜曲为之防。[4]

周必大上奏称：

> 比岁，事为之制，曲为之防，非不详矣。[5]

---

[1] 邓广铭：《宋朝的家法与北宋的政治改革运动》，《中华文史论丛》1986年第3辑。收入《邓广铭全集》，河北教育出版社2006年版，第7册第288页。
[2] 《续资治通鉴长编》卷17开宝九年十月乙卯，第3册第382页。
[3] 《李直讲集》卷10《刑禁第六》，第102页。
[4] 《建炎以来系年要录》卷80绍兴四年九月丁未，第4册第1339页。
[5] 周必大撰、王瑞来校证：《周必大集校证》卷140《奏议七·乞申严荐举连坐之法》，上海古籍出版社2020年版，第6册第2159页。

施行防弊之政，措施林林总总，让人不禁想到防备外戚擅权与实行回避制度。这两项举措均与宋代"婚姻不问阀阅"成为气候，颇有关联。下面先说其一，再说其二。

其一，宋代宗室何以与高级官僚家庭较少联姻，朝廷对外戚的严加防范是个重要原因。宋太祖有句名言：

> 天下一家，卧榻之侧，岂容他人鼾睡乎！[1]

这里的"他人"不仅仅是指地方割据势力，而且泛指一切有可能"权倾天下"的人。宋朝将加强集权作为基本国策。对于朝廷来说，结婚是一种政治行为，它绝不给予达官显宦之家借新的联姻来扩大自己势力的机会。在宋朝统治集团看来，武则天之所以"可畏"，是由于她门第高：

> 武后乃是武功臣之女，合下便有无君之心。[2]

因此，与唐代后妃"妙择天下令族"，宗室"取门阀者配焉"相反，宋代后妃"不欲选于贵戚"、宗室婚姻"不限阀阅"，将"小官门户"作为最理想的联姻对象。何以如此，宋真宗刘皇后讲得很明白，后妃"选于衰旧之门"，目的在于"庶免他日或扰圣政"。宋英宗高皇后所说"家政恐骄，骄即难教"，这八个字更是一语破的。

---

[1]《续资治通鉴长编》卷16开宝八年十一月辛未，第2册第350页。
[2]《朱子语类》卷132《本朝六·中兴至今人物下》，第8册第3179页。

从达官显宦方面来说,他们未必乐意联姻皇室。宋代有此一说:

> 唐公主多适名人,而近世士人乃畏尚主。[1]

其原因在于朝廷对外戚严加防范,联姻皇室通常并不是实权增长的象征,往往倒是实权缩小的结果。北宋开国之初,大将石守信等人与宋太祖"约为婚姻",随即"兵权不在"[2],即明证。此后,鉴于"前代外戚多预政事,常致败乱",为了革除此弊,更是逐渐形成了一整套"待外戚之法"。[3] 其基本精神是:

> 养之以丰禄高爵,而不使之招权擅事。[4]

宋仁宗说:

> 爵赏所以与天下共也。倘尽用亲戚,何以待勋旧乎?[5]

宋高宗也说:

---

[1]《宋朝事实》卷8《公主》,第136页。
[2]《续资治通鉴长编》卷2建隆二年七月庚午,第2册第50页。
[3]《续资治通鉴长编》卷480元祐八年正月丁亥,第32册第11416页。
[4] 吴执中:《上徽宗论郑居中除同知枢密院事》,《宋朝诸臣奏议》卷35《帝系门·外戚下》,上册第352页。
[5]《宋史》卷464《外戚中·李用和附子李珣传》,第13567页。

> 祖宗待戚里皆有常宪,朕不敢逾。岂以后族故私之邪?[1]

诚然,宋代外戚封王、建节者并不算少,据南宋史家李心传统计,仅在南宋前期70年间,外戚封王者8人,建节者22人。[2] 这正好说明宋代的确将外戚置于高位,但什么王、什么节度使,在宋代通通属于"空官无实"的虚衔。朝廷通常不让外戚掌实权。按照规定,外戚不能担任正副宰相、正副枢密使、侍从官、监司、郡守等实职,更不能统率军队。宋哲宗时,右谏议大夫范祖禹一言蔽之:

> 国朝旧制,婚姻之家无预政事者。[3]

景祐年间,步军都虞候曹仪的堂姐立为皇后,他立即"自乞罢军职",宋仁宗"从之",遂"落管军"[4]。宋孝宗时,一心想做正宰相的参知政事钱端礼,当他的女婿邓王赵愭被立为太子,不得不"引嫌"[5]辞职。

宋代也有外戚破例担任实职的,但几乎无不遭到大臣反对,酿成官场风波。如宋仁宗任命钱惟演为枢密使,宰相冯

---

[1]《宋会要辑稿》后妃2,第1册第275页。
[2]《建炎以来朝野杂记》乙集卷11《后家封王者》、《中兴以来后家建节者》,《全宋笔记》第6编,徐规整理,第8册第152—153页。
[3]《三朝名臣言行录》卷13之1《内翰范公》,《四部丛刊》本。
[4]《续资治通鉴长编》卷115景祐元年十二月己未,第9册第2707页。
[5]《宋史》卷385《钱端礼传》,第11831页。

拯当即反对：

> 惟演以妹妻刘美，实太后姻家，不可预政，请出之。[1]

钱惟演很快被解职。宋哲宗时，宋神宗驸马韩嘉彦的哥哥韩忠彦出任同知枢密院事，谏官范祖禹赓即上疏：

> （本朝）无强族根据朝廷。今忠彦执政，弟尚公主，恐权威太甚，宜防其渐。[2]

韩忠彦本人也一再"以嘉彦选尚为嫌，乞罢免"[3]。因此，他不久便去位。到宋徽宗时，韩忠彦被任命为宰相，大臣们反对更激烈。宋徽宗只得承认自己"上违祖考成宪，下虞前世祸乱之失"，下诏：

> 自今勿复援忠彦例，以戚里宗属为三省执事，世世守之，著为甲令。[4]

总之，达官显宦很难通过联姻皇室，谋取更大实权，甚至失大于得。既然如此，他们权衡得失利弊，对于通婚

---

[1]《续资治通鉴长编》卷99乾兴元年十一月丁卯，第8册第2300页。
[2] 范祖禹：《上哲宗乞罢韩忠彦政事》，《宋朝诸臣奏议》卷35《帝系门·外戚下》，上册第343页。
[3]《宋会要辑稿》帝系8，第1册第206页。
[4]《宋大诏令集》卷162《政事十五·官制三·诫约勿援韩忠彦例以戚里宗属为三省执政官诏》，第617页。

皇室，并不热心。宋英宗只得采取鼓励措施，在治平二年（1065）规定，"宗室袒免婿有官者转一官"，以"劝有官者肯与宗室为婚"[1]。宋神宗在熙宁三年（1070）七月又重申这项规定，可是收效甚微。

其二，宋代高级官僚家庭相互之间较少通婚，朝廷推行亲属回避制度是个重要原因。上一章讲到冯京、洪皓、潘良贵等人不愿意攀高亲、结贵戚。原因何在，不可简单地从道义上去求解，将这全然视为读书人的清高，其中奥妙应当从避亲制度中去寻求。

南宋初年，翰林学士范冲说：

> 避亲故事，典策具存，天下之人，不可不晓。[2]

仅由这寥寥数语即可看出，亲属回避制度是宋代不可忽视的一项重要制度。按照这项制度，应当进行回避的亲属不仅限于血亲，而且包括姻亲，诸如岳父、女婿、舅子、老表、亲家、连襟之类，其目的在于破除盛行于官场之中的襟带关系网。对于官员利用裙带关系结党营私，宋代最高统治者向来十分反感。开宝年间有这件事发生：

> 枢密使李崇矩与宰相赵普厚相交结，以其女妻普子承宗。

---

[1]《宋会要辑稿》帝系4，第1册第111页。
[2]《建炎以来系年要录》卷100绍兴六年四月丙寅，第4册第1700页。

宋太祖与赵普关系很不一般,但他"闻之","不喜"[1]之情溢于言表。李崇矩不久便因此被免职。宋徽宗得知蔡京的小儿子蔡绦,"引其妇兄韩梠为户部侍郎","窃弄威柄",马上火冒三丈,"欲窜之"。尽管蔡京亲自出面说情,宋徽宗仍然将蔡绦"勒停侍养","安置韩梠黄州"[2]。号称南宋英主的宋孝宗,对此更是非常敏感。执政大臣以治绩"有声"为理由,准备把参知政事钱良臣的妻弟任命为浙东转运使,宋孝宗立即反对道:

> 执政妻党,便得好官。

亲自决定"且与祠",即授予一种名叫祠禄官的闲职,以致此人"由是而不复起矣"[3]。此人尽管有个身居显位的"好"姐夫,但他并未从中捞到什么好处。

宋代为了防备亲属结党营私,实行亲属回避制度。其基本原则是:

> 诸职事相干或统摄有亲戚者,并回避。

如果官员胆敢隐瞒真实情况,或"应避亲而辄之官"。一经发现,绝不饶恕,将受到"杖一百"[4]的惩处。

---

[1]《续资治通鉴长编》卷13开宝五年九月癸酉,第2册第289页。
[2]《宋史》卷472《奸臣二·蔡京传》,第13727页。
[3]《贵耳集》卷下,《全宋笔记》第6编第10册第341页。
[4] 谢深甫等:《庆元条法事类》卷8《职制门·避亲敕令》,戴建国点校,黑龙江人民出版社2002年版,第149页。

所谓"职事统摄",是指官员之间发生直接的上下级关系。换句话说,官员之间一旦结为姻亲,就不能在同一系统里做官。参知政事是宰相的副手,文彦博在宋仁宗时出任宰相,他的亲家程戡就不能继续担任参知政事。吏部侍郎是右仆射的下级,曾布在宋徽宗时出任右仆射,他的亲家黄裳便不能继续担任吏部侍郎。诸如此类,不一而足。

所谓"职事相干",含义相当广泛,最常见的有两种。一种是执政官的亲戚不得担任台谏官。按照宋代的规定,正、副宰相等宰执大臣与行使监察大权的御史台、谏院官员就属于"职事相干"。当时有此一说:

> 陛下寄腹心于大臣,寄耳目于台谏,二者相须,阙一不可。[1]

因此,"执政初除,苟有亲戚及尝被荐引者,现为台臣,则皆他徙"。[2] 明文规定:

> 执政官亲戚不除谏官。[3]

因为有这条禁令,王安石在宋神宗时出任参知政事,他的女婿、侍御史蔡卞立即辞职。吕公著在宋哲宗时出任宰相,他的女婿、右正言范祖禹马上离任。这里有必要指出的是台谏

---

[1]《宋史》卷319《曾巩附弟肇传》,第10393页。
[2]《容斋三笔》卷14《亲除谏官》,《全宋笔记》第5编第6册第164—165页。
[3]《宋会要辑稿》职官3,第5册第3073页。

官在宋代是个甚至"权势气力乃与宰相等"的美差,并且前程远大,往往"曾不十年,径登宰辅"[1]。

另一种是执政官的亲戚不得担任两制官。所谓"两制"是指称为内制的翰林学士和称为外制的知制诰(或中书舍人)。按照宋代的规定,负责起草诏令的两制官与负责贯彻诏令的执政官也属于"职事相干",因而"两制皆避执政官亲"[2]。正因为有这条禁令,赵昌言在宋太宗时出任参知政事,他的女婿、知制诰王旦马上辞职。陈尧佐在宋仁宗时出任宰相,他的女婿、知制诰王举正立即离任。宋代"尤重内外制之任"[3],两制官有"润笔执政"之称,并且"两府阙人则必取于两制"[4],相位指日可待。甚至连宋太宗都说:

> 学士,清切之职。朕恨不得为之。[5]

很清楚,两制官在宋代是比台谏官更美的美差。蔡下、范祖禹、王旦、王举正等人一度丢失美官,误了前程,无疑是

---

[1] 李焘:《天禧以来谏官年表》自序,《文献通考》卷203《经籍考三十·史·职官》,下册第1693页。
[2] 叶梦得:《石林燕语》卷4,《全宋笔记》第2编,徐时仪整理,第10册第52页。
[3] 《续资治通鉴长编》卷27雍熙三年十月庚子,第3册第623页。
[4] 《欧阳修全集》卷114《又论馆阁取士札子》,第4册第1727—1729页。
[5] 叶梦得:《避暑录话》卷下,《全宋笔记》第2编,徐时仪整理,第10册第312页。

件十分可惜的事。究其原因，无非是他们做了执政大臣的女婿。官员们自会从中悟出奥妙，权衡利害得失。

宦海沉浮，变幻莫测。加之宋代"连坐之风"比较盛行，执政大臣"一或抵罪"，不仅本人"家破名灭"[1]，而且"如罢一宰相则凡所荐引，不问才否，一时罢黜"[2]。至于姻亲，更是首当其冲，难免遭到株连。如宋真宗时，宰相寇准"远贬"，王曙仅仅因为是他的女婿，"亦贬"[3]。宋高宗时，吴益"娶秦桧长孙女"，一时之间，"姻族皆躐美官"。秦桧死后，大臣纷纷要求将他罢官，宋高宗看在吴益是其妻弟，亲自出面替他开脱，但他"自是不复迁"[4]。"迁"者，升官之谓也。有鉴于此，那些已经联姻执政大臣的官员为了避祸远害，有的采取超然态度，有的甚至公开顶牛。采取超然态度的如吴充，他与王安石的关系是：

> 同官同齿复同科，朋友昏姻分最多。[5]

吴充与王安石虽然是儿女亲家，但在熙宁变法期间，他"中

---

[1]《周必大集校证》卷65《敷文阁待制赠少师张公（邵）神道碑》，第3册第958页。
[2]《宋史》卷375《冯康国传》，第11620页。
[3]《五朝名臣言行录》卷4之5《丞相王文康公》，《四部丛刊》本。
[4]《宋史》卷465《外戚下·吴益传》，第13591页。
[5] 王安石：《王文公文集》卷55《酬冲卿见别》，上海人民出版社1974年版，下册第620页。

立无与"[1]。因此，吴充在王安石罢相时，才没有受到牵连。公开顶牛的如崔公孺，他对担任宰相的姐夫韩琦毫不客气，经常"面折其过"，韩琦"甚严惮之"[2]。明乎此，也就不难理解钱惟演贬官何以《谪词》竟出自其女婿盛度之手了。当然，更为稳妥的办法是干脆不与达官显宦联姻。王旦就再三告诫家人：

> 婚姻不求门阀。

的确事出有因，实属经验之谈。

四 商人地位的提高

与官员不同，商人大多热衷于攀高亲、结贵戚，有的甚至达到了不惜一切的程度。为什么会如此？商人在宋代既是经济地位上的"富者"，又是社会地位上的"贱者"。攀高亲、结贵戚是商人力图集"富者"与"贵者"于一身的一种重要方式。

唐代中叶以后，随着商品经济的发展，"贵者始富"的旧格局动摇，代之而起的是"贫富贵贱，离而为四"[3]，富与贵、钱与权分离的趋势相当明显。社会上最为富有的往往不

---

[1]《宋史》卷312《吴充传》，第10240页。
[2]《三朝名臣言行录》卷1之1《丞相魏国韩忠献王》。
[3] 黄震：《黄氏日钞》卷5《读尚书·洪范》，《全宋笔记》第10编，王廷洽整理，第6册第111页。

是被视为"贵者"的达官,而是被看作"贱者"的巨商。唐玄宗对西京富商王元宝说:

> 我闻至富可敌贵。朕天下之贵,元宝天下之富。[1]

巨商居然比皇帝还富有,或许太夸张。但在宋代,官员通常不如巨商有钱,并非虚构。某些新科进士、新任官员如此行事:

> 以富家权钱倍出息利,至任所偿还。[2]

有的达官显贵同样向巨商借钱:

> 于富室厚利以取钱自用。

据上官融《友会谈丛》记载,有的借款契约中写有承诺词:

> 若父死,钟声才绝,本利齐到。[3]

商人虽然有钱,但无权。特别是那些巨商大贾"货产甚富"[4]。有的"家累巨万,豪于一乡"[5],如靖安屠者张生。有的"生业有一郡之半",如徽州"半州祝家"[6]。有的"家盛

---

[1]《太平广记》卷495《邹凤炽》,第4063页。
[2]《续资治通鉴长编》卷69大中祥符元年五月戊辰,第6册第1544页。
[3]《友会谈丛》卷上,《全宋笔记》第8编第9册第10页。
[4]《夷坚志》支乙卷9《张保义》,第3册第862—863页。
[5]《夷坚志》补卷14《宝峰张屠》,第4册第1679页。
[6]《朱子大全》卷98《外大父祝公遗事》:"其邸肆、生业,几有郡城之半,因号半州祝家。"(《四部备要》第58册第1714页)

为一郡之甲"[1],如鄂州富商武邦宁。有的"以财雄长京师",如开封"大桶张氏"[2]。

随着商人经济实力的增长,他们的社会地位也有所提高。历代王朝对于衣饰、房舍、舆马等都作出过明确的等级性规定,用以显示人们身份地位的贵贱高低。紫色向来是官员专门享用的服色之一,但到宋太宗时允许包括商人在内的"庶人服紫"。同时规定:

> 今后富商大贾乘马,漆素鞍者勿禁。[3]

唐代关于"工商之子不当仕"[4]的规定,到宋太宗时改为:

> 工商杂类人内有奇才异行、卓然不群者,亦许解送。

这无异于公开承认"工商之子,亦登仕进之途"[5]的合法性。当时的实际情况是,

> 糊名考校中,诸行百户何所不有? 虽盗贼大辟,亦可登科改秩。[6]

---

[1]《夷坚志》支庚卷5《武女异疾》,第4册第1174页。
[2] 廉布:《清尊录》,《全宋笔记》第4编,汤勤福等整理,第3册第112—114页。
[3]《宋史》卷153《舆服志五·士庶人车服之制》,第3573—3574页。
[4]《旧唐书》卷158《韦贯之传》,第4173页。
[5]《宋会要辑稿》选举14,第9册第5538页。
[6]《癸辛杂识》续集卷下《大辟登科》,《全宋笔记》第8编第2册第323页。

"糊名考校",此处可作"科举考试"解。所有这些都反映了商人社会地位的提高。

可是应当看到,商人社会地位的提高很有限,与他们"一郡之甲""雄长京师"的经济实力仍然不相适应。"工商"与"杂类"并称,工商"不得与士齿"[1],见于法令。商人为了进一步提高自己的社会地位,拼命挤入仕途,力争由商而士,不惜血本。花费重金与官员通婚即其由商而士的重要途径之一。

官员有权,但又往往缺钱。特别是同富商相比,相形见绌。因而他们叫苦之声不迭。宋哲宗、徽宗时做过执政大臣的李清臣叹息道:

> 身虽挂仕版,名虽荣盛世,而无资以继其生。[2]

大约同时,司农少卿王得臣说:

> 仕非为贫,有时为贫。今不然,为贫者多也。[3]

随着商品经济的发展,金钱的魅力越来越大。宋人有这类说法:

> 钱之为钱,人所共爱,势所必争。[4]

---

[1] 施宿:《嘉泰会稽志》卷1《学》,《宋元方志丛刊》,中华书局1990年版,第6册第6726页。
[2] 李清臣:《议官》,《全宋文》第79册第1页。
[3] 《麈史》卷下《风俗》,《全宋笔记》第1编第10册第69页。
[4] 李之彦:《东谷所见·钱》,《全宋笔记》第8编,储玲玲整理,第4册第12页。

> 钱如蜜,一滴也甜。[1]

何况官员多半是些"见利而已,不复知有义"[2]的贪财黩货之徒。有位高官甚至扬言:

> 好官亦不过多得钱耳。[3]

当官无非是为了捞钱,简直成了他们的"格言"。这些"措大"见钱眼开,但胃口一般并不太大。宋太祖藐视他们:

> 措大眼孔小,赐与十万贯,则塞破屋子矣。[4]

既然与商人通婚,从中可以得到一笔钱财,他们又何乐不为。在士商不通婚的传统习惯仍然存在的宋代,也不乏违反传统的士商通婚现象出现。如庆元年间,做卖油生意的宿松商人吴十郎,其"长子娶官族女"[5]。

士商通婚作为一笔权与钱之间互通有无的交易,官员的确从中得到了钱。如宋仁宗时,吏部侍郎孙祖德"娶富人

---

[1] 惠洪:《冷斋夜话》卷8,《全宋笔记》第2编,黄宝华整理,第9册第70页。
[2] 游酢:《上徽宗论士风之坏》,《宋朝诸臣奏议》卷24《君道门·风俗》,上册第240—241页。
[3] 《续资治通鉴长编》卷17开宝九年二月庚戌,第3册第364页。
[4] 《能改斋漫录》卷10《议论·太祖推服桑维翰》,《全宋笔记》第5编第4册第30页。
[5] 《夷坚志》支癸卷3《独脚大通》,第4册第1238页。

女,以规其财"[1]。宋哲宗时,阳翟富民盖渐有女三人,"有朝士之无耻者,利其财,纳其仲为子妇"。商人也的确从中捞到了权。如南宋中期,因经营海外贸易而发了大财的泉州商人王元懋,由于与宰相留正、吏部侍郎诸葛廷瑞"为姻家",因此弄到了个从义郎(低级武阶官)。总之,士商通婚双方各得其利,因而不断发生,很难遏止。

外戚的情况与官员大体相仿,但其后台比官员更硬、门路比官员更多,自然成为商人理想的联姻对象。因此,这类事例不比士商通婚少。如北宋中期,尉氏马季良"家本茶商"[2],他仅仅因为娶了外戚刘美的女儿为妻,便步入仕途,很快爬上了兵部郎中的高位。难怪宋神宗刚即位,便下诏:

> 豪民与妃嫔之家用赂为亲得官者,许人陈告给赏。

处分的办法是"削其官籍,没纳货赂"[3]。但这道禁令并无实效。

如果说商人同官员、外戚联姻,要走门径、冒风险才能弄到一官半职,那么与宗室通婚,即可堂而皇之地由商而士。商人同官员不同,官员与宗室通婚象征着实权的缩小,而商人同宗室联姻则意味着官职的获得。朝廷明文规定:

---

[1]《宋史》卷299《孙祖德传》,第9928页。
[2]《宋史》卷463《外戚上·刘美附马季良传》,第13552页。
[3]《宋会要辑稿》刑法2,第14册第8301页。

> 宗室袒免婿与三班奉职。[1]
>
> 皇族郡县主出嫁,其夫并白身授殿直。[2]

三班奉职、殿直品级相当低,官员瞧不上,商人很眼红。他们"赂宗室求婚",即可"苟求一官,以庇门户"[3],改换门庭,跻身于官户行列。因而当时出现"民争市婚(宗室)为官户"[4]的状况,不足为奇。

而宗室呢?宋代"宗姓多贫"[5],他们的经济状况总体比官员还差。北宋中期以后,随着宗室人数的增多,已经存在着宗室"贫乏"的问题。到南宋,"多有饥寒流落者"[6],"以酤酒为生"者有之,靠"屠牛"度日者也有之。宗室比官员更缺钱,也更贪财。他们的女儿既然有人"争市",于是索性定好价格,公开出卖。其情况宋人描述道:

> 今遐僻贱人争以国姻自召,商较财币,仅同贸易。[7]

---

[1]《宋会要辑稿》帝系4,第1册第111页。
[2] 刘述:《上神宗乞郡县主祗于见任文武官中选择为亲》,《宋朝诸臣奏议》卷33《帝系门·郡县主》,上册第327页。
[3]《萍洲可谈》卷1,《全宋笔记》第2编第6册第133页。
[4] 晁补之:《朝散郎充集贤殿修撰提举西京嵩山崇福宫杜公(纯)行状》,《全宋文》第127册第58页。
[5]《日知录校注》卷9《宗室》,上册第541页。
[6]《宋会要辑稿》帝系5,第1册第139页。
[7]《朝散郎充集贤殿修撰提举西京嵩山崇福宫杜公(纯)行状》,《全宋文》第127册第58页。

商人娶宗室女，虽然花掉了一笔钱财，但得到了一官半职。如"生理日富"的建安茶商叶孚德"结昏宗室，得将仕郎（低级阶官）"[1]。临海富室毛三五的儿子毛惟彰"娶宗室女，得官"[2]。南城巨室石叔献"娶濮王宫诸孙女，得官"[3]。还有个叫王永年的商人，"娶宗室女，得右班殿直，监汝州税"[4]。至于苏州商人朱冲一家"结姻帝族"，更是"因缘得至显官者甚多"[5]。实惠如此之大，无怪乎宗室以女卖婚民间，终有宋一代，竟禁而不止。

---

[1]《夷坚志》丁志卷6《叶德孚》，第2册第587页。
[2]《夷坚志》支庚卷5《镬阙簟》，第3册第1170页。
[3]《夷坚志》支甲卷5《石叔献》，第2册第752—753页。
[4]《东轩笔录》卷7，《全宋笔记》第2编第8册第51—52页。
[5]《中吴纪闻》卷6《朱氏盛衰》，《全宋笔记》第3编第7册第282—284页。

第九章 从『尚阀阅』到『贵人物』
——宋代的『榜下择婿』之风

南宋史家郑樵将"婚姻不问阀阅"视为宋代婚姻制度的一大特色,固然颇有见地。然而这个否定式判断毕竟是有头无尾的半句话,显然尚有未尽之意。"不问阀阅"又问什么?人们难免如此发问。对于此问,宋人有个现成答案:"议亲贵人物相当。""榜下择婿"之风便是"贵人物"既如实又生动的体现。

一 什么叫"贵人物相当"

"议亲贵人物相当",此言出自南宋士人袁采之口。其《袁氏世范·睦亲》称:

> 男女议亲,不可贪其阀阅之高、资产之厚。苟人物不相当,则子女终身抱恨,况又不和而生他事者乎![1]

袁采又称:

> 有男虽欲择妇,有女虽欲择婿,又须自量我家子女如何。如我子愚痴庸下,若娶美妇,岂特不和,或有他事。如我女丑拙很妒,若嫁美婿,万一不和,卒为其弃出者有之。凡嫁娶因非偶而不和者,父母不审之罪也。[2]

这一主张在宋代很有代表性。另一位南宋人方昕的看法,便与袁采几乎完全相同。他在《集事诗鉴·妇翁之于婿当鉴张

---

[1]《袁氏世范》卷1《睦亲·议亲贵人物相当》,第50页。
[2]《袁氏世范》卷1《睦亲·嫁娶当父母择配偶》,第50页。

宣子》条中讲了一则故事：晋朝时候，"富于财"的张宣子，相中"才识超世"的同郡书生刘商，认为"此人终当远达，为世名公"，就将其"年始十四，姿识"俱佳的女儿嫁给了他。此事在晋朝并不典型，属于个别事例。方昕用心良苦地将它挑选出来，大肆渲染，并题诗一首：

> 衿帨从人若可依，东床何必数羲之。
> 要令我女供苹藻，不嫁刘商外更谁？[1]

方昕旨在提倡：选择女婿不必重视眼前的家庭现实状况，而应注重本人的未来前程。

《袁氏世范》《集事诗鉴》只是"劝世文"一类的著述，《司马氏书仪》《朱子家礼》具有族规、家法的性质。司马光的主张同袁采大体相仿，他在《书仪·婚仪上》中说：

> 凡议婚姻，当先察其婿与妇之性行及家法何如，勿苟慕其富贵。婿苟贤矣，今虽贫贱，安知异时不富贵乎？苟为不肖，今虽富盛，安知异时不贫贱乎？[2]

对于司马光的"择婿之道"，朱熹十分赞赏，并在其所撰《家礼·昏礼》中一字不漏地加以征引。众所周知，《书仪》《家礼》在宋代流传甚广，不少中上层家庭都如此照办：

---

[1] 方昕：《集事诗鉴·妇翁之于婿当鉴张宣子》，《知不足丛书》本。
[2] 《司马氏书仪》卷3《婚仪上·婚》，《丛书集成》初编第1040册第29页。

> 采司马氏冠、婚、丧、祭仪行之家。[1]
> 男女娶嫁，必问贤否。[2]

可见，"议亲贵人物相当"这条联姻原则对宋代中上层社会影响之大。

宋代所谓"人物"，对于女性来说，主要是指"美妇"，男子往往"娶妻惟择美者"；对于男性来说，多半是指"贤才"，女子常常"择善士而嫁"。[3]所谓"贵人物相当"，在很大程度上不过是郎才女貌的同义语而已。宋初进士出身的著名文学家柳开，就是个"娶妻惟择美者"的典型。他一见到钱氏女"像甚美"，便不由分说，立即"强委禽焉"，并夸下海口：

> 以开之材学，不辱于钱氏之门。

钱父不知柳开是何等人物，竟向皇上告御状：

> 柳开劫取臣女。

殊不知，郎才女貌的婚姻观念在宋太宗头脑里根深蒂固，他说：

> （柳开）真奇杰之士也，卿家可谓得嘉婿矣。吾为

---
[1] 吕祖谦：《陆先生墓志铭》，《全宋文》第262册第107页。
[2] 《王文公文集》卷100《李君夫人盛氏墓志铭》，下册第1017页。
[3] 《二程集·河南程氏文集》卷4《明道先生文四·故户部侍郎致仕彭公（思永）行状》，第2册第493页。

卿媒,可乎?[1]

无独有偶。南宋后期,身为地方官的刘克庄在审理案件时,曾写下这样的判词:

> 刘有光举首赵氏儿宗姬,两相倾慕,遂成姻对,才貌固未为非偶。[2]

郎才女貌的观念居然堂而皇之地进入了法律文书。

尤其值得注意的是,宋代此处所谓"贤才"通常是指青年才俊,即进士:

> 十年勤苦无人问,一日成名天下知。[3]

其时"尚科举",人们"以此高下人物",[4]常常把科举登第与否作为判断一个人是否属于贤才的标尺。见到别人的孩子中了进士,不免暗自感叹,"生子当令如此!"[5]"教子弟读

---

[1]《墨客挥犀》卷4,《全宋笔记》第3编第1册第24页。太宗原作"仁宗",显系记述之误。柳开死于真宗咸平三年,其时宋仁宗尚未出生。
[2]《名公书判清明集》卷9《户婚门·接脚夫·已嫁妻欲据前夫屋业(刘后村)》,第353页。
[3]《夷坚志》支庚卷6《汪八解元》,第3册第1184页。
[4]《癸辛杂识》前集《科举论》,《全宋笔记》第8编第2册第171—172页。
[5]《宋史》卷277《许骧传》,第9435页。

书",无非是"欲其取科第"[1]。至于选择女婿,更是把进士看作最理想的人选。一旦如愿以偿,自然兴奋之至:"吾得婿如是足矣!"[2] 达官显贵争相选择进士做女婿:

> 求婿必欲得高第者。[3]

到了唯进士是择,置一切于不问的程度。就其大者而言,有下面三个不问。

一不问家世。宋太宗时,马亮将女儿许配吕夷简,就是个实例。吕夷简"少时",其父吕蒙亨仅仅是个小小七品知县,身为福州知州的马亮居然"见而奇之","知其必贵",定能考中进士,立即"妻以女"。夫人抱怨说:

> 嫁女当与县令儿邪?

马亮回答道:

> 非尔所知也。[4]

吕夷简后来"果为宰相"[5]。达官嫁女县令儿不足为奇,还有嫁女商人子者。南宋前期,有个现任荆湖北路提点刑狱公事

---

[1]《袁氏世范》卷1《睦亲·子弟不可废学》,第19—20页。
[2] 阮阅:《诗话总龟》卷8《评论门四》,《景印文渊阁四库全书》本。
[3]《二程集·河南程氏文集》卷12《伊川先生文八·家世旧事》,第2册第659页。
[4]《宋史》卷298《马亮传》,第9917页。
[5]《东轩笔录》卷3,《全宋笔记》第2编第8册第21页。

的路级高官听说一位福州士子"少年登科,未娶",他根本不考虑其父是个"以货茶笼为生"的商人,马上"多赍金帛,就临安聘为婿"[1]。更有甚者,在宋仁宗时历任各地封疆大吏的滕宗谅定要选择乞丐张雍为女婿,而且急不可耐。其时,张雍"孑然无依",沿街乞讨,滕宗谅"见张于门侧,召至而奇之"。他声称:

有前程人也,吾女可以妻之。

夫人坚决反对:

此女奇相,当择佳婿,如何许与丐者?

滕宗谅不予理睬:

非卿所知!

并要张雍即刻表态,以"定物"为凭。要"定物",张雍很为难。他说:

怀无百钱,何力可致?

滕宗谅笑答之:

但酒数升足矣。

成亲后,张雍果然中进士,后来"历践清显"[2]。张雍系开宝

---

[1]《夷坚志》三志壬卷4《湖北棱睁鬼》,第4册第1497页。
[2]《友会谈丛》卷中,《全宋笔记》第8编第9册第14页。

六年（973）进士，滕宗谅为大中祥符八年（1015）进士。张死于大中祥符元年（1008），滕其时尚未登科。这个故事实属"关公战秦琼"，张冠李戴了。但它反映了宋代的一个很值得重视的社会现象。

二不问人品。高清与冯京这两个两娶宰相女的天子门生就是其实例。高清品质极坏，物议鄙之。可是他于景德二年（1005）中进士，即刻受到众多士大夫的青睐。宰相寇准"以弟之女妻之"。寇氏一死，宰相李沆毫无忌讳，"复取为婿"。高清"历官以贿闻"，两娶名相女后，越发嚣张：

> 颇恃姻援以欺蠹小民，务自骄纵，被服如公侯家。[1]

高清犯下重罪，"枉法当死"。宋朝通常不处死士大夫，或许还因为他是库部郎中士宠的儿子，宋真宗"命贷之"，从轻惩处，但"杖脊，黥面，配沙门岛"。[2] 此事载入《宋史·真宗本纪》，显系大中祥符年间的一桩大案。

冯京与高清不同，并非巨贪，但人品不好。宋仁宗时，求学期间，他因盗窃僧人爱犬并"烹食之"[3]等多种劣迹秽

---

[1]《续资治通鉴长编》卷86，大中祥符九年三月乙丑，第7册第1980页；《宋史》卷277《慎知礼附子从吉传》，第9446页。
[2]《宋会要辑稿》刑法4，第14册第8483—8484页。
[3]《鹤林玉露》乙编卷4《冯三元》，《全宋笔记》第8编第3册第291—292页。

行，在余杭、咸宁、江夏等地"为官逋拘"[1]。冯京入仕为官，有个外号叫"金毛鼠"，意思是"外文采而中实贪畏也"。他"自乡举至廷试皆为第一"[2]，人称"冯三元"，因而走了桃花运。冯京拒婚外戚，联姻文臣，"两娶相女"。但"两娶相女"不是如有的记载所说，先"富弼妻以女"，后"再娶晏殊女"，而是先后娶了宰相富弼的两个女儿。这位"金毛鼠"在史书上被称为：

> 两娶相家之女，三魁天下之儒。[3]

冯京官运亨通，在宋神宗时曾任参知政事又称副相、知枢密院事又称枢相，均为顶级高官。在宋代，枢相与副相合称执政，宰相与执政合称宰执。

三不问婚否。宋人对于男子再娶是多少有些忌讳的，《夷坚志》中就保留了不少谴责男子再娶的故事。可是，进士一旦妻死，却看不出有什么忌讳。咸平年间，进士韩亿的妻子死后不久，"乃为王文正公（指宰相王旦）婿"[4]。天圣年间，王拱辰、欧阳修同榜登科，又同时做了参知政事薛奎的女婿。王拱辰先娶欧阳修夫人的姐姐，薛氏死后，又由薛家动议，"再娶其妹"，以致欧阳修风趣地说：

---

[1]《泊宅编》卷1，《全宋笔记》第2编第8册第168页。
[2]《琬琰集删存》卷3《冯文简公京传》，第392页。
[3] 不著撰人：《氏族大全》卷1《两娶相女》，《景印文渊阁四库全书》。
[4]《桐阴旧话》，《全宋笔记》第4编第7册第122—123页。

> 旧女婿为新女婿,大姨夫作小姨夫。[1]

另据范正敏《遁斋闲览·裔婿》记载,宋代竟有这样的荒唐事:

> 有一新辈少年有风姿,为贵族之有势力者所慕,命十数仆拥至其第。少年欣然而行,略不辞逊。既至,观者如堵。

一会儿,有位"衣金紫者"的贵人出场,开口便说:

> 某惟一女,亦不至丑陋,愿配君子,可乎?

少年即新科进士鞠躬谢道:

> 寒微得托迹高门,固幸。待我归家试与妻子商量,如何?

其结果是:

> 众皆大笑而散。[2]

此公挑选女婿,只要进士就行,连人家结婚与否都不事先问问,真是岂有此理!

---

[1] 邵伯温:《闻见录》卷8,《全宋笔记》第2编,查清华等整理,第7册第159页。
[2] 《遁斋闲览·裔婿》,《全宋笔记》第10编第11册第284页。

二　选择进士做女婿的方式

宋代中上层人士选择进士做女婿的具体方式，不外乎下面三种。

（一）榜下择婿

这一方式特别盛行，不少当时人都说：

> 今人于榜下择婿，号脔婿。[1]

王安石的诗句更是形象地描绘了这一风气：

> 却忆金明池上路，红裙争看绿衣郎。[2]

所谓"绿衣郎"是新科进士的别称，因其"著绿袍"而得名。宋时每逢科举考试揭晓那天，达官显贵家庭一大早便纷纷出动"择婿车"，去到"金明池上路"，争相选择新科进士做女婿。苏轼诗云：

> 囊空不办寻春马，眼乱行看择婿车。
> 得意犹堪夸世俗，诏黄新湿字如鸦。[3]

---

[1]《墨客挥犀》卷1，《全宋笔记》第3编第1册第8页。
[2]《苕溪渔隐丛话》前集卷24《半山老人二》，《四部备要》第100册第136页。金明池在北宋时是开封的水上娱乐场所，是皇帝赐宴新科进士的地方，与琼林苑毗邻。
[3]《苏轼诗集》卷5《和董传留别》，第1册第221页。

刘辰翁有句云：

> 厨足偿春酒，郊迷择婿车。[1]

南宋人谢维新引用苏轼的诗句后解释道：

> 择婿车，谓唐进士开宴，常寄曲江亭。其日，公卿家纵观，钿车珠鞯，栉比而至，中东床者十八九。[2]

这一习俗始于唐，盛于宋。只是地点有变化，唐代在曲江亭，北宋在金明池。其日"中东床者十八九"，婚姻大事，一天搞定，效率可谓奇高。

在宋代史籍中，榜下择婿的实例不少。如宋真宗时，范令孙"登甲科，人以公辅器之"，宰相王旦立即"妻以息女"[3]；宋神宗时，蔡卞"登科"，宰相王安石"妻以女"[4]；绍圣年间，叶梦得"既擢第，为淮东提刑周崇实婿"[5]；元符年间，米芾选择段拂[6]；宋高宗时，郭知运"登科"，当即被

---

[1] 刘辰翁：《须溪四景诗集》卷1《诗人命属花》，《景印文渊阁四库全书》本。
[2] 谢维新：《古今合璧事类备要》前集卷37《科举门·登第·择婿车》，《景印文渊阁四库全书》本。
[3] 《渑水燕谈录》卷7《歌咏》，《全宋笔记》第2编第4册第74页。
[4] 《宋史》卷472《奸臣二·蔡京附北卞传》，第13728页。
[5] 《夷坚志》甲志卷8《黄山人》，第1册第69页。
[6] 吕居仁《轩渠录》："米元章喜洁，金陵人段拂字去尘，登第。元章见其小录，喜曰：'观此名字，必洁人也。'亟造议亲，以女妻之。"（《全宋笔记》第10编第12册第110页）大书画家米芾字符章，他选择进士段拂做女婿，还转为他本人是个洁癖。

宰相秦桧"选为孙婿"[1]；宋孝宗时，赵逵"初登第时，太常少卿李积中女有国色，即以妻之"[2]。凡此种种，不胜其举。

榜下择婿既然风靡一时，达官显贵之间势必为此展开激烈争夺。如洪皓于政和五年（1115）登进士第，正红得发紫的王黼、朱勔二人"皆欲婚之"，洪皓"力辞"[3]。洪皓同年进士潘良贵同样"不肯托昏富贵之家"[4]，"王黼、张邦昌俱欲妻以女，拒之"[5]。软的不行，便来硬的。据《宋史·冯京传》记载，外戚张尧佐在宋仁宗时就对状元冯京采取过极其粗鲁的行动：

> 冯京，……举进士，自乡举、礼部以至廷试，皆第一。时犹未娶，张尧佐方负官掖势，欲妻以女。拥至其家，束之以金带，曰："此上意也。"顷之，宫中持酒肴来，直出奁具示之。京笑不视，力辞。[6]

大概是由于冯京不仅连中三元，而且"丰姿秀美"。据《清波别志》记载，外戚张耆[7]对他也采取过类似行动：

---

[1]《云麓漫钞》卷10，《全宋笔记》第6编第4册第218页。
[2]《挥麈后录》卷7，《全宋笔记》第6编第1册第183—184页。
[3]《宋史》卷373《洪皓传》，第11557页。
[4]《宋名臣言行录》别集上卷8《潘良贵》，《景印文渊阁四库全书》本。
[5]《宋史》卷376《潘良贵传》，第11633页。
[6]《宋史》卷317《冯京传》，第10338—10339页。
[7] 此处称张耆为外戚，是因为他与宋真宗刘后关系特殊。《宋史》卷290《张耆传》："章献太后（即宋真宗刘后）微时尝寓其家，耆事之甚谨。及太后预政，宠遇最厚。"（第9711页）

> 冯当世文简公（即冯京）初登第，张侍中耆倚外戚，欲妻以女，使吏卒拥至其家。顷，中人以酒肴至，且示以奁具甚厚。冯固辞。[1]

另据晁公休所撰傅察行状记载，宋徽宗时发生过蔡京强逼进士傅察为女婿的事：

> 公之未廷试也，（蔡）京方卖弄威权，胁制内外，且阳示含容，诱以附己，坚欲以女妻公。遣其子儵与术士协律郎赵知几等数辈踵至视公。又托其姻戚强公相见。公毅然不肯从。有识者谓公少年有器识，未易量也。其后公为清宪赵公（即赵挺之）婿，京衔之。[2]

宋高宗时，秦桧强逼省元徐履为婿的手段更毒辣。《绍兴十八年同年小录》记述道："徐履南省第一人，时相秦桧欲妻以女。""南省"即省试。徐履抗婚，"阳狂，廷对不答一字"。秦桧报复徐履的办法是将他置于"第五甲末"，颠倒为殿试末名，徐履的状元被黜落。时人对秦桧此举很是不满，嘲笑道：

> 殿榜若还颠倒挂，徐履依前作状元。[3]

---

[1] 周辉：《清波别志》卷下，《全宋笔记》第5编，刘永翔等整理，第9册第182页。
[2] 晁公休：《宋故朝散郎尚书吏部员外郎赠徽猷阁待制傅公（察）行状》，《全宋文》第158册第107页。
[3] 《绍兴十八年同年小录》，《景印文渊阁四库全书》本。

冯京、傅察、徐履总算推托掉了，但"其间或有意不愿而为贵势豪族拥逼不得辞者"[1]。"拥逼"进士为女婿，如此择婿，哪里是择，分明是捉。南宋人朱彧率性将榜下择婿称为"榜下捉婿"。他说：

> 本朝贵人家选婿，于科场年，择过省士人，不问阴阳吉凶及其家世，谓之"榜下捉婿"。

又称"权贵捉婿"[2]。不仅有权势者，有钱财者也加入了争相挑选进士为女婿的行列：

> 近岁富商庸俗与厚藏者嫁女，亦于"榜下捉婿"。[3]

如宋太宗时，进士白稹"榜下新婚京国富室"[4]；宋徽宗时，李谟"登科"，无锡财主戴氏"嫁之以女"[5]；宋高宗时，宜黄涂四友"中选"，本地富豪杜学谕"妻以女"[6]。可谓推波

---

[1]《墨客挥犀》卷1，《全宋笔记》第3编第1册第8页。
[2]《过庭录》，《全宋笔记》第6编第5册第20页。
[3]《萍洲可谈》卷1，《全宋笔记》第2编第6册第147页。"过省士人"本来是指省试合格者，因宋仁宗以后殿试不再黜落举子，这便成了进士的别称。漆侠先生在《宋代的商业资本和高利贷资本》一文中使用过这段史料，该文载邓广铭、郦家驹等先生主编《宋史研究论文集》（河南人民出版社1984年版）。
[4] 释文莹：《湘山野录》卷下，《全宋笔记》第1编，郑世刚整理，第6册第45页。
[5]《夷坚志》甲志卷16《戴氏宅》，第1册第140页。
[6]《夷坚志》支乙卷2《涂文伯》，第2册第810页。

助澜，促成此风更盛。

有钱有势者争相择婿于榜下，读书人在婚姻问题上的遭际，自然是登科前后迥乎不同。登科前，往往遭人白眼，只能围观他人成亲。如北宋，开封就"有举子观人家娶妇，徘徊不去，至排坠门扉"，不仅"其家大怒"，而且被人嘲笑：

时耐一双穷相眼，得便宜是落便宜。[1]

一旦高中，身价百倍，选择配偶的主动权顿时增大，成为达官显贵争夺的对象。如宋真宗时，刘烨"登科"，尚书赵晃"欲妻之，使媒妁通意"。刘烨居然说："若是武有之德，不敢为姻；如言禹别之州，庶可从命。盖不欲七姨欲九姨也。"赵晃的夫人很不高兴，先引用了一句谚语"薄饼从上揭"，接着便说：

刘郎才及第，岂得便简点人家之女？

但无可奈何，刘烨"遂娶九姨"[2]。赵晃还算幸运，毕竟成功。达官显宦在新科进士面前碰壁者不乏其人。如周行已"登元祐第时，太学九人中，行已最先进，京师贵人争欲妻之"[3]。他一概予以拒绝。宋徽宗时，"林霆擢第后，太宰余深、参政许将慕其才名，争欲妻之"。林霆傲视余、许两大

---

[1]《苕溪渔隐丛话》前集卷32《石曼卿》，《四部备要》第100册第130页。
[2]《锦绣万花谷》卷18《婚姻·禹别之州》，第231页。
[3] 徐象梅：《两浙名贤录》卷3《理学·周恭叔先生》，明天启刻本。

宰执，"力却其婚"[1]。北宋后期，崔通"少年登科，声动辇下，公卿争欲妻之以子"。他"不就"，其缘由是：

> 以贵富偶贫贱，肯屈意事吾亲哉？

殿中侍御史钱颛满口答应崔通的条件，"自请婚焉"[2]。崔通这才接连娶了钱颛的长女和次女。

（二）榜前择婿

鉴于读书人一旦登第便动辄"简点人家之女"，有钱有势者才想出了这个高招。咸平年间，李沆选择王曾为女婿，即榜前择婿的典型事例。王曾"初就殿试时，固已有盛名"。李沆、吕蒙正两大宰相争相选择王曾为女婿。李沆断言：

> 此人今次不第，后亦当为公辅。

他兴奋地对其夫人说：

> 吾得婿矣！

王曾挑选了李家，吕蒙正失败。不出李沆所料，王曾刚完婚，"及唱名，果为第一"[3]，后来官至宰相。类书《古

---

[1] 李俊甫：《莆阳比事》卷4，《宛委别藏》本。
[2] 邹浩：《提点刑狱崔君墓志铭》，《全宋文》第132册第34页。
[3] 《石林燕语》卷9，《全宋笔记》第2编第10册第137页。

今事文类聚》将此事称为"未第而娶"[1]。再如后来在庆历年间曾拜相的杜衍青年时代因其"父早卒",继父又"不之容",于是"往来孟、洛间,贫甚,佣书以自资",济源富豪相里氏"奇之,妻以女",不久杜衍"举进士,殿试第四"[2],后来拜相。《古今事文类聚》将此事称为"聘后登第"[3]。又如宋仁宗时,户部侍郎彭思永偶然会面程颢,"一见异之,许妻以女",程颢果然"逾冠,中进士第"[4]。这类事例相当多,还可举出阁门副使符惟忠如何为其女儿择婿的。他说:

> 此女喜事,非如贵戚家子,异日当配儒士,以光吾族。

不嫁"贵戚家子"而嫁"儒士",并非"此女"一人的期待,而是当时的一种社会风气。适逢书生张宗雅"方应科举,以文学游公卿,名称藉甚"。符惟忠于是以此女"妻之",张宗雅不久获"赐进士出身,人始谓符公知人矣"。[5]

---

[1]《古今事文类聚》后集卷13《婚姻·未第而娶》,《景印文渊阁四库全书》本。
[2] 江少虞:《宋朝事实类苑》卷10《名臣事迹·杜祁公》,上海古籍出版社1981年版,上册第119页。
[3]《古今事文类聚》后集卷13《婚姻·聘后登第》。
[4]《二程集·河南程氏文集》卷11《伊川先生文七·明道先生行状》,第2册第630页。
[5] 陈襄:《崇国太夫人符氏墓志铭》,《全宋文》第50册第249页。

符惟忠之女不嫁贵家子,工部员外郎喻樗之女则不做富人妻。《宋史·喻樗传》载:

> 樗二女方择配,富人交请婚,不许。及见汪洋、张孝祥,乃曰:"佳壻也。"遂以妻之。[1]

汪、张何许人也,一为绍兴五年(1135)状元,一为绍兴二十四年(1154)进士。汪洋后改名应辰,喻樗在任玉山县尉时,发现这名少年"天资强敏,记问绝人",断言"他日必为伟器",遂"留授之学,且许妻以子"。果不其然,汪应辰"年十八,魁天下"[2]。此外,如路振选择狄棐[3]、李宗谔选择祖士衡[4]、李虚己选择晏殊[5]、商丘大姓曹氏选择张尧

---

[1]《宋史》卷433《儒林三·喻樗传》,第12855页。
[2]《齐东野语》卷1《汪端明》,《全宋笔记》第7编第10册第28—30页。
[3]《宋史》卷299《狄棐传》:狄棐"以文谒路振,振器爱之,妻以女,举进士甲科,以大理评事知分宜县"。(第9925页)
[4]《宋史》卷299《祖士衡传》:祖士衡"少孤,博学有文,为李宗谔所知,妻以兄子。杨亿谓刘筠曰:'祖士衡辞学日新,后生可畏也。'举进士甲科,授大理评事"。(第9931页)
[5]《锦绣万花谷》前集卷20《幼悟·文采愈美》:晏殊"幼能文。李虚已知徐州,一见奇之,荐于杨大年以闻,时年十三。真宗面试诗赋,疑其宿著,明日再试,文采愈美,上大奇之"(第254页),赐进士出身。《氏族大全》卷18《婚姻》:晏殊"幼能属文。李虚已知滁州,奇之,许妻以女"(《景印文渊阁四库全书》本)。晏殊可称为李虚已亲自挑选、亲手培育的进士与女婿。至于此事发生在徐州或滁州,尚不可考。

封[1]、蔡齐选择刘庠[2]、晁说之选择朱弁[3]、杨圭选择真德秀为女婿[4]或从女婿,诸如此类皆是榜前择婿的例子。

榜前择婿一不费钱,二不费力,便能收到"先得为快"之效,因而当时有人予以大力提倡:

> 择婿但取寒士,度其后必贵,方名为知人。若捐高赀,榜下啇状元,何难之有![5]

这一方式岂止是"难",简直近乎孤注一掷,难免失误。一旦失误,"生米已成熟饭",将追悔莫及。因此,榜前择婿终究不如榜下择婿普遍。

---

[1]《续资治通鉴长编》卷129康定元年十月癸未:张尧封"天圣初,客南都,依大姓曹氏。曹以女妻之,后擢进士第,补石州军事推官,未行,卒京师。"(第10册第3050页)张尧封的女儿即后来宋仁宗的张贵妃,她死后追封为皇后,史称温成皇后。

[2]《宋史》卷322《刘庠传》:刘庠"八岁能诗,蔡齐妻以子,用齐遗奏,补将作监主簿,复中进士第,为高密广平院教授"。(第10450页)

[3] 王明清《挥麈三录》卷3:"朱弁字少张,徽州人,学文颇工,早岁漂泊。游京洛间。晁以道为学官,于朝一见喜,归以从女。"(《全宋笔记》第6编第2册第269页)晁说之字以道,文学家,北宋末年官至中书舍人。

[4]《宋史》卷437《儒林七·真德秀传》:真德秀"四岁受书,过目成诵,十五而孤,母吴氏力贫教之。同郡杨圭见而异之,使归共诸子学,卒妻以女,登庆元五年进士第"(第12957页),在宋理宗时官至参知政事。

[5]《清波杂志》卷4,《全宋笔记》第5编第9册第43页。

(三) 榜前约定，榜后成婚

北宋后期，滕县吉氏选择张永锡为女婿就是个实例。范公偁《过庭录》载：

> 永锡微时，久依徐之滕县吉氏，见其淳厚，颇加顾遇，许妻以女而未聘也。永锡登甲科，京师权贵竞捉婚，永锡皆谢绝，归就吉氏女。[1]

池阳士人王生在宋孝宗时选择太学生黄左之为女婿，更具典型性。《夷坚志》记载，王生"其家甚富，以钱百千与黄"，约定：

> 君若登第，当以息女奉箕帚。

"明年，(黄)果中选，遂为王婿。"[2] 此外，如宋真宗时，汝州知州赵公相中书生韩亿，"以女许嫁"，到韩亿高中后，赵公才"遣人送女至京师"[3]，准备完婚；乾道四年（1168），鄱阳县吏李某与赵哲相约："子若荐送，吾以女嫁子。""是岁，哲果登名于春官，李遂纳为婿。"[4]

事前约定先登第、后完婚，固然兼具榜前择婿与榜下择

---

[1]《过庭录》，《全宋笔记》第6编第5册第20页。张孝纯字永锡，宣和末年任河东宣抚使、知太原府，虽曾抵御金军，但最终降金，并任伪齐丞相。需要说明的是，此处仅以其婚事为例，并无肯定其人之意。
[2]《夷坚志》支甲卷7《黄左之》，第2册第767页。
[3]《桐阴旧话》，《全宋笔记》第4编第7册第122—123页。
[4]《夷坚志》丙志卷11《赵哲得解》，第2册第458页。

婿之长，既不怎么费事，又不致后悔莫及，但往往带来两大后患。

后患之一是女方不能久等。如德兴余书生"约聘"王氏女，"资装甚厚，然须登科乃亲迎。余预乡荐而黜于春闱，王女归他人。余怏怏失志，因凄泊京师死焉"[1]。又如郑州书生孙愈与表妹王真真"有嘉耦之约"，可是真真的父亲、孙愈的舅舅硬要坚持："若能取乡荐，当嫁以女。"孙愈"本好读书，由此益自勤苦"，但赴试"辄不利。女亦长大，势不可复留，乃许嫁少保赵密之子"。结果，孙愈得了"相思病"，"吐鲜血数块而死"。真真每每"乘隙垂泪"，因此"得疾"[2]。就算外甥之死，舅舅可以毫不痛心；女儿的病，做父亲的总不能无动于衷吧。

后患之二是男方登第变心。在宋代，男方登第恪守前盟者固然有之，华阴吕君即其例：宋仁宗初年，他"举进士，聘里中女，未行。既中第，妇家言曰：'吾女固无疾，既聘而后盲，敢辞。'吕君曰：'既聘而后盲，君不为欺，又何辞？'遂娶之"[3]。杜衍又是一例：他在大中祥符元年（1008）中进士后，岳父家人担心他变心。杜衍说："婚已议定，其敢违。"[4] 又如熙宁年间的周行己，他"自太学早年登科，未

---

[1]《夷坚志》支庚卷9《余吏部》，第3册第1205页。
[2]《夷坚志》丁志卷4《孙五哥》，第2册第564—565页。
[3] 陈师道：《后山谈丛》卷6，《全宋笔记》第2编，李伟国整理，第6册第120页。
[4]《闻见录》卷8，《全宋笔记》第2编第7册第162页。

三十","幼议母党之女,登科后其女双瞽,遂娶焉,爱过常人"。程颐赞叹道:

> 某未三十时,亦做不得此事。[1]

元丰年间的刘庭式,"未及第时,议娶其乡人之女,既约而未纳币也"。他"及第,其女以疾,两目皆盲"。亲友劝其另娶。刘庭式说:

> 吾心已许之矣,虽盲,岂负吾初心哉。

他"卒娶盲女,与之偕老"[2]。崇宁年间的黄龟年,他"微时,永福簿李朝旌奇之,许妻以女"。黄龟年"既登第,而朝旌已死,家贫甚"。有人劝其"别娶"。黄龟年不听,他说:

> 吾许以诺,死而负之,何以自立。[3]

这些均被视为难能可贵的"卓行"。可见,男方登科恪守前盟,实属不易。至于男方登科背约变心者,为数更多。宋代颇负臭名的负心郎,莫过于王魁。此事难于确考[4],但"事略类王魁"[5],且史无歧异者,仍屡见于记载。如北宋时,开封富民

---

[1]《二程集·河南程氏外书》卷12《传闻杂录》,第2册第434页。
[2]《苏轼文集》卷66《书刘庭式事》,第8册第2051—2052页。
[3]《宋史》卷381《黄龟年传》,第11741页。
[4]《齐东野语》卷6《王魁传》称:"世俗所谓王魁之事殊不经","疑无此事"(《全宋笔记》第7编第10册第104—106页)。
[5]《夷坚志》补卷11《满少卿》,第4册第1649—1650页。

杨氏子与一未笄之女"密约登第结姻"。杨氏子"既过省,乃弃前盟"。女方"屡约相会,杳不可得",以致"思慕已成疾"。后来才知杨氏子已与旁人结婚,她悲痛索笔写下绝命诗一联:

> 黄叶无风自落,彩云不雨空归。

"就归字落笔,放手而绝"[1]。又如南宋时,南城士人张临与崔春娘"约为夫妇,偕谐城隍庙诅盟"。此后,张临"连获乡举,有媒妁来为议娶富家嫠妇"。张临顿时起了二心:

> 彼要盟无质,何可足恤哉!

于是"负约"[2]。

总之,榜前约定、榜后完婚,对于择婿者虽然不无有利之处,可是后患实在无穷。因此,宋代中上层人士往往宁愿费钱费力,激烈争夺于榜下,也不肯做这种很可能留下后患的笨事。在上述三种方式中,第一种最为普遍,也最具有代表性。于是,人们习惯地把选择进士做女婿,一概称之为榜下择婿。

三 榜下择婿的实质

宋代榜下择婿之风的盛行,无疑直接地是由当时的政治

---

[1]《能改斋漫录》卷16《乐府·馆客弃密约之好》,《全宋笔记》第5编第4册第194页。
[2]《夷坚志》三补《崔春娘》,第4册第1801页。

制度所决定的，与其时中上层社会的心理状态也关系极大。如果说魏晋南北朝时期在严格的门阀政治下，形成了"崇尚阀阅"的社会心理，婚姻"重其门第"是"尚姓"的表现；那么两宋时代在典型的官僚政治下，便形成了"崇尚官爵"[1]的社会心理，而榜下择婿即"尚官"的反映。

宋代确实是个"尚官"的时代。宋人把宋代社会称为"官人世界"[2]，可谓一语破的。当时，富翁虽"家饶于财"，仍"常以名不挂仕版为慊"[3]。至于士大夫，更是大多"只为一身，不为天下"[4]，几乎"莫不汲汲于势利"，一心向往做高官。如宋太宗时，进士夏侯嘉正经常对人说：

> 知制诰一日，无恨矣。[5]

大平兴国三年（978）状元胡旦更是公开声称：

> 应举不作状元，仕宦不作宰相，乃虚生也。[6]

当时人给这些官迷写下顺口溜：

> 眼里何时赤，腰间甚日黄。

---

[1]《夷坚志》支丁卷7《金郎中》，第3册1021页。
[2]《夷坚志》支庚卷5《辰州监押》，第4册第1176—1177页。
[3]《夷坚志》补卷7《赵富翁》，第4册第1614页。
[4]《三朝名臣言行录》卷1之1《丞相魏国韩忠献王（琦）》，《四部丛刊》本。
[5]《东轩笔录》卷2，《全宋笔记》第2编第8册第15页。
[6]《渑水燕谈录》卷4《才识》，《全宋笔记》第2编第4册第39页。

是讽刺那些一心想当两制官的。因为两制官"服金带(即所谓'腰下黄'),朱衣一名前引(即所谓'眼前赤')"。又一顺口溜称:

> 眼赤何时两,腰黄几日重。

是嘲笑那些一心想做两府官的。由于两府官"金球文带佩鱼(即所谓'腰黄重'),朱衣二人前引(即所谓'眼赤两')"[1]。士大夫为了谋取高官,丑态百出。有生闷气的,如宋仁宗时,知制诰刘敞"誉望高一时",同僚都说他理应出任翰林学士,他本人"亦雅自负,以为当得之",但"终不用",他"颇怏怏不自得"[2]。有发牢骚的,如宋仁宗时,外派许州做京西转运使的苏舜元"好进,不喜为外官,常怏怏不自足",每逢亲朋故旧便说:

> 人生稀及七十,而吾乃于许州过了二年矣。[3]

大约同时,翰林侍读学士梅询"躁于禄位",他常常抓住自己那条不听使唤的病腿,破口大骂:

> 是中有鬼!令我不至两府者,汝也![4]

---

[1]《锦绣万花谷》前集卷11《翰苑·眼赤腰黄》,第139页。
[2] 徐度:《却扫编》卷上,《全宋笔记》第3编,朱凯、姜汉椿整理,第10册125页。
[3]《东轩笔录》卷12,《全宋笔记》第2编第8册第95页。
[4]《涑水记闻》卷3,《全宋笔记》第1编第7册第37页。

有拍马屁的,如宋初翰林学士陶谷尽管只会年年依样画葫芦,可是自视甚高,常常自称:

> 吾头骨法相非常,当戴貂蝉冠尔。

为了弄个宰相来当,"太祖将受禅,未有禅文,谷在旁,出诸怀中而进之曰:'已成矣。'"殊不知马屁拍在马腿上,"太祖甚薄之"[1]。有跑官的,如宋仁宗时,有两个士人,一个外号"望火马",一个人称"日游神",只要有做官、升官的门路,即刻行动,"日有奔趋,闻风即至,未尝暂息"。[2] 有装病的,如刘筠"三入翰林,意望入两府,颇不怿",题诗曰:

> 蟠桃三窃成何事,上尽鳌头迹转孤。

从此"称疾不出"。石中立早已将其心病看透,立即说了句玩笑话:"只消一服清凉散。"清凉散与青凉伞同音,按照当时的规定,"两府始得用青凉伞"[3]。大约同时,王曙"苦淋,百疗不差,洎为枢密副使,疾顿除,及罢,而疾复作"。这分明是装病,于是有人说起俏皮话来:

> 欲治淋疾,惟用一味枢密副使,仍须常服,始得不发。[4]

---

[1]《宋史》卷269《陶谷传》,第9238页。
[2]《青箱杂记》卷2,《全宋笔记》第1编第10册第205页。
[3]《江邻几杂志》,《全宋笔记》第1编第5册第143页。
[4]《东轩笔录》卷3,《全宋笔记》第2编第8册第25页。

还有哭鼻子的,如王博文的枢密副使就是哭出来的。此公脸皮之厚实在惊人,公然向皇上伸手要高官:

> 臣且死,复望两府之门。

而且边说边老泪横流,宋仁宗"怜之"[1],才勉强给了他个枢密副使。大概正是依据上述情况,当时就有人指出:

> 士大夫多为富贵诱坏![2]

在宋代,人们的当官心理如此强烈,而谋取高官的主要途径是科举。宋孝宗说:

> 朝廷用人,别无他路,止有科举。[3]

这话说得绝对了些。司马光讲的则是实情:

> 国家用人之法,非进士及第者不得美官。[4]

当时进士出身通常升迁迅速,特别是"状元及第,不五六年即为两制,亦有十年至宰相者"[5]。于是,形成了这种局面:

---

[1]《续资治通鉴长编》卷123,宝元元年四月癸酉,第9册第2871页。
[2]《齐东野语》卷8《赵德庄诲后进》,《全宋笔记》第7编第10册第128页。
[3]《贵耳集》卷下,《全宋笔记》第6编第10册第334页。
[4]《司马光奏议》卷15《贡院乞逐路取人状》,第162页。
[5]《东轩笔录》卷6,《全宋笔记》第2编第8册第45页。

> 满朝朱紫贵,尽是读书人。[1]

如果不是读书人、不是进士出身,在官场上是受到歧视的。军士出身的名将狄青,在宋仁宗时"功业"与韩琦"一般",但官运却大不相同。究其原因,正如狄青所说:

> 我少一进士及第耳!

出身进士的韩琦居然指着"有军功"的军士,当面公开蔑视狄青:

> 东华门外以状元唱出者乃好儿,此岂得为好儿耶![2]

与黄庭坚齐名的诗人陈师道仅仅做了个颍州教授,而且还"以进非科第而罢"[3]。可见,宋朝统治者是何等看重进士。"风俗悉从上之所好。"[4]人们普遍认为:

> 不由进士仕进者,如流外杂色,非真作官也。[5]

当时有此一说:

---

[1]《贵耳集》卷下,《全宋笔记》第6编第10册第356页。
[2]《默记》,《全宋笔记》第4编第3册第135页。
[3]《三朝名臣言行录》卷14之5《陈无己》,《四部丛刊》本。
[4]《续资治通鉴长编》卷68大中祥符元年二月戊戌,第6册第1525页。
[5] 吕本中:《童蒙训》,见刘清之:《戒子通录》卷6,《景印文渊阁四库全书》本。

> 状元试三场，一生吃著不尽。[1]

岂止"吃著不尽"，而且不做"下一等人"，可望置身贵显。于是，在宋代诗词中出现了不少这样的诗句：

> 一举首登龙虎榜，十年身到凤凰池。[2]
> 五百人中第一仙，等闲平步上青天。[3]

由上所述，不难看出，在"崇尚官爵"的宋代，中上层社会是围绕着一个"官"字打转转的。人们千方百计要奔个科举中第，无非是为了谋取高官。至于所谓郎才女貌，就其总体而言，几乎可以直呼其为郎官女貌。所谓榜下择婿，就其实质而论，简直可以换言之曰：择官为婿。这层意思，前面提到的王真真的父亲，讲得清楚极了。他对他的妹妹、孙愈的母亲摊了牌：

> 吾数婿皆官人，而甥（指孙愈）独未仕，若能取乡荐，当嫁以女。[4]

很清楚，他的女儿非"官人"不嫁，至于此女，是看在亲上

---

[1] 李心传：《旧闻证误》第1，《全宋笔记》第6编，金圆整理，第8册第367页。
[2] 《梦溪笔谈》卷23《讥谑》，《全宋笔记》第2编第3册第173页。
[3] 吴枋：《宜斋野乘·状元词误》，《全宋笔记》第7编，李国强整理，第2册第98页。
[4] 《夷坚志》丁志卷4《孙五哥》，第2册第564—565页。

加亲的分上,降低了标准。宋孝宗时,郑烩一心想做宰相陈俊卿家的女婿,他的姐姐熟知人情世故,告诉他:

> 莫要闲思量,汝但专精学业,若及第得官,便可做他家女婿矣。

绍熙四年(1194),郑烩"一举登科",出任建安主簿,官职虽小,但前途未可限量,"遂谐所志"[1],终于成为宰相家的乘龙快婿。在宋代,把中上层社会的这种心理状态摸得最透的,当推宋太宗时官居参知政事的李至。他的做法是:

> 娶妻预出郡封告身,纳采日送其家。

你无非是想叫女儿做个官太太、诰命夫人吧,干脆趁早把"告身"——委任状送上门。"宋人尚名"[2],这件事做得太露骨,有失体面,"为识者所嗤"[3],但很能揭示事情的实质。

榜下择婿的实质既然是择官为婿,宋代中上层人士为什么往往不将女儿径直许配官僚,而偏偏要在新科进士身上打主意呢?择官为婿势必造成男女婚龄差过大,是个重要原因。宋人比较讲究"夫妇年龄相当"[4]。如宋神宗时,翰林学

---

[1]《夷坚志》支戊卷2《郑主簿梦》,第3册第1064页。
[2]《贵耳集》卷下:"唐人尚文好狎,宋人尚名好贪。"(《全宋笔记》第6编第10册第345页)
[3]《续资治通鉴长编》卷48咸平四年正月庚寅,第4册第1044页。
[4] 李元弼:《作邑自箴》卷6《劝谕民庶榜》,张亦冰点校,《宋代官箴书五种》,中华书局2019年版,第38页。

士李清臣三番五次邀媒下聘,硬要娶其同僚孙洙的女儿为妻。尽管有人从旁相劝:

> 今日士大夫之贤,无出李邦直(即李清臣),何不以归之?

孙洙还是以"奈年不相匹"为理由断然拒绝,并生气地说:

> 吾与李同砚席交,年相若,岂吾季女偶邪![1]

如若"老娶少妇",往往遭到嘲笑:

> 偎他门户傍他墙,年去年来来去忙。
> 采得百花成蜜后,为他人作嫁衣裳。[2]

或许是怕人嘲讽,男方也有不乐于"老娶少妇"者。如宋太宗时,王克正的女儿议婚参知政事陈恕,此女年仅"十余岁",尽管是由皇上做主,45岁的陈恕也"辞以年高,不愿娶"。宋太宗"敦谕再三",他才"不敢辞"[3]。可见,择官为婿难免"年不相匹",很难成为时尚。

还应当说明,所谓郎才女貌,爱才其名,爱官其实,是从总体上讲,不可一概而论。清代史家赵翼谈到宋代婚姻问题时指出:

---

[1]《夷坚志》甲志卷11《李邦直梦》,第1册第94页。
[2] 陈师道:《后山诗话》,《景印文渊阁四库全书》本。
[3]《东轩笔录》卷2,《全宋笔记》第2编第8册第12—13页。

> 当时风尚,妇人女才皆知爱才也。[1]

如惠州少女温超超"年及笄,不肯字人",下定决心:非苏轼不嫁。宋哲宗时,苏轼出任惠州知州,已经是年过半百、儿孙满堂的老头子了。可是,超超听说此事,马上兴奋地说:"我婿也。"并"日徘徊窗外,听公(指苏轼)吟咏",直至"为之死",葬于沙洲上。苏轼后来得知其人其事,填词一首纪念,其中有句云:

> 拣尽寒枝不肯栖,寂寞沙洲冷。[2]

这无疑是一出不切实际,想入非非的悲剧,但毕竟属于慕名,绝非爱官。此外,像宋仁宗时宰相李迪定要将其侄女嫁给教育家孙复。孙复"举进士不中",是个并无一官半职的"处士"。他当然感到奇怪:

> 宰相女不以妻公侯贵戚,而固以嫁山谷衰老、藜藿不充之人。

---

[1] 《陔余丛考》卷41《苏东坡秦少游才遇》,《赵翼全集》第3册第797页。
[2] 王楙:《野客丛书》卷24《东坡卜算子》,《全宋笔记》第6编,储玲玲整理,第6册第320—321页。此外,袁文《瓮牖闲评》卷5载,黄州有位女子"甚贤",择偶"须得读书如(苏)东坡者乃可","竟无所谐而死"(《全宋笔记》第4编,李伟国整理,第7册第182页);《绿窗新话》卷上载,刘太尉家有一姝"倾慕(秦)少游之才名,偏属意",且云:"今日为学士瘦了一半。"凡此种种,皆属此类。

李迪解释道：

> 吾女不妻先生，不过为一官人妻。先生德高天下，幸婿李氏，荣贵莫大于此。

孙复才说：

> 相国之贤，古无有也。予不可不成相国之贤。

"遂妻之"。[1] 李迪如此择婿，不免有沽名钓誉之嫌，但显然不能斥之为爱官。

四 榜下择婿的渊源

榜下择婿之风盛行于两宋，开始于唐代。韩愈《送陆畅归江南》诗云：

> 举举江南子，名以能诗闻。
> 一来取高第，官佐东宫军。
> 迎妇丞相府，夸映秀士群。
> 鸾鸣桂树间，观者何缤纷。[2]

何扶《寄旧同年》诗云：

> 金榜题名墨尚新，今年依旧去年春。

---

[1]《渑水燕谈录》，《全宋笔记》第 2 编第 4 册第 27 页。
[2] 韩愈：《送陆畅归江南》，《全唐诗》卷 340，第 3813 页。

> 花间每被红妆问,何事重来只一人。[1]

即其证。宋代选择进士为女婿的种种方式,唐代应有尽有。有择婿于榜后,如宰相白敏中便"欲取前进士侯温为婿"[2]。也有择婿于榜前,如卢储投卷李翱。李翱的女儿一见文卷,立即断言:

> 此人必为状头。

李翱"闻之,深异其语",将卢储招为女婿。卢储不出李氏所料:

> 来年果状头及第,才过殿试,径成佳姻。[3]

卢储有诗记其事:

> 昔年将去玉京游,第一仙人许状头。
> 今日幸为秦晋会,早教鸾凤下妆楼。[4]

还有榜前约定、榜下完婚,如:

> 裴筠取萧楚公(萧安)女,言定未几,便擢进士。

---

[1] 何扶:《寄旧同年》,《全唐诗》卷516,第5941页。
[2] 王谠:《唐语林》卷7《补遗》,《全宋笔记》第3编,周勋初整理,第2册第254页。
[3] 《古今事文类聚》前集卷26《仕进部·未第选婿》。
[4] 卢储:《催妆》,《全唐诗》卷369,第4153页。

"十考不第"的诗人罗隐以一绝句讥讽道:

> 细看月轮还有意,信知青桂近嫦娥。[1]

榜下择婿之事,五代时期也有之。后晋宰相桑维翰选择张澹为女婿,即其例。《宋史·张澹传》载:

> (张)澹幼而好学,有才藻,晋开运初,登进士第,宰相桑维翰器之,妻以女,解褐校书郎,直昭文馆。[2]

不过,有两点应当注意。

第一,榜下择婿之风在唐代与婚姻"尚阀阅"之风同时并存。唐代不少世家大族的联姻习俗是:

> 恃其族望,耻与他姓为婚。[3]

达官显贵几乎无不争相"与山东诸族为错"[4],其中还有"求婚不获",因而"恨之"者。尽管唐高宗下过禁婚令,但收效至微,"终不能禁"[5]。唐玄宗颁行《天下郡望姓氏族谱》,明确规定:

---

[1]《唐语林》卷7《补遗》,《全宋笔记》第3编第2册第267页。
[2]《宋史》卷269《张澹传》,第9248页。
[3]《隋唐嘉话》卷中,第33页。
[4] 费衮:《梁溪漫志》卷9《唐重氏族》,《全宋笔记》第5编,金圆整理,第2册第236页。
[5]《资治通鉴》卷200显庆四年十月壬戌,第14册第6318页。

> 非谱裔相承者,不许婚姻。[1]

更是公开提倡阀阅内婚姻。榜下择婿与婚姻"尚阀阅"两股风气同时并存,是唐代既"尚官",又"尚姓"的具体体现。唐宣宗自称"乡贡进士李某"[2],固然意味着"尚官"。怀州刺史李稹"唯称'陇西李稹'而不衔"[3],又意味着"尚姓"。最能说明问题的是,唐朝人把"门地、人物、文学皆当世第一",叫作"三绝"[4]。他们具有代表性的平生"三恨"是:

> 始不以进士擢第,不得娶五姓女,不得修国史。[5]

而宋朝人的平生"三美"则是:

> 入翰林,加金紫,知贡举。[6]

他们将"不得于黄纸尾押字"即"不历中书"、未做宰相,称为"生平不足"[7]。"三绝"与"三美"前后对照,"平生有三恨"与"生平一不足"两相比较,恰好表明:唐代官、姓并尚,宋代唯官是尚。在官、姓并尚的唐代,郑颢这类人物

---

[1]《玉海》卷50《艺文·谱牒·唐新定诸家谱录》,第2册第953页。
[2]《唐语林》卷4《企羡》,《全宋笔记》第3编第2册第146页。
[3]《唐国史补》卷上《李稹称族望》,第20页。
[4] 孙逢吉:《职官分纪》卷4《同中书门下平章事·门地、人物、文学皆当世第一》,中华书局1988年版,第73—74页。
[5]《隋唐嘉话》卷中,第28页。
[6]《宋史》卷439《文苑·和岘传》,第13012页。
[7]《续资治通鉴长编》卷115景祐元年七月乙巳,第9册第2690页。

无疑是上流社会最佳的女婿人选。郑颢以"姓"而论,出身荥阳名门郑氏,就"官"来说,其祖父郑䌹系唐宪宗朝宰相,他本人又是会昌二年(842)状元。难怪他很快被同等高门士族范阳卢氏锁定为女婿。殊不知唐宣宗也挑选到他。《新唐书·白敏中传》载:

> 帝爱万寿公主,欲下嫁士人。时郑颢擢进士第,有阀阅,(宰相白)敏中以充选。颢与卢氏婚,将授室而罢,衔之。[1]

郑颢居然"不乐国姻"[2],对举荐其做驸马的白敏中恨之入骨。足见郑颢自以为"三绝"并集,何等自傲!

第二,榜下择婿之风在唐代不如婚姻"尚阀阅"之风盛行。直到唐代后期,婚姻"尚阀阅"之风并未成为强弩之末。士大夫宁肯通婚世家大族,也不愿联姻皇室,便是明证。唐宣宗浩叹:

> 士大夫家不欲与我家为婚。[3]

唐文宗感慨:

> 我家二百年天子,顾不及崔卢耶![4]

---

[1]《新唐书》卷119《白居易从弟白敏中传》,第4306页。
[2]《东观奏记》卷上《唐宣宗聪察》,第88—89页。
[3]《资治通鉴》卷248 大中二年十一月庚午,第17册第8036页。
[4]《新唐书》卷172《杜兼附子中立传》,第5206页。

可见，郑樵把整个唐代一概划入"家之婚姻必由于谱系"[1]的时代并非凭空杜撰。至于其原因，在唐朝人的观念世界里，往往"爵位不如族望"[2]。他们常常这样说：

> 姓崔卢李郑了，余复何求耶。[3]

郑仁表的诗句：

> 文章世上争开路，阀阅山东拄破天。[4]

更是把尚官与尚姓两者的轻重缓急表达得非常形象。"族望为时所尚"[5]的局面，经历了唐末五代这个中国历史上的又一次"礼废乐坏"[6]的大动荡时期，才得到扭转。到了宋代，随着土地所有权转换频率的加快和科举制度的发展，呈现出"贫不必不富，贱不必不贵，兴者未足恃，废者未易绝"[7]的状况。宋人说：

> 历观贵途，良鲜旧族[8]；

---

[1]《通志二十四略·氏族略第一·氏族序》，第1页。
[2]《古今合璧事类备要》续集卷48《人事门·事理发挥》。
[3]《旧五代史》卷93《晋书十九·李专美传》，第1230页。
[4] 郑仁表：《句》，《全唐诗》卷607，第7066页。
[5]《资治通鉴》卷200显庆四年十月壬戌，第14册第6318页。
[6]《政和五礼新仪》原序，《景印文渊阁四库全书》本。
[7] 刘跂：《马氏园亭记》，《全宋文》第123册第220页。
[8] 张方平：《任子诏》，《全宋文》第37册第2页。

> 显人魁士，皆出寒畯。[1]

这类说法言过其实，但虽"家贫"，但"好学"，因而"一举及第"，甚至"仕至宰执"[2]的事例的确不少。在宋代，"阀阅""士族"作为词汇仍然保留下来，但其含义与从前已经大不相同，以致一般人不知"阀阅"为何物、"不知如何遂为士族"[3]。苏洵说：

> 于是乎由贱而贵者，耻言其先；由贫而富者不录其祖。[4]

尚姓心理的相对减弱、门第观念的相对淡薄，势所必至。明乎此，不难理解司马光提出的两个"安知"：

> 婿苟贤矣，今虽贫贱，安知异时不富贵乎？苟为不肖，今虽富盛，安知异时不贫贱乎？

宋代榜下择婿之风的盛行，系尚姓心理即门第观念相对减弱的结果。

---

[1]《云麓漫钞》卷7，《全宋笔记》第6编第4册第178页。
[2] 彭汝砺：《乞详定祖免亲婚姻条贯》，《宋朝诸臣奏议》卷33《帝系门·郡县主》，上册第327页。
[3]《庶斋老学丛谈》卷下，《景印文渊阁四库全书》本。
[4]《谱例序》，《全宋文》第43册第173页。

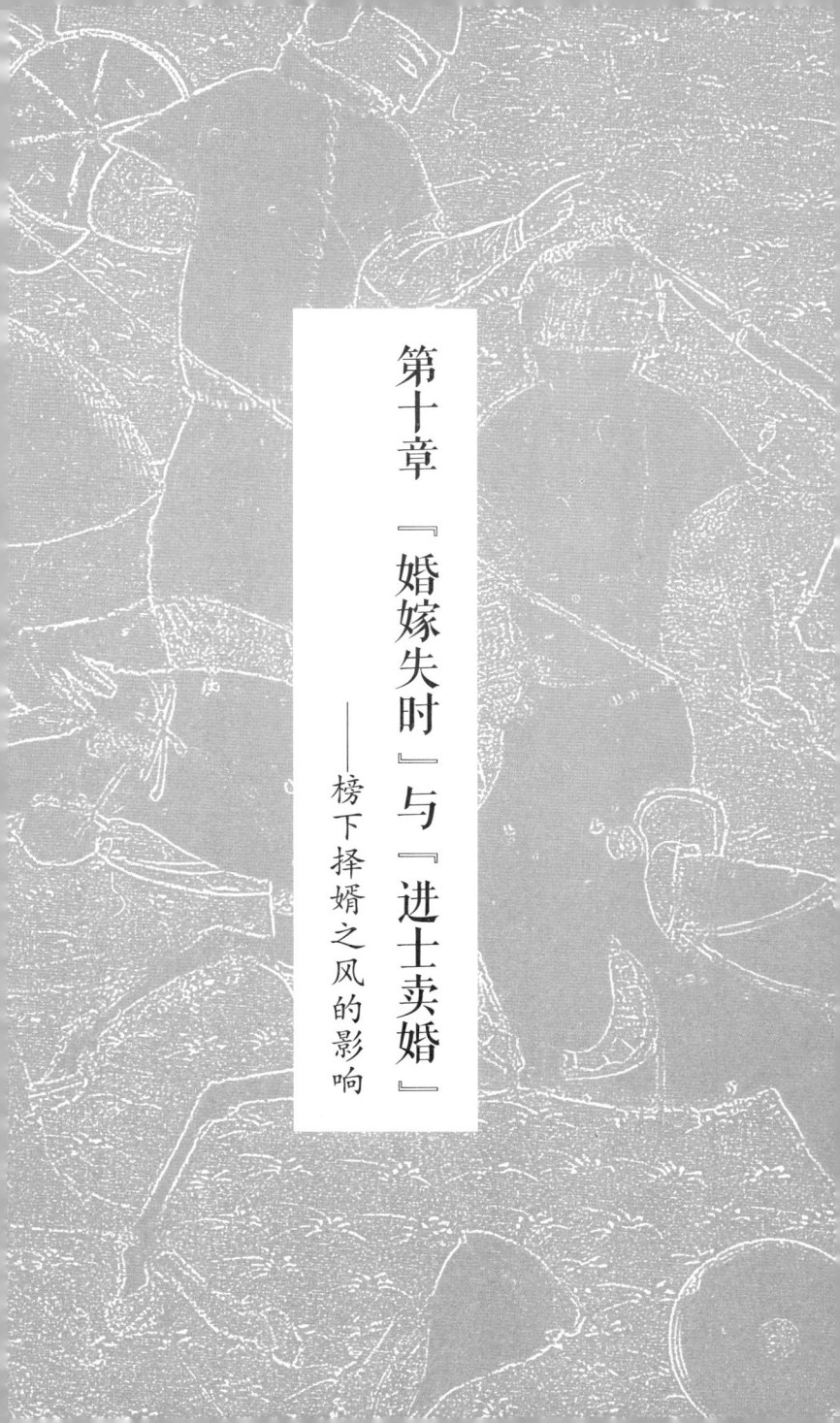

第十章 「婚嫁失时」与「进士卖婚」——榜下择婿之风的影响

榜下择婿之风的盛行对宋代婚姻制度的影响是广泛而深刻的，议亲程序、成婚年龄，以至婚姻论财都随之发生了某些相应的变化。如从访婚谱学家到"访婚卜者"，从指腹为婚到"晚娶甚善"，从士族嫁女论财到"进士娶妻论财"，等等，就相当清晰地显示着唐宋之际历史运动的轨迹，很值得注意。

一 "访婚卜者"

占卜指点迷津或推断祸福,起源甚早。但议亲必经算命看相这道程序,即所谓"访婚卜者"[1],并非自古而然,到宋代才普遍起来。在"家之婚姻必由于谱系"的魏晋隋唐时期,中上层人士挑选女婿重在家庭的现实状况,因而"商榷姻亲",去到那些"谙练士族"的谱学家处"咨访"即可[2]。而在"议亲贵人物相当"的宋代,重在挑选本人的未来前程,这原本便是道难题。宋代社会流动趋势增大,"世事多更变","兴盛未易量"[3]。

世事如此,这道难题就难上加难了。怎么办?人们往往"访婚卜者"。于是那些据说"能推人命贵贱"[4]的算命先生"其肆如市""其门如织",有的还因此发了横财,"从此

---

[1]《夷坚志》支戊卷2《郑主簿梦》,第4册第1064页。
[2] 封演撰、赵贞信校注:《封氏闻见记校注》卷10《讨论》,中华书局2005年版,第95页。
[3]《袁氏世范》卷2《处己·世事更变皆天理》、卷1《睦亲·家业兴替系子弟》,第65、41页。
[4]《东轩笔录》卷6,《全宋笔记》第2编第8册第43页。

小康"[1]。相传,晏殊以富弼为东床,是"善相"的王青替他选中的。晏殊的夫人恳求王青:

> 为我择一佳婿。

王青说:

> 恰有一秀才姓富,须做宰相,明年状元及第,在兴国寺下。[2]

果不其然,富弼后来官至宰相。据说,韩琦的父亲韩国华和母亲胡氏成亲,是蜀中士人胡觉"善相术"的结果。胡觉断言:"是必生贵子。"[3] 后来果然生子做宰相。此外,如宋末宰相陈宜中"少甚贫","有贾人推其生时,以为当大贵,以女妻之"[4]。对于从访婚谱学家到"访婚卜者"的变化,当时人程颐就有所察觉。他说:

> 古者卜筮,将以决疑也。今之卜筮则不然,计其命之穷通,校其身之达否而已矣。[5]

---

[1]《夷坚志》支丁卷7《丁湜科名》、支甲卷10《蒋坚食牛》,第3册第1026页、第2册第788页。
[2] 孙升撰:《孙公谈圃》卷上,《全宋笔记》第2编,赵维国整理,第1册第142—143页。
[3]《懒真子》卷5,《全宋笔记》第3编第6册第210页。
[4]《宋史》卷418《陈宜中传》,第12529页。
[5]《二程集·河南程氏遗书》卷25《伊川先生语一一·畅潜道录》,第1册第326页。

能"校其身之达否"者,卜者而外,据说在士大夫中也有不少所谓"知人之哲"。北宋初期"以高文苦学,为世宗师"的柳开便以此闻名。其《赠诸进士》诗云:

> 今年举进士,必谁登高第?
> 孙何及孙仅,外复有丁谓。

柳开预言成真:

> 未几,(孙)何、(孙)仅连榜状元,(丁)谓亦中甲科。先生之知人也如此。[1]

又如宣和六年(1124)进士、绍兴年间历任司封郎官、监察御史、崇政殿说书的王葆。范成大《吴郡志》载:

> 王公于人物鉴裁尤精。乐巷李侍御史衡,布衣流落,一见以女弟妻之。左丞相周益公必大,初第,以女妻之,知其为国器也。[2]

李衡《宋史》有传,他娶王氏女后,"登进士第"。"乐巷"系"乐庵"之误,是其藏书楼的名称[3]。王葆选择李衡为妹夫在榜前,挑选周必大为女婿则是标准的榜下择婿。在名公巨卿中,所谓"知人之哲"更多。如晏殊,其《宋史》本传称:

---

[1]《渑水燕谈录》卷3《知人》,《全宋笔记》第2编第4册第28页。
[2] 范成大:《吴郡志》卷27《人物·王葆》,《宋元方志丛刊》第1册,中华书局1990年版,第895—896页。
[3]《宋史》卷390《李衡传》:"聚书踰万卷,号曰乐庵。"(第11948页)

> 善知人,富弼、杨察皆其婿也。(晏)殊为宰相兼枢密使,而(富)弼为副使。[1]

富弼岂止枢密副使而已,在宋仁宗、宋神宗时两度拜相,系北宋一代名相。宋人徐度指出:

> 本朝公卿多有知人之明,见于择婿。

并举出"不可悉数"的事例:

> 赵参政昌言之婿,为王文正旦。王文正之婿,为韩忠宪亿、吕惠穆公弼。吕惠穆之婿,为韩文定忠彦。李侍郎虚己之婿,为晏元献殊。晏元献之婿,为富文忠弼、杨尚书察。富文忠之婿,为冯宣徽京。陈康肃尧咨之婿,为贾文元昌朝、曾宣靖公亮。[2]

上面这则记载说的是参知政事赵昌言的女婿王旦、宰相王旦的女婿韩亿与吕公弼、枢密使吕公弼的女婿韩忠彦、宰相晏殊的女婿富弼与杨察、宰相富弼的女婿冯京、翰林学士陈尧咨的女婿贾昌朝与曾公亮。他们后来都飞黄腾达,身居高位。

---

[1]《宋史》卷311《晏殊传》,第10197页。
[2]《却扫编》卷上,《全宋笔记》第3编第10册第128页。明人彭大翼《山堂肆考》卷100《亲属·妇翁女婿》在引证了徐度的这一记述之后,指出:"其后翁婿名位风节往往相似,前代所不及也。"(《景印文渊阁四库全书》本)

既然名公巨卿"多有知人之明",于是他们也成为人们访婚的对象。有种说法,晏殊择婿靠的是范仲淹。范仲淹认为,西京国子监学生富弼、张方平"皆有文行,他日皆至公辅,并可婿也",其中又以富弼"器业尤远大"[1]。范仲淹的看法,后来全部被证实。难怪当时有句口头禅:

> 贵人识贵人。[2]

算命看相实属"假神奇以自欺"[3],难免要露馅。如宋神宗时,"以命术闻于京师"的化成和尚,就把蔡京的命算错了。他一再断言蔡京"决不为真相",弄得蔡京为此"大病"一场。宋人徐度说罢此事,赓即指出:

> 以此知世所谓命术者,类不可信。其有合者,皆偶中也。[4]

吴处厚更是一针见血地将"命术者"指斥为"市井卜相之徒用以贾鬻取赀者"[5]。如不以人废言,这显然属于有识之见。即使号称有"知人之明"的名公巨卿也难免误判。如王旦挑选范令孙为女婿,期望甚高,结果不尽如人意。江少虞《宋朝事实类苑》载:

---

[1]《东轩笔录》卷14,《全宋笔记》第2编第8册第109页。
[2]《宋朝事实类苑》卷49《占相医药》,下册第641页。
[3]《夷坚志》支庚卷2《浮梁二士》,第3册第1149页。
[4]《却扫编》卷下,《全宋笔记》第3编第10册第161页。
[5]《青箱杂记》卷4,《全宋笔记》第1编第10册第216—217页。

> 令孙官止右正言,年五十卒,士大夫哀而惜之。[1]

可见从小看大,不是完全不可能,但谈何容易。洪迈就强调"知人之难":

> 知人之哲得失相半,为未能尽。[2]

即便是看,也要年龄稍长才看得比较准确。袁采认为:"男女之贤否,须年长乃可见。"出于这一考虑,他强调:

> 男女不可幼议婚。[3]

司马光、朱熹同样反对"襁褓童幼之时,轻许为婚",主张:

> 男女必俟既长,然后议婚。

为了逐渐革除"世俗早婚之弊",他们在《司马氏书仪》《朱子家礼》中,将男女法定婚龄分别提高一岁,男子由15岁提高到16岁,女子由13岁提高到14岁。[4]

二 "婚嫁失时"

宋代出现了结婚年龄增大的趋势,特别是男性读书人尤

---

[1]《宋朝事实类苑》卷46《休祥梦兆·诗谶》,下册第612页。
[2]《容斋五笔》卷6《知人之难》,《全宋笔记》第5编第6册第463页。
[3]《袁氏世范》卷1《睦亲·男女不可幼议婚》,第49页。
[4]《司马氏书仪》卷3《婚仪上·婚》,第29页;《朱子家礼(宋本汇校)》卷3《昏礼·议昏》,第48页。

其明显。当时既存在着男子"壮年未娶"的现象,又存在着女子"壮年不嫁"的问题。其情况正如范仲淹所说:

> 男不得婚,女不得嫁,丧不得葬者,比比有之。[1]

问题竟严重到如此地步,原因是多方面的。

婚嫁之费猛增是婚嫁失时的原因之一。在"风俗侈靡,日甚一日"[2]的宋代,婚嫁之费项目繁多。光大摆酒宴一项,花费就十分惊人。参加的人数多,按福建的习俗,"来者无限极,往往至数百千人"[3]。延续时间长,按照合肥的规矩,"嫁娶者,宗族竞为饮宴以相贺,四十日而止"[4]。成百上千人大吃大喝长达整整40天之久,开支之大可以想见。难怪当时人说:

> 伤生以送死,破产以嫁子。[5]

对于这种情况,南宋初期官至尚书吏部员外郎的王晞亮讲得要具体些:

> 比年以来,承平浸久,侈俗益滋。婚姻者贸田业,而犹耻率薄,以至女不能嫁,多老于幽谷。[6]

---

[1]《范仲淹全集·政府奏议》卷上《治体·答手诏条陈十事》,李勇先、王蓉贵校点,四川大学出版社2007年版,中册第523页。
[2]《宋会要辑稿》刑法2,第14册第8359页。
[3]《三朝名臣言行录》卷4之2《端明蔡公(襄)》,《四部丛刊》本。
[4]《涑水记闻》卷3,《全宋笔记》第1编第7册第40页。
[5]《政和五礼新仪》卷首,《景印文渊阁四库全书》本。
[6]《宋会要辑稿》刑法2,第14册第8383页。

张栻的认知与王晞亮相同:

> 婚姻之际,亦复借度,以财相徇,以气相高,帷帐酒食,过为华靡,以至男女失时。淫辟之讼多,往往由此。[1]

性别比例失调,是婚嫁失时的又一个原因。宋代有段顺口溜:

> 五男二女,七子团圆。二个女婿,答礼通贤。五房媳妇,孝顺无边。[2]

这反映了当时人总是追求男多女少的家庭人口结构,不愿生女愿生男。梅尧臣《戏寄师厚生女》诗云:

> 生男众所喜,生女众所丑。
> 生男走四邻,生女各张口。
> 男大守诗书,女大逐鸡狗。[3]

更有甚者,某些人甚至极其残忍地溺杀女婴。苏轼讲到荆湘一带的溺杀女婴之风:

> 岳鄂间田野小人,例只养二男一女,过此辄杀之。

---

[1]《张栻集》卷15《谕俗文》,杨世文点校,中华书局2015年版,第3册第997页。
[2]《清平山堂话本》卷2《快嘴李翠莲记》,第34页。
[3] 梅尧臣:《戏寄师厚生女》,《全宋诗》第5册第2850页。

尤讳养女，以故民间少女，多鳏夫。[1]

福建地区的这一风气，并不亚于荆湖一带。《麈史》卷上载：

> 闽人生子多者，至第四子则率皆不举，为其赀产不足以赡也。若女，则不待三。往往临蓐以器贮水，才产即溺之。[2]

福建地区人为地造成性别比例失调、男性多于女性的局面，以致"闽俗娶妇至难"。[3]

这里要强调指出的是，榜下择婿之风也是婚嫁失时的一个原因，而且婚嫁之费猛增、性别比例失调与榜下择婿之风也不无一定关系。宋代出现结婚年龄增大的趋势，特别是男性读书人尤其明显。这固然与"男女之贤否，须年长乃可见"有关，但更重要的原因还在于与"榜下择婿"相适应的"榜下娶妻"[4]。不少中上层家族甚至立下这样一条家规：

> 未第决不许娶。[5]

---

[1]《苏轼文集》卷49《与朱鄂州书》，第4册第1416—1417页。
[2]《麈史》卷上《惠政》，《全宋笔记》第1编第10册第23页。
[3]《夷坚志》支癸卷7《陈秀才游学》，第3册第1273页。
[4]《夷坚志》支甲卷7《黄左之》，第2册第767页。
[5] 谢维新：《古今合璧事类备要》前集卷60《婚礼门·婚姻·未第不娶》，《景印文渊阁四库全书》本。

许多读书人对此自觉加以遵守:

> 方事科举,以功名为心,意不在色。[1]

如秦觏"登第后方娶"[2],"王昂作状元始婚"[3],程颐的叔父程珦、程瑜"皆得官娶妇"[4],即其例。当时有诗云:

> 洞房花烛夜,金榜挂名时。[5]

女方"榜下择婿",男方"榜下娶妻",都是十分得意的事。但"金榜挂名"谈何容易。

在宋代,"世人获中科者绝少"[6]。官至尚书左丞的蒲宗孟感叹"入仕之难",他于熙宁元年(1068)上书称:

> 举天下而计之,三年之间,率常数千万人而取三四百也。[7]

照此说来,录取率竟低到千分之一以下。科场竞争如此激

---

[1]《夷坚志》乙志卷10《梦女属对》,第1册第268页。
[2] 陈师道:《嘲秦觏》,《全宋诗》第19册第12637页。
[3]《陶朱新录》,《全宋笔记》第5编第10册第174页。
[4]《二程集·河南程氏文集》卷12《伊川先生文八·先公太中家传》,第2册第647页。
[5]《容斋四笔》卷8《得意失意诗》,《全宋笔记》第5编第6册第288页。
[6]《能改斋漫录》卷12《记事·范淳父焚进论不应贤良》,《全宋笔记》第5编第4册第71页。
[7] 蒲宗孟:《上皇帝仕进抑塞书》,《全宋文》第2册第1784页。

烈,无怪乎人们把科举叫作"一场文战"[1],感叹"功名富贵真难致"[2]。不少读书人"平生苦学,望一青衫而不可得"[3],只能大发其牢骚:

> 满腹文章,满头霜雪,满面埃尘。直到如今,别无收拾,只有清贫。[4]

登科者不免扬扬得意,如状元吕蒙正诗云:

> 洛阳谩道多才子,自叹遭逢似我稀。[5]

在这些侥幸登科者中,像晏殊14岁、姜盖12岁中第,实属个别事例。后来官至宰相的李迪"四十方登第"[6]、刘沆"累举不第"[7],甚至其时"已名重于世"的曾巩也"每不利于春宫",以致遭到乡人嘲讽:

> 三年一度举场开,落杀曾家两秀才。[8]

---

[1]《宋朝事实类苑》卷24《衣冠盛事·王相国》,上册第287页。
[2]《夷坚志》支丁卷6《南陵仙隐客》,第3册第1016页。
[3]《夷坚志》乙志卷20《城隍门客》,第1册第358页。
[4]《夷坚志》三志己卷7《善谑诗词》,第4册第1352—1354页。
[5]《宋朝事实类苑》卷35《诗歌赋咏·吕文穆》,上册第449页。
[6] 高晦叟:《珍席放谈》卷上,《全宋笔记》第3编,孔凡礼整理,第1册第184页。
[7]《青箱杂记》卷3,《全宋笔记》第1编第10册第212页。
[8]《挥麈后录》卷6,《全宋笔记》第6编第1册第162页。

何况当时已有"姜桂之性,到老愈辣"[1]之说,朝廷录取进士,极其重视年龄。如宋太宗"取士多问其年,年少者往往罢遣"[2]。王博文"举进士",尽管"善属文",但因"年十六",被宋太宗"以年少罢归"[3]。这势必造成中第者年龄较大。

"一双前进士,两个阿孩儿。"[4]指的是唐人苗台符16岁、张读18岁同年进士及第。唐代科举中第者通常比较年轻,其登科年龄在《登科记考》中有明确记载的共103人,平均21.86岁。[5]宋代科举中第者一般年纪较大,在《琬琰集删存》中有传记资料而登科年龄可确考者凡49人,其平均年龄为25.43岁。这49人均为名公巨卿,他们的登科年龄在宋代是偏低的。[6]但其平均数已经高于唐代。《夷坚志》是一

---

[1]《宋史》卷381《晏敦复传》,第11739页。

[2]《五朝名臣言行录》卷4之2《丞相莱国寇忠愍公(准)》,《四部丛刊》本。

[3]《宋史》卷291《王博文传》,第9744页。

[4]《太平广记》卷128《贡举五·苗台符张读》,第3册第1357页。

[5] 徐松:《登科记考》卷8载:郑相如开元二十五年明经及第,"年五十余";卷10称:李玙大历五年进士及第,"年甫二十余";卷22载:王徽大中十一年进士"登第时,年逾四十"。(赵守俨点校,中华书局1984年版,第290、376、829页)这里姑且分别按52、22、42岁计算。

[6] 已有研究者对传世的《绍兴十八年同年小录》《宝祐四年登科录》做过统计,其所载登科者平均中第年龄分别为35、64、35、66岁(据李弘祺《宋代教育散论》第56页,台北东昇出版事业有限公司1980年版)。

部研究宋代社会生活的重要资料,书中明确记载了16位中第者的登科年龄,平均高达37.22岁。[1] 在这16人中,年龄在30岁以下者仅7人,占43.75%;年龄在30岁以上者多达9人,占56.25%。其中登科年龄最大的是湖州张德远,高达77岁。这在宋代并非绝无仅有的稀奇事。如北宋时,有个杭州举子"中老榜第,其子以绯衣裹之",中第即退休。来客作诗祝贺:

> 应是穷通自有时,人生七十古来稀。
> 如今始觉为儒贵,不着荷衣便着绯。[2]

司马光在讲到婚龄时指出:

> 男不过三十,女不过二十耳,过此则为失时矣。[3]

罗愿也称:

> 男二十以上而娶,毋过三十。女十四以上而嫁,毋过二十。[4]

---

[1]《夷坚志》丁志卷19《留怙香囊》称:留怙"年二十余进士及第"(第2册第692页)。这里姑且按22岁计算。
[2] 胡仔:《苕溪渔隐丛谈》前集卷35《半山老人三》,《四部备要》,中华书局1989年版,第100册第141页。
[3]《司马氏书仪》卷3《婚仪上·婚》,第29页。
[4] 罗愿:《昏问》,《全宋文》第259册第293页。

男性读书人倘若坚持"榜下娶妻",难免造成婚姻"失时""壮年未娶"[1]。如果说邵伯温"年二十八登科方娶",堪称"晚娶甚善"的榜样,"可以保养血气,专意学问"[2],那么晁迥"年过四十,登第始娶"[3],显然属于婚姻"失时"。凌景阳中第后,与开封酒户孙氏议亲,人家"嫌(其)年齿",他只好"匿五岁",殊不知女方竟"匿十岁"。皇上听说此事,不禁捧腹"大笑"[4]。至于陈修"年七十三"才登科,"尚未娶",实在是个老大难。他本人束手无策,只能"凄然出涕"。宋高宗乃"出内人施氏嫁之,年三十",以致好事者大开其玩笑:

新人若问郎年几?五十年前二十三。[5]

情景更凄凉的是那些"结童入学,白首空归,长委农

---

[1]《夷坚志》乙志卷17《女鬼惑仇铎》,第1册第328页。
[2]《闻见录》卷18,《全宋笔记》第2编第7册第242页。
[3]《石林燕语》卷10,《全宋笔记》第2编第10册第150页。
[4] 冯梦龙辑《古今谭概》卷21《匿年》,明刻本。
[5]《西湖游览志余》卷2《帝王都会》,第10页。这类情况,唐代已有。谢维新《古今合璧事类备要》前集卷60《婚礼门·婚姻·晚婚犹是孩儿》称:"陈峤,字景山,闽人也。孑然无依,数举不遂,蹉跎辇毂,至于暮年。逮获一名还乡,已耳顺矣。乡里……乃以儒家女妻之。至新婚,近八十矣。合卺之夕,……峤自成一章,其末曰:'彭祖尚闻年八百,陈郎犹是小孩儿。'座客皆绝倒。"钱易《南部新书》,《全宋笔记》第1编,虞云国整理,第4册第59页。

野,永绝荣望"[1]者,他们真可谓:

> 欲留年少待富贵,富贵不来年少去。[2]

苏轼有一联句:

> 令阁方当而立岁,贤夫已近古希年。

说的是惠州一位久考不中的举子,其时69岁,"其妻三十岁"[3]才喜得贵子。在这大喜之中,无疑夹杂着几分凄楚之情。

正如前面所说,宋代的中上层社会,女方最理想的是"以时嫁为士人妻"[4]。可是,"以时嫁"与"为士人妻"很难两全其美。如果定要坚持非进士不嫁,或者还有更为苛刻的条件,诸如非苏轼、非秦观不嫁之类,势必造成一大批女子"壮年不嫁"[5]。宋哲宗时,宰相章惇就把标准定得过高,以致"为息女择配,久而未谐"。王安石的女婿蔡卞好言相劝:

> 相公择婿如此其艰,岂不男女失时乎?

---

[1]《云麓漫钞》卷10,《全宋笔记》第6编第4册第223页。
[2]《苕溪渔隐丛话》前集卷26《晏元献》,《四部备要》第100册第106页。
[3]《侯鲭录》卷3,《全宋笔记》第2编第6册第214页。
[4]张耒:《晁无咎墓志铭》,《全宋文》第128册第152页。
[5]《苕溪渔隐丛话》前集卷60《丽人杂纪》,《四部备要》第100册第238页。

章惇颇不耐烦地回答道:

> 待寻一个似蔡郎者。[1]

蔡卞尽管声名狼藉,但毕竟出身进士,而且官至执政。章惇定要选个"似蔡郎者",其结果只能是"久而未谐"。章惇的女儿"壮年不嫁",应抱怨其父。程颐的女儿终身"未得所归",则责任在己。据说,此女"幼而庄静,不妄言笑,风格潇洒,趣向高洁",实在是个不可多得的贤女。她"择配欲得称者",其家为此"访求七八年,未有可者。既长矣,亲族皆以为忧,交旧咸以为非,谓自古未闻以贤而不嫁者。不得已而下求,尝有所议,不忍使之闻之,盖度其不屑也"。直至其死,"未遇贤者"[2]。更有甚者,某些不仅"性慧,喜文墨",而且"姿美而艳,其光可鉴"的女子,索性"以不嫁自誓"。家人无可奈何,只好空自感叹:

> 岂有处子终不嫁人乎![3]

总之,"女子难嫁"[4]在宋代中上层社会已经成为一个比较突出的问题。程颐《周易程氏传》说:

---

[1]《清波杂志》卷2,《全宋笔记》第5编第9册第29—30页。
[2]《二程集·河南程氏文集》卷11《伊川先生文七·孝女程氏墓志》,第2册第640—641页。
[3]《夷坚志》补卷13《刘女白鹅》、补卷15《嵊县神》,第4册第1665页、第4册第1689页。
[4]《郑氏规范》,第145页。

> （女子）所以愆期者，由己而不由彼。贤女，人所愿娶，所以衍期者，乃其志有所待，待得佳配而后行也。[1]

这显然是对现实有所感而借题发挥。

三 进士卖婚

买卖婚姻是传统婚姻制度的重要属性之一。婚姻论财的陋俗在魏晋隋唐时期早已相当普遍，特别是世家大族"嫁娶必多取赀，故人谓之卖昏"[2]。在商品经济有所发展的宋代，买卖婚姻又有所发展。当时的情况是：男女双方"商较财币，仅同贸易"[3]，其严重程度并不亚于前代。北宋人张师锡的诗句：

> 女嫁求红烛，男婚乞彩钱。[4]

就是对这一丑恶社会现象的揭露。诗人陈造感叹"财昏今不耻"，其《财昏》诗有句云：

> 民风日就颓，舍此争校彼。媒氏未到眼，聘资问有几。倾筐指金钱，交券搴租米。东家女未笄，仪矩

---

[1]《二程集·周易程氏传》卷4，第3册第981页。
[2]《新唐书》卷95《高俭传》，第3841页。
[3]《朝散郎充集贤殿修撰提举西京嵩山崇福宫杜公（纯）行状》，《全宋文》第127册第58页。
[4]《青箱杂记》卷5，《全宋笔记》第1编第10册第223页。

无可纪。已闻归有日,资送耀邻里。西家女三十,闭户事麻枲。四壁漏风霜,行媒无留趾。坐贫失行期,趣富瞢贪鄙。[1]

宋代聘财较之前代,数额更大。如绍兴年间,兴化军通判陈子辉的大女儿,她的愿望是:

> 受聘财金钗两双,臂缠一双,银十笏,钱十贯,采帛不胜计,猪、羊各二十口,酒数十缸。[2]

这虽是一厢情愿,但由此也可想见其时聘财数量之大。至于嫁妆的数额,往往并不少于聘财。一部《夷坚志》中,"奁具万计""奁具五百万""资装三百千""箱直果满千万"一类的记载比比皆是。更有甚者,某些家庭和个人选择配偶,只顾钱财。有因贪图钱财而娶孀妇,为赘婿者。如元丰年间,屯田郎中刘宗古,他"规孀妇李财产,与同居"[3]。元祐年间,秀州知州王蘧,"江阴县有孀妇,家富于财,不止巨万。(王)蘧利高赀,屈身为赘婿。贪污至此,素为士论所薄"。[4] 更有甚者,官至侍从的孙祖德老来居然"娶富人妻,以规有其财"[5]。还有因贪图钱财

---

[1] 陈造:《财昏》,《全宋诗》第 45 册第 28017 页。
[2] 《夷坚志》丁志卷 5《陈通判女》,第 2 册第 574 页。
[3] 《续资治通鉴长编》卷 291 元丰元年八月丙寅,第 20 册第 7124 页。
[4] 《续资治通鉴长编》卷 471 元祐七年三月丁酉,第 32 册第 11246 页。
[5] 《宋史》卷 299《孙祖德传》,第 9928 页。

的不惜将女儿嫁给和尚的。由于两广"市井坐估,多僧人为之,率皆致富",故而,"妇女多嫁于僧"。时人写下讽刺诗一首:

> 行尽人间四百州,只应此地最风流。
> 夜来花烛开新燕,迎得王郎不裹头。[1]

对于嫁娶图钱财的陋习,司马光概括道:

> 世俗贪鄙者将娶妇,先问资装之厚薄;将嫁女,先问聘财之多少。[2]

宋代的财婚除前面讲到的宗室女卖婚民间外,还有个与前代大不同之处,颇具时代特色。魏晋隋唐时期以女方索取财物者居多,"女适他族,必多求聘财"[3],卖婚取财的主要是"阀阅显者",收取的是"以陪门望"的所谓"陪门财"[4]。两宋时代则以男方索取财物居多,"娶妻则论财"[5],卖婚取财的主要是新科进士,收取的是"系捉钱""偏手钱"。朱彧《萍洲可谈》记述道:

> 本朝贵人家选婿,于科场年,择过省士人,不问阴

---

[1]《鸡肋编》卷中,《全宋笔记》第4编第7册第64页。
[2]《司马氏书仪》卷3《婚仪上·亲迎》,第30页。
[3]《旧唐书》卷65《高士廉传》,第2443页。
[4]《资治通鉴》卷200显庆四年十月壬戌,第14册第6318页。
[5]《作邑自箴》卷9《劝谕榜》,《宋代官箴五种》,第57页。

> 阳吉凶及其家世,谓之榜下捉婿。亦有缗钱,谓之系捉钱,盖与婿为京索之费。

没有多大权势的富室豪商要选择进士做女婿,只能全靠钱财。朱彧称:

> 近岁富商庸俗与厚藏者嫁女,亦于榜下捉婿,厚捉钱以饵士人,使之俯就,一婿至千余缗。

什么叫"偏手钱"?朱彧的解释是:"父母亲属又诛求,谓之偏手钱。"他说:

> 既成婚,其家亦索偏手钱,往往计较装橐,要约束缚如诉牒,如此用心何哉?[1]

有权有势者既然纷纷买婚进士,进士自然成了可居的奇货,要同他们讨价还价,力争卖个最好价钱,做个"高价女婿"。元祐年间,右正言丁骘的《请禁绝登科进士论财娶妻奏》对这一陋习有相当深刻的揭露:

> 臣窃闻近年进士登科娶妻论财,全乖礼义。衣冠之家随所厚薄,则遣媒妁往返,甚于乞丐。小不如意,弃而之它。市井驵狯出捐千金,则贸贸而来,安以就之。名挂仕版,身被命服,不顾廉耻,自为得计,玷辱恩命,亏损名节,莫甚于此。……此等天资

---

[1]《萍洲可谈》卷1,《全宋笔记》第2编第6册第147页。

卑陋，标置不高，筮仕之初，已为污行，推而从政，贪墨可知。

奏疏末尾，丁骘建议朝廷：

> 下御史台严行觉察，如有似此之人，以典法从事。庶几惇厚风教，以惩曲士。[1]

此前此后，谴责娶妻"直求资财"陋习者不乏其人。如蔡襄痛斥：

> 此生民之大弊，人行最恶者也。[2]

司马光、朱熹抨击：

> 是乃驵侩鬻奴卖婢之法，岂得谓之士大夫婚姻哉！[3]

天禧二年（1018）进士凌景阳就是一个士大夫"娶妻论财"的实例。王铚《默记》的记载很简略："凌景阳娶富人女。"[4]欧阳修说得具体些：

> 凌景阳者，粗亲文学，本实凡庸。近又闻与在京酒

---

[1] 丁骘：《请禁绝登科进士论财娶妻奏》，《全宋文》第72册第311—312页。
[2] 《福州五戒文》，《全宋文》第47册第15页。
[3] 《司马氏书仪》卷3《婚仪上·亲迎》，第33页；《朱子家礼（宋本汇校）》卷3《昏礼·纳币》，第49页。
[4] 《默记》，《全宋笔记》第4编第3册第152页。

> 店户孙氏结婚。推此一节,其他可知。物论喧然,共以为丑。

他进而议论道:

> 累年以来,风教废坏,士无廉耻之节,官多冒滥之称。当其积习因循,则不以为怪。[1]

又如太学生黄左之,他在淳熙年间登第后,做了池阳王生的女婿,"得奁具五百万",顿时"化穷薄为豪富"[2]。莫说别人,甚至连朱熹也有说一套、做一套的嫌疑。相传,他家竟如此行事:

> 男女婚嫁,必择富民,以利其奁聘之多。[3]

由于榜下择婿成风,在宋代要得"佳婿",需要付出高昂的代价。于是中产之家一旦生女,为了日后"遣嫁乃不费力",往往"早为储蓄衣衾妆奁之具"。袁采《袁氏世范》称:

> 今人有生一女而种杉万根者,待女长则鬻杉以为嫁资。此其女必不至失时也。[4]

---

[1]《欧阳修全集》卷106《论凌景阳三人不宜与馆职奏状》,第4册第1162—1163页。
[2]《夷坚志》支甲卷7《黄左之》,第2册767页。
[3]《四朝闻见录》丁集《庆元党》,《全宋笔记》第6编第9册第354页。
[4]《袁氏世范》卷2《处己·事贵预谋后则时失》,第101页。

如不早作准备，事到临头，不是债台高筑，便是嫁女失时。程颢"族大食众"，很是狼狈：

> 女长过期，至无赀以遣。[1]

陆游为此上书宰相虞允文哭穷：

> 儿年三十、女二十，婚嫁尚未敢言也。某而不为穷，则是天下无穷人。[2]

因此哭穷的还有官至吏部尚书的状元汪应辰。他述说道：

> （子女）婚嫁之未办，而有不及时之忧，此皆寝食所不遑安者。[3]

宗室中也"有贫而不能娶者"[4]。岂止一般宗室，连宋神宗的弟弟扬王赵颢也声称：

> 有女数人，婚嫁及期，私用不足。[5]

他向其侄子宋哲宗伸手，预借俸料钱。司马光在谈到娶妻论财的陋习时说：

---

[1]《二程集·河南程氏遗书》附录《门人朋友叙述》，第1册第330页。
[2]《渭南文集》卷13《上虞丞相书》，《四部备要》第79册第86页。
[3] 汪应辰：《与宰执书》，《全宋文》第251册第43页。
[4]《建炎以来系年要录》卷153绍兴十五年正月辛未，第6册第2611页。
[5]《宋会要辑稿》帝系2，第1册第46页。

世俗生男则喜，生女则戚，至有不举其女者，因此故也。[1]

可见宋代溺杀女婴成风，在社会底层固然是由于贫穷，而在中上层社会则与榜下择婿之风的盛行不无一定关系。

四 从婚姻看社会

行文至此，有以下几点需要稍加说明。

其一，宋代婚姻论财与论"才"。如前所述，宋代财婚相当突出，十分可笑可耻。于是学界有"宋代婚姻论财"一说[2]，且言而有据，言之成理。榜下择婿之风盛行又表明宋代婚姻"贵人物"、重进士，换言之，即宋代婚姻论"才"。因而出现了宋代婚姻究竟是论财还是论"才"的问题。以史实而言，两者同时并存实属不争的事实。宋代婚姻论财以富豪买婚进士为主，颇具时代特色。随着商品经济的发展，财富的力量在增大。当时人说：

钱之为钱，人所共爱，势所必争。[3]
钱如蜜，一滴也甜。[4]

---

[1]《司马氏书仪》卷3《婚仪上·亲迎》，第33页。
[2] 方建新：《宋代婚姻论财》，《历史研究》1986年第3期。
[3]《东谷所见·钱》，《全宋笔记》第8编第4册第12页。
[4] 释居简：《褒能寺记》，《全宋文》第298册第366页。

> 有钱鬼可使,无钱鬼揶揄。[1]

如果说富豪意味着金钱与财富,那么进士则象征着官场与权力。富豪买婚进士,其深层含义是财富追逐权力,富豪力图改换门庭,由商而士,由商而官。与富豪用钱财买婚进士不同,达官主要不是用钱,而是用权。他们试图通过联姻获取更多更大的可持续权力。榜下择婿分明是一种政治婚姻,达官与富豪都更加看重权力,并共同狂热地追逐。他们认为:

> 有官便有妻,有妻便有钱,有钱便有田。[2]

官与钱相比,官占第一位,官是命根子,有官就有一切。他们的企求无非是:

> 子为进士,而女嫁士大夫。[3]

一家人都做官,有权有势。可见,宋代财富的力量虽然有所增大,但支配社会的仍然不是财富,而是权力。

其二,宋代婚姻观念的变与不变。门当户对、郎才女貌是我国传统时代的两大传统婚姻观念。在历史长河中,这两种观念前后不无变化。"家之婚姻必由于谱系"的约定俗成

---

[1] 袁桷:《清容居士集》卷45《题跋·王生鬼戏图》,《景印文渊阁四库全书》本。
[2] 《夷坚志》支丁志卷8《陈尧咨梦》,第3册1030页。
[3] 王令:《故屯田郎中张夫人许氏墓铭》,《全宋文》第80册第161页。

标志着魏晋乃至隋唐时代极端讲究门当户对,"议亲贵人物相当"的深入人心意味着两宋时期格外注重郎才女貌。此说不无道理,但需要强调的是,门当户对、郎才女貌不是两种相互排斥,不能兼容的婚姻观念。宋代并未告别门当户对,只是较之魏晋时代相对淡化而已。门第观念在宋代依然根深蒂固,"伉合之序,贵于匹敌"[1]一类的说法仍旧不时出于宋人之口。他们说:

> 今士大夫之族议亲,非以德望,则犹以门阀。[2]

换言之,如果挑选不到进士做女婿,还是选个膏粱子弟为好。传统时代的婚姻不可能以感情为基础,当时的婚姻关系从本质上说是一种交换关系。[3] 门当户对是当事人家庭条件的相互交换,与当事人自身几乎无关。郎才女貌则是当事人自身条件的相互交换,与当事人自身无疑有关。两者的相同之处都是离开感情这个基础,孤立地讲交换条件。宋代婚姻论"才"从某种意义上说不过是在新的历史条件下达到新的门当户对的独特手段。北宋后期曾任翰林学士的叶梦得在讲述李沆选择王曾、晏殊选择范仲淹为女婿的来由之后说:

---

[1] 包拯:《论李绶冒国亲事奏》,《全宋文》第25册第391页。
[2] 彭汝砺:《乞详定祖免亲婚姻条贯》,《宋朝诸臣奏议》卷33《帝系门·郡县主》,上册第327页。
[3] 参看潘允康:《试论婚姻中的交换价值》,《社会科学战线》1985年第4期。

> 以宰相得宰相，衣冠以为盛事。[1]

前面引述的宋代榜下择婿的故事中，"贵人识贵人""宰相得宰相"的事例不在少数。明人彭大翼读过这些事例感叹道：

> 翁婿名位风节往往相似，前代所不及也。[2]

前代婚姻"重阀阅"可称为静态的门当户对，而宋代的择偶"贵人物"则是动态的门当户对。

其三，宋代社会的走向。宋代官僚阶层确实出现了某些门阀化的倾向，其表现之一即榜下择婿之风所造成的翁婿相继任宰执现象。然而宋代动态的门当户对是由于社会流动增大的新态势、新情况形成的。宋代社会流动增大，"富不过三代"，"贵不过累世"。"大臣亦世守禄位"已经成为一去不复返的"古道"[3]，"朝廷无世臣"，"无百年之家"[4]。当时有"朝士今日不知明日事"[5]一说。宋代士大夫感叹：

> 今日不知明日事，人情反复似车轮。我今自是飘萍

---

[1]《石林燕语》卷9，《全宋笔记》第2编第10册第137页。
[2] 彭大翼：《山堂肆考》卷100《亲属·妇翁女婿》，《景印文渊阁四库全书》本。
[3]《续资治通鉴长编》卷25雍熙元年三月乙卯，第3册第574页。
[4]《张载集·经学理窟·宗法》，第259页。
[5]《鹤林玉露》乙编卷1《住山僧》，《全宋笔记》第8编第3册第243—244页。

客,更向长亭作主人。[1]

官僚阶层没有也不可能整体性地转换为从前的门阀士族等级。与出现某些门阀化的倾向同时,宋代也呈现出较多的平民化趋势,榜下择婿之风所造成的达官女嫁县令儿、寒门子娶宰相女即其表现之一,前面已经举出若干实例。宋代确实有不少贫贱子弟通过科举与联姻向上层社会流动。于是有学者以此为一大重要依据,将宋代社会称为平民社会。然而值得注意的是,宋代的社会流动特别是上升型流动很有限,属于"单线社会流动"[2],贫者贱者上升的几率不大,远远不足以填平贫富贵贱分化、阶级阶层分野的鸿沟。[3] 总之,宋代社会既未回归门阀时代,也未走向平民社会。

---

[1]《闻见录》卷16,《全宋笔记》第2编第7册第223页。
[2] 李弘祺:《宋代教育散论》,第33页。
[3] 这里仅附带指出,未多作申述,以免离题。可参看拙稿《宋代"平民社会"论刍议》,《历史教学》2017年第16期,收入《恍惚斋两宋史论集》,河北大学出版社2020年版。

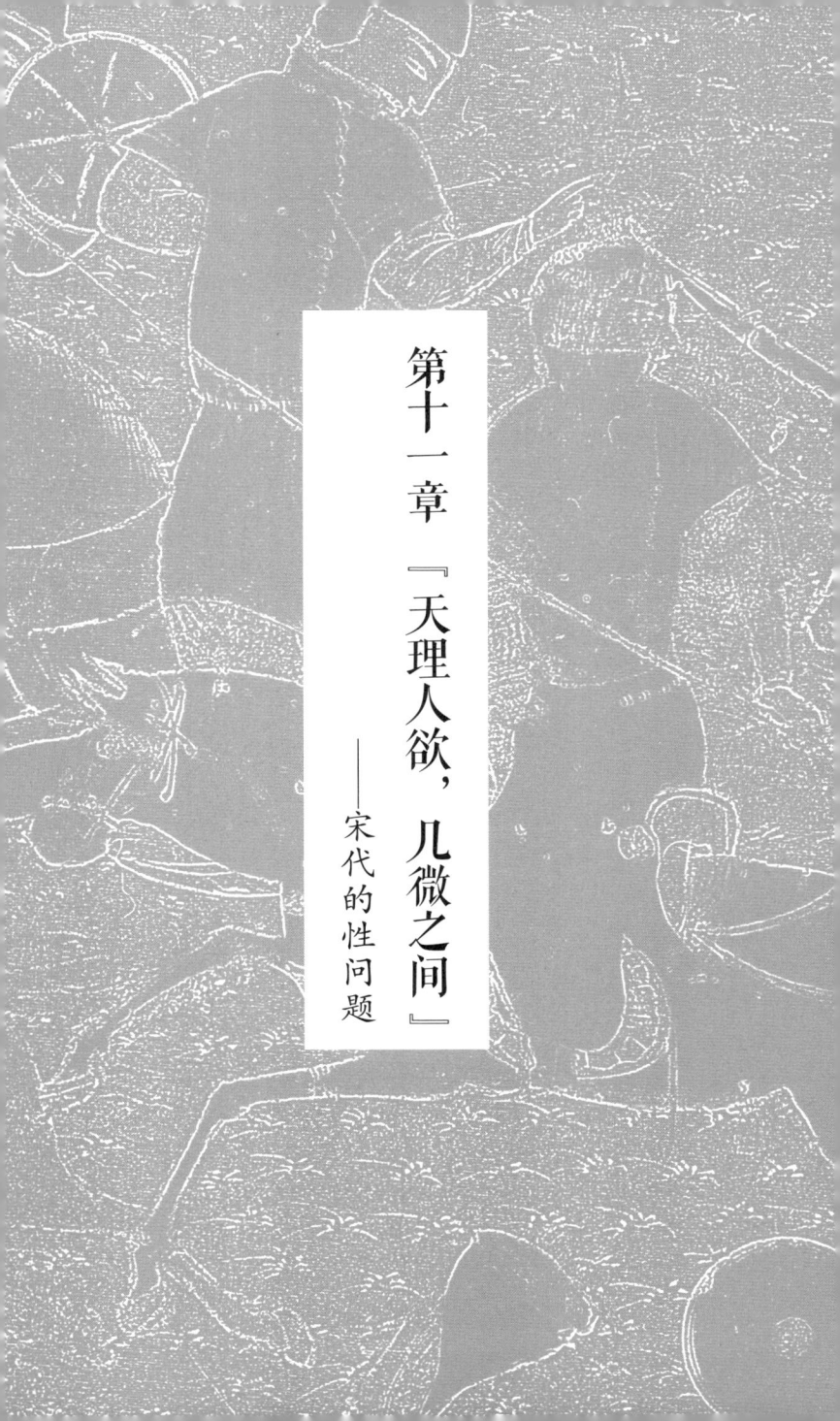

第十一章 「天理人欲,几微之间」
——宋代的性问题

前面讲到，学界大多认同唐宋变革论，但其中又有宋代发展论与停滞论之分。宋代社会停滞论者认为传统社会从宋代开始走下坡路，在社会生活领域有两个最有力的"铁证"。一个是宋代不许妇女再嫁，妇女社会地位急转直下。另一个是宋代实行性禁锢，是传统社会由性奔放期到性压抑期的转折点。"铁证"不铁，宋代妇女问题在第三、第四章中已做讨论。本章将谈谈宋代的性问题，是由于这个问题事关如何认知宋代社会、宋代理学以及唐宋变革的性质。

一 两个定论待商量

长期以来,国人罕言耻谈性问题,称为"谈性色变",不算过分。20世纪末,风向大变,大有"谈性色舞"取代"谈性色变"之势。探讨性文化、性历史、性医学、性社会学、性心理学的著述层出不穷,令人眼花缭乱,目不暇接。这批性学著述涉及中国古代历史文化,但大都不是历史学者所著,而是出自社会学与性医学研究者之手。在这批性学著述中,有两个常见的论点,仿佛已成定论,其实是两个有待商讨的问题。

其一,"中国的性禁锢一向很严厉","封建社会的性道德,主要是性禁欲主义。性道德观念可概括为——性欲为恶,禁欲为善"。[1]"一向"二字,似欠准确。据性学家马尔库塞研究,人类的性文明史经历了三个阶段,即从自由到压抑性文明,再到非压抑性文明。福柯则表述为从古代的性自由奔放期到后来的性压抑期,再到现代的性解放期。[2] 措辞

---

[1] 北方国联工作室采编《封建社会的性道德》,见中国性学会主办性科学网。
[2] 据李银河:《中国女性的感情与性》,今日中国出版社1998年版,第316—317页。

不同，含义相近。度过原始时代的性自由奔放期之后，中国传统时代的性文明无疑属于压抑性文明，但将其概括为性禁欲主义，或许言过其实。《孟子·告子上》曰：

> 食、色，性也。

《礼记·礼运篇》云：

> 饮食、男女，人之大欲存焉。

眼下学者常常引用的这两段文字即可证明，孔孟之道承认正当性行为与适度性生活的合理性和必要性，并未将性欲这一人的本性，笼而统之地等同于恶。《汉书·艺文志》称：

> 房中者，[情性]之极……乐而有节，则和平寿考。[1]

可见就主流而言，中国的传统文化有别于西方中世纪的基督教教义：基督教提倡禁欲，中国传统文化则主张节欲；基督教反对性快乐，中国传统文化则在有节的前提下予以认可。这些不是本文主题所在，此处毋庸细说。

其二，中国性学发展史"有如一双峰的马鞍形——始源于远古商周，筑基于春秋先秦，鼎盛于秦汉隋唐，阻滞于宋

---

[1]《汉书》卷30《艺文志十》，第1779页。

元两朝,徘徊于明清近代,发扬于新建中国"。[1] 岂止"阻滞"而已,甚至将两宋时期视为中国历史上性禁锢最为严厉的时期之一。至于其表现则是理学倡导禁欲,朝廷厉行性禁锢以及"史志中几乎再难看到房中术著作",并且其中"创新思想不多"[2]等,并将其根本原因归结为受理学思想束缚和传统社会走下坡路。从前我的某些看法与此相似,如今始觉不妥。

二 禁欲、纵欲与节欲

从20世纪50年代初至80年代初,理学对两宋社会的影响曾经被无限地夸大,对理学家们的学说与主张有不少误解。当时,学界普遍认定:理学(即道学)是两宋王朝的官方哲学和统治思想;理学家视物质欲望为罪恶源泉,奉行禁欲主义。这些观点在近年来刊行的某些性学著述中不断地被沿用。其实,理学之名始于元祐,理学之盛始于淳熙,理学差可称为官方哲学已迟至宋理宗时。《宋史·道学传》序曰:

> 道学盛于宋,宋弗究于用,甚至有厉禁焉。[3]

如果说"元祐党籍"理学家尚属受牵连,那么"庆元党禁"

---

[1] 王明辉:《中国性学发展的马鞍形史迹》,见中国性学会主办性科学网。
[2] 北方国联工作室采编《古代性观念和房中术》,见中国性学会主办性科学网。
[3]《宋史》卷427《道学传》序,第12710页。

矛头直指理学。如所周知，程颢、程颐、朱熹生前并不得意，死后吃冷猪头而已。两宋时期的意识形态领域不是一元，而是多元，绝非理学的一统天下。就性观念而言，禁欲、纵欲、节欲三种主张同时并存。

主张禁欲的恰恰不是（或主要不是）理学家，而是某些传授长生之术的方技之士。他们宣称，情欲有碍健康，绝欲即可少疾。方士皇甫坦即一例，《宋史·皇甫坦传》载，宋高宗一再"问以长生久视之术"。他的回答是：

> 先禁诸欲，勿令放逸。丹经万卷，不如守一。

宋高宗"叹服"，且"书'清净'二字，以名其庵，且绘其像禁中"[1]，将皇甫坦奉若神明，直至81岁去世。后人认为："高宗之寿，亦由禀厚而寡欲尔。"[2] 禁欲长生之术据说颇有奇效，并且例证并非仅此一端。此外，如临淄麻希梦虽年逾九十，仍身体康健，宋太宗召至开封，访以养生之理。他回答道：

> 臣无他术，惟少寡情欲，节声色，薄滋味，故得

---

[1]《宋史》卷462《方技下·皇甫坦传》，第13530页。
[2] 龙遵叙：《食色绅言·男女绅言》，《国学基本丛书》初编本。其实，宋高宗未必寡欲。确庵、耐庵编、崔文印笺证《靖康稗史笺证》之五《青宫译语笺证》称："康王（即后来的宋高宗）目光如矩，好色如父，侍婢多死者。"（中华书局1988年版，第177页）宋高宗得性无能症，很可能是由于纵欲。

至此。[1]

司马光的门人刘安世从47岁起"绝欲",相传从此"未尝有一日之疾"。他宣称:

> 自绝欲来三十年,气血意思只如当年。

陈瓘赞许道:

> 凡绝欲是真绝欲,心不动故。[2]

程颐的弟子谢良佐中年禁欲,他说:

> 色欲已断二十年来矣。盖欲有为,必须强盛,方胜任得,故断之也。[3]

然而现代医学的研究成果表明,禁欲违反生理规律、完全脱离实际,对身体健康有大害而无小益,实不足取。何况要做到"真绝欲,心不动",谈何容易。苏轼说:

> 养生难在去欲。[4]

---

[1]《渑水燕谈录》卷3《奇节》,《全宋笔记》第2编第4册第29页。
[2] 赵善璙:《自警编》卷2《诚实》,《全宋笔记》第7编,陈郁整理,第6册第39页。
[3] 愚谷老人:《延寿第一绅言》,《学海类编》本。
[4]《东坡志林》卷1《修养·养生难在去欲》,《全宋笔记》第1编第9册第21页。

周密感叹"欲之难遣",并以苏武、白居易为证。他说:苏武"啮雪啖毡,蹈背出血,无一语少屈","然不免与胡妇生子于穷海之上"。白居易"佛地位人,晚年病风放妓,犹赋《不能忘情吟》"。周密由此得出结论:

> 此事(即色欲)未易消除。[1]

照此看来,方士禁欲长生的说教对宋代社会的实际影响不会太大。

在方技之士中,除禁欲长生的说教者外,还有纵欲养生的倡行者。"黄帝御女一千二百而登仙"、彭祖[2]"御女多多益善"[3]一类的传说,"采阴益阳""以人补人"的纵欲养生主张,前代早已有之。纵欲论盛行于魏晋时期,并波及隋唐两代。有"药王"之称的唐代名医孙思邈居然宣称:

> 女色以纵情,意在补益以遣疾也。[4]

宋代倡行纵欲的方士,以武当张三峰(一作"三丰")名声最大。宋徽宗拟将其召至宫中,仅因道路梗塞而不至。

---

[1]《癸辛杂识》前集《寡欲》,《全宋笔记》第8编第2册第179页。
[2] 相传,彭祖姓钱名坚,陆终氏第三子,帝颛顼之孙,自尧时举用,历夏至殷末,八百余岁,常食桂芝,善导引行气,封于彭城,故称彭祖。
[3] 葛洪:《抱朴子》内篇卷1《微旨》,《景印文渊阁四库全书》本。
[4] 孙思邈:《千金要方》卷83《养性·房中补益》,《景印文渊阁四库全书》本。

南宋愚谷老人《延寿第一绅言》载:

> 世传三峰采战之术,托黄帝元素之名,以为容成公[1]、彭祖之所以获高寿者,皆此术。士大夫惑之,多有以此丧其躯,可哀也已。

愚谷老人的外祖父便是受害者之一,他"为大理评事时,得此术,两脸如桃,年过七十,竟为此术所害"。与柳永齐名的北宋词人张先"年过八十五矣,尚闻买妾"[2],他或许也是照纵欲养生的理念行事。在宋代,公然鼓吹纵欲者为数较少,并备受指责。如杨万里便以幽默的口吻,嘲弄纵欲者:

> 阎罗王未曾相唤,子乃自求押到,何也?[3]

然而纵欲论对宋代社会上层的实际影响不小。

至于理学家,大都遵循孔孟之道,既不赞成纵欲,也不主张禁欲。程颐确实曾经慨叹:

> 甚矣,欲之害人也。人之为不善,欲诱之也。[4]

---

[1] 相传,容成系黄帝之臣,始造律历,首创采阴补阳之术,著有《容成阴道》26卷。
[2] 《西湖游览志余》卷10《才性雅致》,第126页。
[3] 《延寿第一绅言》。
[4] 《二程集·河南程氏遗书》卷25《伊川先生语十一·畅潜道录》,第1册第319页。

朱熹进而强调：

> 去人欲，存天理。[1]

然而从前学人将此作为程、朱宣扬禁欲主义的铁证，则是出于对"人欲"一词的误读。程、朱此处所说"人欲"，专指私欲，并非泛指包括食欲、性欲在内的一切欲望。[2] 在他们的著述中，不乏肯定物欲的言论。如二程说：

> 利者，众人之所同欲也。[3]
> 圣人所欲，不逾矩。[4]

程颐明确主张：

> 为君当与民同欲。[5]

朱熹甚至认为：

> 虽是人欲，人欲中自有天理。[6]

他将"欲"区分为"合不当如此者"与"合当如此者"，其

---

[1]《朱子大全》卷37《书·与刘共父》，《四部备要》，第57册第579页。
[2] 参看徐远和：《洛学源流》，齐鲁书社1987年版，第148—153页。
[3]《二程集·河南程氏粹言》卷1《论学篇》，第4册1187页。
[4]《二程集·河南程氏遗书》卷6《二先生语六》，第1册第89页。
[5]《二程集·河南程氏经说》卷3《诗解·国风·无衣》，第4册第1061页。
[6]《朱子语类》卷13《学七·力行》，第1册第224页。

界线在于是否"逾矩"。并举例予以说明:

> 若是饥而欲食,渴而欲饮,则此欲亦岂能无?……但亦是合当如此者。[1]

他认为:

> 天理人欲,几微之间。……饮食者,天理也;要求美味,人欲也。[2]

可见,理学家的思想虽然较保守,并有反对追求美好生活之嫌,可是他们的主张毕竟不是禁欲论,而是节欲说。程颐说:

> 吾以忘生徇欲为深耻。[3]

常被后人引用,为其"法当节欲"的主张张目。值得注意的是,主张节欲者绝不仅限于理学家,与朱熹曾论战的陈亮同样主张:

> 因其欲恶,而为之节。[4]

于是,节欲说在宋代压倒禁欲、纵欲二说而居于上风。

---

[1]《朱子语类》卷94《周子之书·通书·后录》,第6册第2414页。
[2]《朱子语类》卷13《学七·力行》,第1册第224页。
[3]《延寿第一绅言》。
[4]《陈亮集》(增订本)卷4《问答下》,邓广铭点校,中华书局1987年版,上册第42页。

三 宋代性学是否阻滞不前

关于性学的发展阻滞于两宋,多位性学研究者都有较为具体的阐述。其中一位如是说:

> 宋代由于程、朱理学盛行,性医学的发展也受到了限制,很少有房中专著流传,只在若干有关养生的医著中偶有提及。[1]

性医学的发展在很大程度上取决于性疾病的发病率。综观人类文明史,性医学的大发展都出现在性疾病的大流行之后。两宋时期无性疾病流行的迹象,性医学无大发展,自在情理之中,恐与程、朱理学关系不大。在漫长的传统时代,确有不少房中专著失传。究竟有多少失传于两宋时期,是个尚待求证的问题。就宋代以前的房中专著来说,宋代所藏肯定多于现在。只要将宋代目录学著作与传世古籍目录稍加比较,即可证实。然而性学研究者讲到传世房中专著多以"文献浩瀚"相称,说到宋代则以"流传很少"相贬,只怕欠妥。南宋目录学家晁公武的估计与此不同,他指出:

> 医经传于世者多矣。[2]

---

[1] 周一谋:《房事与养生》,刘东主编《中华文化读本》,社会科学文献出版社1999年版,第411页。
[2] 晁公武撰、孙猛校证:《郡斋读书志校证》卷15《医书类·黄帝素问》,上海古籍出版社1990年版,下册第702页。

所谓医经，当然包括性医学专著在内。此外，还有以下三点需要指出。

其一，宋代并未禁止房中专著。当时多次禁书，禁止的通常是"天文、相术、六壬、遁甲、三命及阴阳书"[1]。程颐等人因系旧党中人，朱熹等人因系道学中人，他们的著述分别在宋徽宗时、宋宁宗时一度被禁。两宋王朝的禁书之举均出于政治需要。

其二，两宋时期社会上流行的房中专著是否少于唐代，不宜轻易下结论。《旧唐书·经籍志下》著录葛洪《玉房秘术》一卷，《新唐书·艺文志三》著录葛洪《葛氏房中秘术》一卷，而《宋史·艺文志》均未著录。由此得出宋代少于唐代的结论，似乎勉强了些。葛氏二书是否系一书二名，其内容是否是其《抱朴子·内篇》中《至理》《微旨》《释滞》《极言》等有关房中养生篇章的结集，因葛氏二书已佚，一时尚难查证。相反，《宋史》著录而两《唐书》未著录者亦有之，如《王母太上还童采华法》一卷。从其书名看，讲述的是"王母[2]无夫，好与男童交"，采阳"养阴得道"[3]，当属房中书。其内容或系无稽之谈，但在以男性为中心的社会

---

[1]《宋大诏令集》卷198《禁约上·禁天文相术六壬遁甲三命及阴阳书诏》，第731页。
[2] 王母即西王母，传说中的仙人，姓杨，一作姓侯，名回，一名婉衿，居昆仑山。
[3] 宋书功：《中国古代房室养生集要》，中国医药科技出版社1991年版，第200页。

环境下，颇有张扬女权的意味。

其三，两宋社会上流行的房中专著无疑多于目录学著作所著录者。如晁公武在编纂《郡斋读书志》时，将某些荒诞不经的所谓房中专著删除。他说：

> 若夫容成之术，虽收于（刘）歆辈，以荐绅先生难言，特删去不录。[1]

如今学界公认的性学名著则几乎一概予以保留。这似乎正是其社会责任感与科学精神的体现，应视为对性学发展的贡献。《宋史·艺文志》著录的房中专著多于《郡斋读书志》。

性学在两宋时期虽无大发展，但有小进步。在药物方面，如"秋石"即纯净性激素的提炼及推广。据沈括记述，起初"广南有一道人，惟与人炼秋石为业，谓之还元丹。""久之，道士方许传"，渐渐"世人皆能之"。据说，有关疾病"服此而愈"，"此药不但治疾，可以常服，有功无毒"。[2] 在医疗方面，如南宋著名妇科专家陈自明对女性性疾病的诊断与治疗贡献尤大，他在《妇人良方》一书中对"梦交"等性心理疾病及"接交所伤"等性生理疾病都开有处方，有的至今仍应用于临床。[3] 两宋时期的性科医师以王继先最有名，原因不在于其医术特别高明，而是由于他是宋

---

[1] 《郡斋读书志校证》卷16《神仙类·度人经》，下册第737—738页。
[2] 旧题苏轼、沈括：《苏沈良方》卷1《秋石方》，《知不足斋丛书》本。
[3] 参看《中国古代房室养生集要》，第266、268页。

高宗宠信的御医。[1]建炎二年（1128），金军突袭扬州，宋高宗夜半仓皇渡江而逃，"惧然警惕，遂病熏腐"，从此患下性无能症，"后宫皆绝孕"。[2]王继先劝宋高宗服仙灵脾即淫羊藿以益阳，据说效果不错。宋高宗赞许道：

> 顷冒海气，继先诊视，实有奇效。[3]

他甚至如是说：

> （秦）桧国之司命，（王）继先朕之司命。[4]

王继先的医术渊源有自，其家"世为医，其祖以卖黑虎丹得名，号'黑虎丹王家'。"[5]其长子王悦道仍业医，翰林院医官王继善很可能是其弟。[6]像"黑虎丹王家"这样以治疗性病见长的医药世家，在两宋时期恐非绝无仅有。

宋代对性学的贡献主要不在于性医药，而在于性观念。

---

[1] 参看刘子健：《秦桧的亲友》五《干亲——御医王继先》，《两宋史研究汇编》，台北联经出版事业公司1986年版，第162—166页。
[2] 不著撰人：《朝野遗记·高宗无子思明受》，《全宋笔记》第7编，钟翀整理，第2册第269页。
[3] 《建炎以来系年要录》卷34建炎四年六月甲午，第2册第690页。
[4] 《四朝闻见录》乙集《秦桧王继先》，《全宋笔记》第6编第9册第276页。
[5] 《三朝北盟会编》卷230绍兴三十一年七月十一日"王继先依旧致仕"引《遗史》，下册第1658页。
[6] 《建炎以来系年要录》卷87绍兴五年三月乙未原注曰："王继善恐是继先弟，当考。"（第4册1489页）

如南宋愚谷老人《延寿第一绅言》系我国古代的性学名篇之一。此书有两大长处：一是在古代性书中往往荒诞无稽之谈甚多，此书明显减少；二是对于"御女多多益善"一类的纵欲说教，因事涉古圣贤，前代虽有批判，往往曲折委婉，此书直截了当，较为深刻有力。其短处在于不够全面，虽然其主旨在于宣扬"减节嗜欲"，但对性欲这一人的本性未作正面肯定，不免有主张"绝欲"之嫌。与《延寿第一绅言》相比，李鹏飞《三元延寿参赞书》[1]较为全面、系统。此书虽刊行于元世祖至元二十八年，但李氏生于宋宁宗嘉定十五年，宋亡时已年过半百，并且书中论述皆有凭借，他只是编纂乃至抄录而已。其《参赞书》卷一《天元之寿精气不耗者得之》实可视为宋代性学的总结性著述。此卷开篇首先肯定"欲不可绝"，接着强调"欲不可早""欲不可纵""欲不可强"，并且指出"欲有所忌""欲有所避"。书中虽以节录前人论述为主，但能推陈出新。他既肯定性欲：

> 男女居室，人之大伦。独阳不生，独阴不成。……两者不和，若春无秋，若冬无夏。

又反对纵欲：

> 长生至慎房中急，何为死作令神泣。……以有极之性命，逐无涯之嗜欲，亦自毙之甚矣。

---

[1]《中国古代房室养生集要》，第287—303页。

其基本主张是节欲。他先设问:"女不可近乎?"接着引用前贤佳言,剀切予以回答:"节之。"从总体上看,此卷所论相当精当。

四 两宋社会繁荣"娼"盛

卖淫嫖娼向来被人们视为最为严重的性放纵,两宋王朝果真实行性禁锢,势必禁娼。但史实是同历代王朝一样,两宋王朝并不全面厉行娼妓之禁,并且还直接掌握着一大批服务于官府的官妓和服务于军队的营妓。至于中国古代之所以不禁娼,"完全是由整个社会的婚姻家庭制度和性别角色制度所决定的"。社会学家已有论述,可供参考。[1]

认为两宋王朝禁娼是个误解。当时所禁止的仅仅是官员到妓院嫖娼,将官妓、营妓据为己有。宋人有"身为见任,难以至妓院"[2]之说。田汝成《西湖游览志余·委巷丛谈》载:

> 宋时,阃帅、郡守等官,虽得以官妓歌舞佐酒,然不得私侍枕席。[3]

---

[1] 潘绥铭:《存在与荒谬——中国地下"性产业"》第一章《中国古代为什么不禁娼》,群言出版社1999年版。
[2] 《夷坚志》乙志卷18《赵不他》,第1册第337页。
[3] 《西湖游览志余》卷21《委巷丛谈》,第259页。

禁止的范围与程度,前后有某些变化。张舜民《画墁录》称:

> 嘉祐以前,惟提点刑狱不得赴妓乐。熙宁以后,监司率禁,至属官亦同。[1]

元祐四年(1089)十一月规定:

> 发运、转运、提刑预妓乐宴会者,徒二年。[2]

绍兴十三年(1143)闰四月诏令:

> 诸州自长贰外,非公筵,若休告,毋得用妓乐燕集,违者坐之。[3]

由于有禁令,官员因违禁受处分的记载确实不少。如宋仁宗时,知益州蒋堂因"私官妓,徙河中府"[4];右正言刘涣因"顷官并州,与营妓游,黜通判磁州"[5];知忻州李中吉"载家妓至并州,与(知寿州)孙沔狎饮。又以妓遗沔,沔受之"。因其"淫纵不法事"[6],遭到台谏官弹劾,李、孙

---

[1]《画墁录》,《全宋笔记》第2编第1册第216页。
[2]《续资治通鉴长编》卷435元祐四年十一月壬辰,第29册第10491页。
[3]《建炎以来系年要录》卷148绍兴十三年闰四月壬寅,第6册第2527页。
[4]《宋史》卷298《蒋堂传》,第9913页。
[5]《宋史》卷324《刘文质附子涣传》,第10493页。
[6]《续资治通鉴长编》卷190嘉祐四年七月甲辰,第14册第4577—4578页。

二人被贬官。宋神宗时，宋乔年"用父荫，监市易，坐与倡女私及私役吏失官，落拓二十年"。[1] 然而有以下两点不应忽视。

一是官员嫖娼揭露难，之所以被揭露往往是由于官僚集团朋党纷争，或官员之间相互倾轧。如庆历年间，监进奏院苏舜钦等因"召妓女，开席会宾客"，权同判太常寺王洙等因"与妓女杂坐"[2] 而受处分，分明是党争所致，被政敌陷害。其实，苏舜钦等人的行为并不一定违反朝廷的有关规定。宋孝宗时，知台州唐仲友因与营妓严蕊"为滥"[3] 而被解职，公开出面弹劾唐仲友的虽然是浙东提刑朱熹，但根源在于唐仲友与台州通判高文虎之间的纠纷以及朱熹与王淮的矛盾。[4]

二是官员嫖妓处分轻，往往不久官复原职，有的甚至飞黄腾达，受到严惩的是妓女。如乾德元年，翰林学士王著"乘醉夜宿娼家，为巡吏所执"，宋太祖得知此事，竟"置不问"[5]。元丰年间，知岷州张若讷、通判王彭年、同知礼院王

---

[1]《宋史》卷356《宋乔年传》，第11208页。
[2]《续资治通鉴长编》卷153庆历四年十一月甲子，第11册第3715—3716页。
[3] 陆心源：《宋史翼》卷13《唐仲友传》，中华书局1991年版，第139—140页。
[4] 参看邓广铭《朱唐交忤中的陈同甫》，《邓广铭治史丛稿》，北京大学出版社1997年版，第664—669页。
[5]《续资治通鉴长编》卷4乾德元年二月甲申，第2册第83页。

仲修"因燕会,与女妓戏"[1],仅罚铜而已。绍圣末年,知杭州祖无择"坐与官妓薛希涛通",薛希涛被"榜笞至死"[2],而祖无择不久即奉诏还朝,出任知通进银台司。唐仲友案发,严蕊"系于狱,两月之间,一再受杖,委顿几死"。[3]唐仲友则并未受到多大影响。更有甚者,官员嫖妓根本不受任何处分。皇祐年间,范仲淹在知杭州时,处置其下属、知钱塘县韩缜,即一例。韩缜"眷一妓,尝宿其家"。岂止如此,还公然将娼妓家里的中堂作为县衙的大堂:"一日晏起,县吏挟之立门外,候声喏。"韩缜"即升妓家中堂,受喏"。次日自知铸成大错,"解官自劾"。范仲淹"即令还职",只说了一句半赞许半开导的话:"公杰士也,愿自爱。"韩缜我行我素,"复携此妓游西湖,恋恋一月不去"。而范仲淹则"置酒饯之,召妓佐酒",待韩缜酒醉后,叫船将他送走,让他一走了之。此事对韩缜后来的仕途毫无影响,他反而步步高升,元丰年间知枢密院事,宋哲宗初年拜相。人们竟以此为例,赞扬范仲淹:

>   爱惜人才,襟量不可及。[4]

---

[1]《续资治通鉴长编》卷311元丰四年正月庚子、卷316元丰四年九月壬寅,第22册第7538、7647页。
[2]《西湖游览志余》卷21《委巷丛谈》,第159页。
[3]《齐东野语》卷20《台妓严蕊》,《全宋笔记》第7编第10册第338—339页。
[4]《西湖游览志余》卷16《香奁艳语》,第201页。

如此禁止官员嫖娼,势必收效极小。难怪官员与娼妓往还、爱恋乃至发生性行为,均肆无忌惮。历任各地地方长官的苏轼晚年坦陈:

> 十五年前我是风流帅,花枝缺处留名字。[1]

宣和年间,某两府官出任江南东路安抚使,公然宣称:

> 为爱金陵佳丽,乃分符来此。[2]

在宋代,岂止声名狼藉的巨贪权臣、风流倜傥的骚人墨客,多数官员通常都与娼妓打得火热。直爽者如寇准,他与歌姬过从甚密,并如是说:

> 人间万事何须问,且向樽前听艳歌。[3]

他"尝高会,集诸妓,赏绫绮千数"。其爱妾蒨桃献诗云:

> 一曲清歌一束绫,美人犹自意嫌轻。
> 不知织女萤窗下,几多抛梭织得成?

寇准"为之默然"[4]。清正者如范仲淹,相传他在知饶州时,爱恋一官妓。离任后仍恋恋不舍,捎去胭脂并题诗:

---

[1]《侯鲭录》卷1,《全宋笔记》第2编第6册第198页。
[2]《挥麈余话》卷2,《全宋笔记》第6编第2册第66页。
[3] 张邦几:《侍儿小名录补遗》,《丛书集成》初编本。
[4]《西湖游览志余》卷16《香奁艳语》,第201页。

> 江南有美人，别后长相忆。
> 何以慰相思，赠汝好颜色。[1]

豪放者如辛弃疾，不仅有田田、钱钱两名能文会诗的姬妾，而且在丹徒"每燕必命侍妓歌其所作"[2]，在上饶有"吹笛婢名整整者侍侧"[3]。难怪北宋梅询在其《瘴说》一文认为："仕有五瘴"，即"租赋之瘴""刑狱之瘴""饮食之瘴""货财之瘴""帷薄之瘴"，并指出：

> 盛陈姬妾，以娱声色，此帷薄之瘴也。

"帷薄"指私生活，"瘴"的引申义是恶性传染病。所谓"仕有五瘴"，用现在的话来说，即"官场常见五大腐败现象"。南宋陈郁在其《藏一话腴》中加以征引之后，颇有感触地说：

> 此说深中士大夫之疾。[4]

周辉说得比梅询更不直白：

> 士大夫欲永保富贵，动有禁忌，尤讳言死，独溺于

---

[1] 姚宽:《西溪丛语》卷下,《全宋笔记》第4编, 汤勤福等整理, 第3册第54页。
[2] 岳珂:《桯史》卷3《稼轩论词》,《全宋笔记》第7编, 许沛藻等整理, 第4册第212页。
[3] 《清波别志》卷下,《全宋笔记》第5编第9册第177页。
[4] 《藏一话腴》甲集卷下,《全宋笔记》第7编第5册第26页。

声色,一切无所顾避。[1]

知永兴军刘敞就因好色而不顾一切,他"惑官妓,得惊眩疾"[2]。知并州明镐巡视边境,"军行,娼妇多从之"[3]。枢密院编修胡铨远贬海南,仍沉缅于女色,与侍妓黎倩相狎。他奉诏北归时,题诗云:

> 君恩许归此一醉,傍有梨颊生微涡。

朱熹回顾胡铨此事,著诗"自警":

> 十年浮海一身轻,归对黎涡却有情。
> 世上无如人欲险,几人到此误平生。[4]

官员中有娶娼妓为妻妾者。如苏轼的爱妾王朝云系西湖名妓。张俊"有爱妾,钱塘妓张秾也"[5]。韩世忠的夫人梁氏,"京口娼也"[6]。宗室赵不瞰"娶倡女为妻"[7]。

---

[1]《清波杂志》卷3,《全宋笔记》第5编第9册第33页。
[2]《郡斋读书志校证》卷19《别集类下·刘公是集》,下册第992页。
[3]《宋史》卷292《明镐传》,第9769页。
[4]《鹤林玉露》乙编卷6《自警诗》,《全宋笔记》第8编第3册第324页。
[5]《三朝北盟会编》卷205绍兴十一年二月十八日丁亥"张俊杨沂中刘锜及金人战于柘皋镇",下册第1476页。
[6]《鹤林玉露》丙编卷2《蕲王夫人》,《全宋笔记》第8编第3册第354页。
[7]《建炎以来系年要录》卷153绍兴十五年正月辛未,第6册第2611页。

官员嫖娼毕竟有禁令，对于包括各级各类学生在内的士人，他们虽然是官员的后备队，但朝廷则无嫖娼之禁。尽管陆九渊如此教训门人：

> 士君子乃朝夕与贱倡女居，独不愧于名教乎？[1]

然而这只是道德说教而已，并不具有任何法律效力。虽然蔡杭写下判词：

> 公举士人，娶官妓，岂不为名教罪人，岂不为士友之辱，不可！不可！大不可！[2]

可是蔡杭仅为地方官，至多仅适用于他在任时的当地。就全国各地而言，由于并无禁令，学生公开与娼妓往还，甚至"学舍宴集必点妓"[3]。学生与娼妓，关系很特殊。周密《武林旧事·酒楼》称：

> 名娼皆深藏邃阁，未易招呼。……往往皆学舍士夫所据，外人未易登也。[4]

当时，学生大抵都嫖妓，谁不如此，即不合群，甚至被视为怪异。如政和年间，吉州州学生杨邦乂。《宋史》其本

---

[1]《谈薮》，《全宋笔记》第2编第4册第198页。
[2]《名公书判清明集》卷9《户婚门·士人娶妓（蔡久轩）》，第344页。
[3]《癸辛杂识》后集《学舍燕集》，《全宋笔记》第8编第2册第126—127页。
[4]《武林旧事》卷6《酒楼》，《全宋笔记》第8编第2册第80页。

传称：

> （邦乂）目不视非礼，同舍欲隳其守，拉之出，托言故旧家，实倡馆也。邦乂初不疑，酒数行，娼女出，邦乂愕然，疾趋还舍。[1]

学生们甚至为争夺妓女而打架斗殴。如淳祐年间，宗学生时芹斋与太学生提身斋同时爱上妓女魏华，双方发生争执。府学生林乔又参与其中，并"挟府学诸仆为助，遂成大哄"。[2]学生与娼妓爱恋的记载较多，留下不少动人的故事。如王明清《玉照新志》载：

> 元符中，饶州举子张生（或云即张耒）游太学，与东曲妓杨六者好甚密。会张生南宫不利，归，妓欲与之俱，而张不可，约半岁必再至，若渝盟一日，则任其从人。

张生因故失约，杨六"母以归洛阳富人张氏"。数月后，张生始至开封，得知此情，"大感怆，不能自持"，写下《雨中花》词：

> 曾记酒阑歌罢，难忘月底花前。[3]

王明清记述此事，字里行间流露出对这对青年男女未能

---

[1]《宋史》卷447《忠义二·杨邦乂传》，第13196页。
[2]《癸辛杂识》别集上《林乔》，《全宋笔记》第8编第2册第340页。
[3]《玉照新志》卷1，《全宋笔记》第6编第2册第133—134页。

成为眷属的惋惜之情。田汝成《西湖游览志余》卷十六《香奁艳语》载：

> （钱塘名娼苏）盼奴与太学生赵不敏甚洽款。久之，不敏日益贫，盼奴周给之，使笃于业。

赵不敏终于中第，出任襄阳府司户。但"盼奴未落籍，不得偕老。不敏赴官三载，想念成疾而卒"。此书还记述了淳熙初年娼女陶师儿与王生"甚相眷恋，为恶姥所间，不尽绸缪。一日，王生拉师儿游西湖"，二人"相抱投入水中，舟子惊救不及而死。都人作'长桥月，短桥月'以歌之"。[1] 凡此种种，不一而足。其中最著名的当推王俊民与焦桂英的故事。[2] 是否确有其事，宋人各说不一。从上述记载看，士人与娼妓爱恋在宋代是个较为常见的现象。

诚然，娼馆妓院的主要光顾者既非官员，也非士人，不用说是那些既腰缠万贯又不受禁令乃至道德约束的富商大贾。宋代开封、杭州等城市均有"美人局""庵酒店""花茶坊"等各种称呼的娼馆。妓院之外，还有为数甚多的个体卖淫者。陶谷《清异录》称：

> 风俗尚淫，今京师鬻色户，将及万计。[3]

---

[1]《西湖游览志余》卷16《香奁艳语》，第207页。
[2] 参看《齐东野语》卷6《王魁传》，《全宋笔记》第7编第10册第104—106页。
[3] 陶谷：《清异录》卷上《人事门·蠡窠巷陌》，《全宋笔记》第1编，郑村声等整理，第2册第22页。

成都富春坊系"群倡所聚"[1]之地。妓院、卖淫者之所以能遍布各地并生意兴隆，本身就是商品经济繁荣的结果。如果从总体上说，宋代的性观念不如唐代开放，那么其娼妓业则比唐代恐有过之而无不及。甚至被朝廷强行剥夺性权利、实行性禁锢的宦官也参与其中。《宋史·宦者传》载，宦官林亿年"养娼女以别业，(陈)源在贬所与妓滥，俱以淫媟闻，人疑其非宦者云"。[2]一言蔽之，两宋社会经济繁荣与"娼"盛同步。

五 "梵嫂""典妻"之类

与性观念一样，两宋社会的性生活不是一元，而是多元。如果说当时在性观念领域，节欲论占上风，那么在性生活领域的主流现象则是：人们按照传统婚姻家庭制度的模式，过着正当而有节、偏向于保守的性生活，一夫一妻，至多妻外有妾乃至妾媵若干。而娼妓制度无非是传统婚姻制度的补充。下面将罗列若干非主流现象，其目的仅仅在于进一步证实用性禁锢来表述两宋社会的性生活状况只怕欠妥。

第一，僧道娶妻。两宋王朝以法令的形式，对僧道实行性禁锢。开宝五年（972）闰二月，宋太祖诏："道士不得畜

---

[1]《清波杂志》卷8，《全宋笔记》第5编第9册第87页。
[2]《宋史》卷469《宦者传四·陈源传》，第13672页。

养妻孥,已有家者,遣出外居止。"[1] 雍熙二年(985)九月,宋太宗要求岭南地区的地方官员,逐渐在当地推广"僧置妻孥"[2]之禁。宋代法令规定:

> 诸僧、道辄娶妻,并嫁之者,各以奸论,加一等,僧、道送五百里编管。[3]

然而这条法令难以严格执行,道士"皆有妻孥,虽居宫观,而嫁娶生子与俗人不异"[4]的状况未能根本改变,僧人娶妻者并不少见。如陶谷《清异录·梵嫂》载,相国寺僧人澄晖"以艳倡为妻",自以为:

> 快活风流,光前绝后。

且自称:

> 没头发浪子,有房室如来。[5]

所谓"梵嫂",即当时人对僧人之妻的专称。特别是岭南地区,僧人"例有室家"。庄绰《鸡肋编》卷中载:

---

[1]《燕翼贻谋录》卷2,《全宋笔记》第7编第1册第225页。
[2]《续资治通鉴长编》卷26雍熙二年九月乙未,第3册599页。
[3]《庆元条法事类》卷51《道释门二·杂犯》,第725页。
[4]《燕翼诒谋录》卷2,《全宋笔记》第7编第1册第255页。
[5]《清异录》卷上《释族门·梵嫂》,《全宋笔记》第1编第2册第31页。

> 广南风俗，市井坐估，多僧人为之，率皆致富。

于是"妇女多嫁于僧，欲落发则行定，既剃度乃成礼"。此间"制僧帽，止一圈而无屋"，以便僧人新婚时，"簪花其上"[1]。当时还有道士与尼姑结为夫妇的。如进士杨何"父本黄冠，母尝为尼"，好事者传为笑谈：

> 牝驴牡马生骡子，道士师姑养秀才。[2]

某些僧道还是妓院娼馆的光顾者，甚至因此酿成事端。如"钱塘道士洪丹谷，与一妓通，因娶为室"。[3]又如杭州灵隐寺僧人了然"常宿于娼妓李秀奴家"，在财钱用尽后，"秀奴绝之"。了然"迷恋不已，乘醉往秀奴家，不纳，因击秀奴，随手而毙"。官府将了然擒获，发现其臂上刺字：

> 但愿同生极乐国，免教今世苦相思。

知州苏轼下令处以极刑，其判词曰：

> 毒手伤人，花容粉碎。空空色色今何在？臂间刺道苦相思，这回还了相思债。[4]

宋孝宗时，临安附近有一寺，拐骗、监禁"妇女三十三

---

[1]《鸡肋编》卷中，《全宋笔记》第4编第7册第64页。
[2]《鸡肋编》卷上，《全宋笔记》第4编第7册第11页。
[3]《西湖游览志余》卷16《香奁艳语》，第207—208页。
[4]《西湖游览志余》卷25《委巷丛谈》，第301页。

人，皆有姿色。至夜，有僧行二十余人至此"，置宴欢饮之后，"杂然群通"，集体对妇女实行性侵害。知临安府查明此情，"即部百卒，捕杀僧众，焚其寺，以群妇召主收领"。[1] 僧道娶妻之风延续至元代，朝廷力图扭转，明文规定：

> 诸僧道悖教娶妻者，杖六十七，离之，僧道还俗为民，聘财没官。[2]

第二，士人爱恋道姑。与唐代相似，道姑中的俊雅者往往是宋代某些士人爱恋的对象。如北宋后期，南"女冠畅道姑姿色妍丽"，多情多爱的秦观"挑之不得"，作诗一首：

> 飘然自有姑射姿，回看粉黛皆尘俗。[3]

秦观只是一厢情愿，张先则有双向交流。他"往玉仙观，中路逢谢媚卿，初未相识，但两相闻名。子野（张先字子野）才韵既高，谢亦秀色出世，一见慕悦，目色相授。张领其意，缓辔久之而去，因作《谢池春慢》"。词曰：

> 欢难偶，春过了。琵琶流怨，都入相思调。[4]

---

[1]《西湖游览志余》卷25《委巷丛谈》，第302页。
[2]《元史》卷103《刑法志二·户婚》，第2643页。
[3]《苕溪渔隐丛话》前集卷50《秦少游》，《四部备要》第100册第198页。
[4] 杨湜：《古今词话》，赵万里：《校辑宋金元人词》，中研院历史语言研究所1931年排印本。

贾似道则仰仗其权势,"日坐葛岭,起楼阁亭榭,取宫人娼尼有美色者为妾,日淫乐其中"。"与群妾踞地斗蟋蟀,所狎客人。戏之曰:'此军国重事邪?'"[1] 于是贾似道有"蟋蟀宰相"之称。至于张孝祥、潘德成与道姑陈妙常的三角爱恋,更是人所熟知。张孝祥"授临江令,宿女贞观,见妙常,以词调之,妙常亦以词拒"。词云:

> 莫胡言,独坐洞房谁是伴。一炉烟,闲来窗下理琴弦,小神仙。

陈妙常"后与于湖(张孝祥号于湖居士)故人潘德成私通,情洽。潘密告于湖,断为夫妇"。[2] 此事或有添枝加叶之处,乃至纯属虚构,但毕竟事出有因。

第三,典雇妻妾。李焘《续资治通鉴长编》载:

> 岭南民有逋赋者,县吏或为代输,或于兼并之家假贷,则皆纳其妻女以为质。

知容州毋守素将此情上报朝廷。开宝五年(972)闰二月,宋太祖"诏所在严禁之"[3]。两浙的"贴夫"与岭南地区的"纳妻"有相似之处,其原因均出自贫困。庄绰《鸡肋编》载:

> 两浙妇人,皆事服饰口腹,而耻为营生。故小民之

---

[1]《宋史》卷474《奸臣四·贾似道传》,第13784页。
[2]《词苑丛谈》卷8《纪事三》,《景印文渊阁四库全书》本。
[3]《续资治通鉴长编》卷13开宝五年三月甲申,第2册第282页。

家，不能供其费者，皆纵其私通，谓之"贴夫"，公然出入，不以为怪。

两浙贫民"贴夫"的主要对象之一是僧人。"如近寺居人，其所贴者皆僧行者，多至有四五焉。"[1]"纳妻""贴夫"又称"典妻"或"典雇妻妾"。朝廷虽有禁令，可是禁而不止，甚至蔓延、扩展，既不限于岭南、两浙，典雇与他人者又由妻而妾而女。此风绵延不绝，到元代仍盛行。元朝朝廷为改变这一习俗，在法令中作了较为具体的规定：

> 诸以女子典雇于人，及典雇人之子女者，并禁止之。若已典雇，愿以婚嫁之礼为妻妾者，听。诸受钱典雇妻妾者，禁。其夫妇同雇而不相离者，听。诸受财嫁卖妻妾，及过房弟妹者，禁。[2]

第四，乱伦行为。传统时代，人们将家庭近亲之间的性行为均视为乱伦，无论有无血缘关系。欧阳修因有乱伦嫌疑，在治平四年（1067）三月被立案审查。这时，宋神宗刚即位，欧阳修在参知政事任上，被告与其长子欧阳发之妻吴氏发生性关系，并且此事出自其妻弟薛良孺之口。"帷箔之私，非外人所知，诚难究诘。"[3]"且神宗初立，何

---

[1]《鸡肋编》卷中，《全宋笔记》第 4 编第 7 册第 71 页。
[2]《元史》卷 103《刑法志二·户婚》，第 2642 页。
[3]《二程集·河南程氏文集》卷 4《彭公（思永）行状》，第 2 册第 492 页。

至以暧昧之言，即欲诛旧辅臣耶？"一说，因神宗"欲深护（欧阳）修"[1]，此事被掩盖过去。然而不少人认为，欧阳修"有才无行"[2]。章俞的岳母杨氏"年少而寡"，章俞"与之通，已而有娠生子"。[3]此子即后来在绍圣年间官至宰相的章惇。章惇本人又"私族父之妾，为人所掩，逾垣而出，误践街中一妪，为妪所讼"。知开封府包拯"不复深究，赎铜而已"。章惇因而留下"大无行"[4]的恶名。在宋代，收继婚早已失去其合法性，法令明令严惩。宋徽宗郑皇后之侄郑藻"娶嫂"[5]，属于乱伦。宋孝宗拟严加惩办，因身为太上皇的宋高宗出面庇护而未果。陈敏夫则在其兄死后，与其兄之爱妾越娘相爱于船舟之上。陈敏夫以诗相挑：

> 今夜不知何处宿，清风明月最关情。

越娘"见诗，微笑"。深夜，陈敏夫"闻廊下有履声，乃潜起看，见越娘摇手，令低声，迎进相抱，曰：'今被君诗句惹动春心。遂就寝。'"[6]

此外，还可举出开封等地盛行的男娼，福建流行的"引

---

[1]《续资治通鉴长编》卷209治平四年三月，第6册第5078—5080页。
[2]《钱氏私志》，《全宋笔记》第2编第7册第65页。
[3]《挥麈余话》卷1，《全宋笔记》第6编第2册第33—34页。
[4]《闻见录》卷13，《全宋笔记》第2编第7册第201页。
[5]《贵耳集》卷下，《全宋笔记》第6编第10册第334页。
[6] 张君房:《丽情集》,《香艳丛书》五集本。

伴为妻""管顾""逃叛",等等。周密《癸辛杂识》载:

> 东都盛时,无赖男子亦用此(指卖男色)以图衣食。[1]

此等"男子举体自货,进退怡然"[2]。士大夫惊呼:

> 败坏风俗,莫甚于此。

政和年间,立法禁止:

> 告捕,男子为娼者杖一百,赏钱五十贯。

但禁而不止。苏州"此风尤盛":

> 新门外乃其巢穴。皆傅脂粉,盛装饰,善针指,呼谓亦如妇人,以之求食。其为首者号师巫行头。[3]

汉中、成都等处也有男娼之风,廉布《清尊录》载:

> 兴元民有得途遗小儿者,育以为子,数岁,美姿首,民夫妇计曰:"使女也,教之歌舞,独不售数十万钱耶。"……比年十二三,嫣然美女子也。携至成都,教以新声,又绝警慧。益秘之不使人见,人以为奇货。[4]

---

[1]《癸辛杂识》后集《禁男娼》,《全宋笔记》第8编第2册第242页。
[2]《清异录》卷上《人事门·蠱窠巷陌》,《全宋笔记》第1编第2册第22页。
[3]《癸辛杂识》后集《禁男娼》,《全宋笔记》第8编第2册第242页。
[4]《清尊录》,《全宋笔记》第4编第3册第108—109页。

朱熹在福建地区为官时所下《申严昏礼状》称：

> 里巷之民，贫不能聘，或至奔诱，则谓之"引伴为妻"。[1]

其《劝谕榜》称：

> 有所谓"管顾"者，则本非妻妾而公然同室；有所谓"逃叛"者，则不待媒娉而潜相奔诱。[2]

"引伴为妻""管顾""逃叛"三者名称不同，实质相近，无非是事实婚姻而已，至多不过是非法同居。据此，朱熹夸大其辞，认为漳州一带的情况是：

> 不昏之男无不盗人之妻，不嫁之女无不肆为淫行。[3]

这些连同上列四种现象，似乎可以证明宋代某些地区、某些阶层、某些人依然过着较为自由乃至放纵的性生活，或许可以作为宋代是最为严厉的性禁锢时期的反证。此一部分人的性放纵往往是彼一部分人的性苦难，"贴夫""典妻"即其例。

---

[1]《朱子大全》卷20《申严昏礼状》，《四部备要》第57册第299页。
[2]《朱子大全》卷100《劝谕榜》，《四部备要》第58册第1733—1734页。
[3]《朱子大全》卷100《劝女道还俗榜》，《四部备要》第58册第1732—1733页。

六　三点管见供参考

不少性学著述往往将唐、宋两代加以比较，以便揭示演变轨迹。其必要性毋庸置疑。与唐代相比，从性观念到性生活，宋代无疑呈现出收紧的迹象。然而以下三点似乎值得注意。

其一，不宜在将宋代指斥为实行性禁锢的同时，有意无意地将唐代渲染为性自由奔放期。唐代前期的宫廷性生活并非当时社会现实的缩影，相当开放的敦煌性文化[1]只怕也难以代表唐代全国各地的整体状况。如仅以某一特定地域而论，据南宋周去非《岭外代答》、范成大《桂海虞衡志》等著述记载，宋代岭南某些地方盛行"卷伴""听气""飞驼""多妻"等习俗，其性生活的开放程度与唐代敦煌地区差别不会太大。从总体状态上说，唐、宋两代均处于性压抑期，并无实质性的不同，只有程度上的差异。

其二，纵欲不足取，禁欲不可行，宋代理学家的节欲主张未可厚非。如果说程、朱等理学家具有保守倾向，那么，养生学家李鹏飞明确提出的"欲不可绝""欲不可早""欲不可纵""欲不可强"等原则则相当精辟。倘若让"御女多多益善"乃至"无夫，好与男童交"之类的纵欲说教泛滥，对社会的危害之大，将不堪设想。有意无意地将纵欲论的盛行等同于"鼎盛"，将节欲说占上风视为"阻滞"，未免失之偏

---

[1]　参看史成礼等：《敦煌性文化》，广州出版社1999年版。

颇。性学家有此一说：

> 性的发展史是一个由自由到压抑的过程，……压抑是为获取文明不得不付出的代价。[1]

自有其道理。

其三，性学界有唐、宋性生活领域所发生的变化表明"封建社会走下坡路"一说，虽然流传甚广，但本章所述种种史实或可证明此说欠妥。

---

[1]《中国女性的感情与性》，第316页。

初版结语

这本小书主旨在于从婚姻的角度为唐宋社会变革论提供证据。本书开篇提出：唐宋之际到底有无社会变革？如果有，其性质又如何？现在可以对此作出较为明确的回答。

首先，唐宋之际确实发生了一场具有划阶段意义的变革。本书所展示的从"家之婚姻必由于谱系"到"不问阀阅"的演变，就是个明证。除此而外，还可以举出若干。诸如科举方面的"取士不问家世"，教育方面的"广开来学之路"[1]，社交方面的"所交不限士庶"，学术方面的从汉学到宋学，文学方面的从"雅"到"俗"，书法方面的从碑书为主到帖书为主，绘画方面的从宗教画、政治画为主到山水画、花鸟画为主[2]，等等。这些极富于时代感的变化尽管形形色色、多种多样，但其基本精神竟如此惊人地相似乃至一致。它们通通是随着"田制"经济解体之后经济结构的变化、门阀政治崩溃之后等级结构的变化而变化，并且相互影响、相互制约，和谐地构成了一幅丰富多彩的宋代社会生活

---

[1] 参看张邦炜、朱瑞熙：《论宋代国子学向太学的演变》，邓广铭、郦家驹等主编《宋史研究论文集》，河南人民出版社 1984 年版。
[2] 参看钱穆《理学与艺术》，台北宋史座谈会编《宋史研究集》第 7 辑，中华丛书编审委员会 1974 年印行。

画卷。所有这些，一概表明，宋代是个与魏晋南北朝乃至唐代不尽相同的历史时期。

其次，这场变革的性质属于传统社会内部的变革。拿婚姻制度来说，公开的不平等这个传统婚姻制度的基本特征，到宋代依然如故。无论在家庭之间、性别之间，还是家庭内部，宋代婚姻制度都表现出鲜明的传统等级性，较之前代并无二致。宋代人们选择配偶的标准虽然发生了某些值得注意的新变化，但对"婚姻不问阀阅""议亲贵人物相当"的进步意义不能估计过高。"榜下择婿"之风，作为"贵人物相当"的具体体现，相当清晰地显示了"婚姻不问阀阅"的实质。所谓"不问阀阅"，仍然是以地位取人，不过是社会心理从"尚姓"到"尚官"、政治制度从以门阀为中心到以官品为本位的一种表现。至于当时的所谓"郎才女貌"，就其实质而言，无非是郎官女貌而已。总之，把宋代无论是看作取贵族社会而代之的平民社会，还是视为取中世纪时代而代之的近世时代，只怕都缺乏足够的根据。

再次，这场变革并不意味着中国传统社会从发展到停滞。宋代贞节观念骤然增长、妇女地位直转急下，是宋代社会停滞论的一个重要依据。是的，"社会的进步可以用女性的社会地位来精确地衡量"。[1] 然而本书所揭示的史实表明，宋代婚姻制度的主要特色是"不问阀阅""贵人物相当"，而

---

[1] 马克思：《致路·库格曼》(1868年12月12日)，《马克思恩格斯全集》，第32卷第571页。

不是只准男子再娶、不许女子再嫁，并进而证明唐、宋两代妇女的社会地位并没有发生明显的变化。相反，"婚姻不问阀阅"代替"必由于谱系"这个历史性的重要进步说明，唐宋之际的社会变革不是下降型的转化，而是上升型的运动。何况宋代社会经济的长足发展、科学文化的显著进步，已为人所共知。可见，唐宋之际的社会变革标志着宋代进入了中国传统社会进一步发展的新阶段，这只怕是无论如何也难以改变的历史事实。

我们已经充分地注意到，有的研究者近年来一再向唐宋社会变革论提出质疑，断然否定中国传统社会内部的这场变革发生在唐宋之际，认为它出现在唐代中叶。不错，史学大师陈寅恪先生生前曾经指出：唐代"前期结束南北朝相承之旧局面，后期开启赵宋以降之新局面，关于政治、社会、经济者如此，关于文化学术者亦莫不如此"。[1] 可是，我们也不应当忘记，史学名家钱穆先生认为：

> 论中国古今社会之变，最要在宋代。……就宋代而言，政治经济，社会人生，较之前代，莫不有变。[2]

陈氏主要是从唐代历史分期来说，钱氏则是专门就古代社会内部分期而言。两者并无抵牾之处，不存在谁是谁非的问

---

[1] 陈寅恪：《论韩愈》，《历史研究》1954年第2期。
[2] 钱穆：《理学与艺术》。钱氏同时认为："宋以下，始是纯粹的平民社会。"所谓"平民社会"，在我看来，是个较为模糊的概念。

题。应当说都讲得一样的对、一样的好。

如所周知,人类社会历史的发展总是死的拖住活的,很难一刀两断。无怪乎人们把历史比喻为一条川流不息、永无绝期的长河,一幅一切皆动、一切皆变、一切皆生、一切皆灭的活动图画。何况中国传统社会内部的这场变革,不是一个阶级推翻另一个阶级、一种社会制度代替另一种社会制度,并非严格意义上的社会革命。它不是以突变的形式出现,而是一个"剪不断,理还乱"的渐进过程。这场变革前后经历了两三百年之久,大致开始于中唐前后,基本完成于北宋前期。把它简要地表述为发生在唐宋之际,恐无大错。

最后,还有必要指出,"婚姻不问阀阅"并不是宋代才第一次出现的社会现象。人们常说,认识是个"圆圈"。其实,历史又何尝不是一个否定之否定、螺旋式上升的"圆圈"。人类社会历史的发展虽然不是牲口推磨般地团团打转,但也不是汉子上山式的步步高升,往往走着"之"字形的曲折路线。在中国古代婚姻史上,就呈现出一个"之"字形:不问阀阅(汉代)—士庶不婚(魏晋南北朝隋唐)—不问阀阅(宋代)。有学者认为:"婚嫁讲究门当户对,不是汉代的常态。"[1] 此说或许过甚其词,但有相当道理。假如把"婚嫁讲究门当户对"一语换作"士庶不婚",便比较妥当了。早在魏晋南北朝时期,生活在严格区分士庶的社会里的人们,

---

[1] 陈虹:《中国古时的男女社交》,台北传记文学出版社1969年版,第36页。

已经察觉到先前的汉代与当时的情况不同,是无阀阅可问的。南朝人沈约说:

> 汉代无士庶之别,学优而仕。[1]

可谓一语破的。后来,唐朝人柳芳也认为汉代的情况是:

> 不辨士与庶族,然则始尚官矣。[2]

很清楚,士庶不婚并非自古而然,是到东汉末年以后,随着门阀政治的出现,才逐渐形成的一条婚姻禁忌。

鉴于"婚姻不问阀阅"反映了"尚官"心理,而士庶不婚表现着"尚姓"风尚,婚姻史上的"之"字形自然又折射出社会风尚史上的"之"字形:尚官(汉代)—尚姓(魏晋南北朝隋唐)—尚官(宋代)。这里把唐代划入尚姓的时代,只是大体而言。具体地说,唐代既尚姓,又尚官。这恰好体现了唐代政治的半门阀半官僚性质,它处于从严格的门阀政治到典型的官僚政治的过渡阶段,是把魏晋南北朝和宋代这两个不相同的历史时期连结起来的一座必不可少的桥梁。

马克思将人身依附关系称为传统社会"最内部的秘密""隐蔽着的基础"[3]。婚姻史和社会风尚史上的两个"之"

---

[1]《玉海》卷117《选举·汉郡国选举》引"沈约上疏",第4册第2160页。
[2]《新唐书》卷199《儒学中·柳冲传》,第5677页。
[3] 马克思:《资本论》,人民出版社1953年版,第3卷第1033页。

字形，最终地决定于人身依附关系史上的"之"字形：依附关系尚未强化（汉代）—依附关系格外强烈（魏晋南北朝隋唐）—依附关系相对松弛（宋代）。人们往往把汉、唐两朝并称，说汉、唐两代相似。其实，汉代与唐代至多只是表面上、形式上的相似，而汉代与宋代倒有不少相似之处，并且是带有实质性、根本性的相似。"婚姻不问阀阅"仅仅是其中之一。至于其他，属于另当别论的论题了。

初版后记

前些年，我在教学之余，写了几篇关于宋代婚姻问题的文章，分别被有关刊物采用：《试论宋代"婚姻不问阀阅"》，《历史研究》1985年第6期；《宋代的"榜下择婿"之风》，《未定稿》1987年第4期；《两宋时期的社会流动》，《四川师范大学学报》1988年第2期；《宋代婚姻制度的种种特色》，《社会科学研究》1988年第3期；《唐代的异辈婚》，《成都大学学报》1988年第3期。《宋代妇女再嫁问题探讨》一文有幸被邓广铭、徐规等先生收入他们主编的《宋史研究论文集》，浙江人民出版社1987年版。这些文章发表前大多油印成册，先后在两届宋史研究会年会、两次中国社会史研讨会以及邓广铭、徐规先生1985年5月主持的杭州国际宋史研讨会上交流，得到宋史学界不少前辈师长和朋辈先进的热情支持和恳切指正。

从1985年秋季起，我为四川师范大学历史系的同学们开了一门专题选修课，叫"宋代婚姻制度研究"。本书即以讲稿为基础，在北方一家出版社的推动下整理而成，脱稿于两年前。现承蒙新华书店川西南联合体和四川人民出版社支持，得以出版。八十高龄的乡贤老前辈、有"巴蜀才女"之称的黄稚荃先生于春寒料峭之际，欣然为本书题写书名。

本书的撰写从始至终得到四川师范大学历史系、图书馆等单位支持。研究生余贵林同学替我借阅资料，使我减少了不少奔波之劳。谨在此一并致谢。笔者学养有限，书中错误难免，欢迎读者批评。

张邦炜

1989年3月1日

于成都通惠门舍下